当代世界德育名家译丛
杨晓慧　主编

Thomas Ehrlich
托马斯·欧利希
文集

走进法学院

Thomas Ehrlich Geoffrey C. Hazard, Jr.
[美] 托马斯·欧利希 [美] 小杰弗里·C. 哈泽德 | 著

尹奎杰 仉 鑫 | 译

生活·讀書·新知 三联书店

Simplified Chinese Copyright © 2024 by SDX Joint Publishing Company.
All Rights Reserved.
本作品简体中文版权由生活·读书·新知三联书店所有。
未经许可,不得翻印。

图书在版编目(CIP)数据

托马斯·欧利希文集／(美)托马斯·欧利希主编；王小林等译. —北京：生活·读书·新知三联书店, 2024.7
ISBN 978 - 7 - 108 - 07520 - 8

Ⅰ.①托…　Ⅱ.①托…②王…　Ⅲ.①社会科学—文集　Ⅳ.①C53

中国版本图书馆 CIP 数据核字(2022)第 182153 号

总　序

一

马克思说:"一个时代的迫切问题,有着和任何在内容上有根据的因而也是合理的问题共同的命运:主要的困难不是答案,而是问题。"比较思想政治教育的兴起既是世界多极化、经济全球化、社会信息化与文化多样化背景下的必然之举,也是学科发展到一定阶段进行观念反思与议题创新的应然选择。

历史从哪里开始,思想进程也应当从哪里开始。和平与发展是当今时代的主题,世界多极化不可逆转,经济全球化深入发展,综合国力竞争日趋激烈。实现中华民族伟大复兴是近代以来中华民族最伟大的梦想,随着中国特色社会主义逐渐迈入新时代,社会矛盾发生深刻变化,提出并推进人类命运共同体思想是在新时代的历史方位中实现中国梦的战略需要。通过挖掘和利用国际合作与交流工作的基础性、前瞻性和引领性的潜力和特点,努力加快宽领域、高层次国际合作与交流步伐。

思想政治教育理应与时代同行,与实践同行,思时代之所思、问时代之所问、急时代之所急,并在最新的实践命题中提取理论命题,在最新的社会实践中检验理论生命力。值此百年未有之大变局,思想政治教育需要从本学科视角出发审视时局并明确自身的使命担当。加强对学生思想政治教育的重视,是立足于新时代教育对学生德育教育的重视的教育内容,是学生成长和发展的重要基础。对于学校而言,思想政治教育的有效开展是促进学校教育改革的重要方式;对于国家及社会的发展而言,思想政治教育有利于保障人才培养的品德修养,是培养德才兼具型人才的重要教育内容;对于学生自身而言,思想政治教育是保障其符合新时代社会发展需求的重要方式,是促进其身心健康、持续发展的重要保障。

拥有宽广的国际视野,对思想政治教育研究者和工作者来说,是不可逆转的发展要求,也是比较思想政治教育在新的发展态势下找准生长点、走特色人才培养道路的必然选择。在对外人文交流中确立比较思想政治教育研究的角色既是实践经验的总结,也是发展模式的探索。开展国际间思想政治教育比较研究对于认识和把握人类社会发展规律具有重大意义,可以指导人们更好地进行社会实践活动;比较的目的在于辨别事物的异同关系,谋求背后的一般规律,以服务于社会现实需要;进行比较要以共同点为前提,立足各国事实情况,不能回避和掩饰问题的实质;在具体的比较过程中,既要以联系的眼光综合运用纵向比较与横向比较,又要以整体性思维处理好比较中的整体与部分、一般与特殊的关系。

二

思想政治教育学是一门研究思想政治教育现象、问题并揭示思想政治教育规律的科学。在这个"历史向世界历史转变"的时代,只有通过比较的研究方法对思想政治教育研究进行时间与空间双重维度的拓展,深入解析不同历史时间和空间地域下的思想政治教育实践的具体样态及其生成发展规律,才有可能深刻把握思想政治教育演变发展的一般规律,为思想政治教育创新发展提供理论基点,探寻现实进路。

党的十八大以来,思想政治教育理论研究与实践创新取得很大成绩。但随着国际形势深刻变化和国内经济社会发展,新情况新问题新挑战层出不穷。思想政治教育要跟上形势变化、更好发挥作用,必须强化人本意识、问题意识、实践意识,不断开拓创新。思想政治教育比较研究的价值追求不止在于寻找异同,更在于透过现象看到其背后蕴含的本质性规律,深入理解、借鉴和反思世界各国思想政治教育实践活动。思想政治教育的比较研究进行得越是深刻和精准,我们越能接近思想政治教育的本质规律。以深入开展思想政治教育比较研究为主要切入点,我们亟待提升以"比较思维"为核心的思想政治教育研究格局,超越单一视域的思维阈限,拓宽传统思想政治教育学的认识边界,进一步强化思想政治教育在理论上的学理性和在实践上的适用性。

思想政治教育学自1984年确立以来,其主干学科逐渐由"三足鼎立"(原理、历史、方法)的结构体系演变为"四维驱动"(原理、历史、方法、比较)的发展态势。为了使国际比较研究与其他基础理论研究形成正反馈机制,就必须更加全面、深刻、科学、高效地借鉴。基于此,根据学界业已形成的丰富成果与思想观点,从认识论与方法论的视角体察探究思想政治教育国际比较的借鉴问题就显得至关重要。只有积累了一定的国别研究成果和比较研究成果,才能进一步探讨借鉴问题。当比较思想政治教育学科发展到一定阶段后,只有探明借鉴问题,才能更好地展现出其对于促进思想政治教育学科议题创新与观念反思的重大价值。在对外人文交流中确立比较思想政治教育研究的角色既是实践经验的总结,也是发展模式的探索。

总之,无论是从时代背景、文化背景,还是学科背景出发,思想政治教育国际比较的借鉴问题研究都势在必行。

三

我国比较思想政治教育兴起于20世纪80年代中后期。经过多年的建设,比较思想政治教育的发展已经初具规模。2016年5月17日,习近平在哲学社会科学工作座谈会上指出:"观察当代中国哲学社会科学,需要有一个宽广的视角,需要放到世界和我国发展大历史中去看。"2019年3月18日,习近平在学校思想政治理论课教师座谈会上又强调,教师的视野要广,包括知识视野、国际视野、历史视野,要能够通过生动、深入、具体的纵横比较,把一些道理讲明白、讲清楚。拥有宽广的国际视野,对思想政治教育研究者和工作者来说,是不可逆转的发展要求,也是比较思想政治教育在新的发展态势下找准"生长点"、走特色人才培养之路的必然选择。比较思想政治教育学的研究成果丰硕,包括著作译介、事实描述、要素比较与因果分析,对于比较后借鉴的可能、立场、内容与方略等问题的研究则显得相形见绌。

新时代背景下,开展思想政治教育比较研究具有很强的指导意义,同时也极具挑战。首先,"比较"应当甚至必须作为一种科学的研究方法,应用于哲学社会科学和自然科学研究领域之中。其次,"比较"不仅是一种具体的研究方法,还具有重要的方法论意义。比较研究为人们分析不同历史时代和不同社会的意识形态及其教育提供了科学的认识工具。最后,"比较"更是一种思维方式,这种思维方式理应贯通于整个思想政治教育研究的过程之中。"比较"不单从方法工具层面,更是从思维方式层面赋予了思想政治教育比较研究重要的价值意蕴。

从思想政治教育的时代背景和学科立场出发,我们精选国外思想政治教育相关领域较具权威性、代表性、前沿性的力作,推出了具有较高研究价值与应用价值的系列翻译作品——《当代世界德育名家译丛》(以下简称"译丛")。该译丛是东北师范大学思想政治教育研究中心(以下简称"中心")推出的"比较思想政治教育研究"系列成果之一。我们秉承"以我为主、批判借鉴、交流对话"的基本原则,"聚全球英才、育创新团队、塑国际形象"的建设理念,对国外著名学者的研究成果进行了深度透视与全面把握,意在拓展原有论域,进一步深化学术研究、强化学科建设、服务国家需要。

译丛作品的原作者均在全球范围内享有学术盛誉,具有深厚的理论功底和丰富的实践经验,将这些国外德育名家的研究成果集中翻译并结集出版,高度体现了中心以全局性、世界性的眼光认识问题,致力于推动人文社会科学研究的范式创新与人文社会科学的繁荣发展。

译丛主要面向四大读者群:一是教育学、政治学、社会学、思想政治教育学等领域的科研工作者,二是教育主管部门决策者、高校辅导员、政府相关部门等行政人员,三是思想政治教育、道德教育、比较教育等相关专业的本科生与研究生,四是广大对相关主题感兴趣的学者、教师,以及社会各界人士。

译丛在翻译过程中特别注意原作者真实观点的阐释,同时立足于马克思主义根本立场、观点和方法,坚持中国特色社会主义道路的行动指南,对所选书目及其内容进行甄别。译丛在翻译过程中,由于需努力精准呈现原作者的思想,难免涉及国外的价值取向和意识形态,请所有读者在研习的过程中加以辨别,批判性地进行阅读和思考。

杨晓慧

2024 年 1 月于长春

中文版前言

一

1979年1月1日,中美建立外交关系,这一天对两国来说都是一个重要的日子。当时我在吉米·卡特总统领导下的政府工作,负责直接与总统对接美国的双边和多边对外援助政策。担任这一职务时,我并没有涉足中美关系,但我确实亲身体会到了卡特总统是一位多么杰出的领袖,特别是他在外交领域的作为。

在任期间,我访问了非洲、亚洲、拉丁美洲和南美洲的许多发展中国家。在访问过程中,我看到中美两国为了改善贫困人民生活,特别是在农业、粮食、能源、卫生和人口等领域所做的诸多努力。

我记得曾经在其中几次访问中设想过,如果中美两国能够开展合作,对发展中国家的贫困人民会有多大帮助。多亏了邓小平先生和吉米·卡特总统的领导,两国才走向了合作之路,我衷心希望今后两国之间的关系能够更加牢固。

1985年,在中美两国建交六年后,我和妻子埃伦访问了中国,出席上海交通大学和宾夕法尼亚大学的一个联合项目的庆祝仪式。在那次访问中,我们看到了中国是一个多么了不起的国家,包括它的规模、人口、经济以及历经几千年历史的文化。

二

在我第一次访问中国之后的几年里,中国逐渐在世界舞台上占据一席之地。当我和女儿伊丽莎白再次访问中国时,看到了中国取得非凡进步的有力证据。这次我是应东北师范大学校长的邀请,前来与生活·读书·新知三联书店签订协议,出版我在过去几十年里撰写、合著或编著的11本书,所有这些书都将被翻译成中文。主导这件事的是博学而亲切的蒋菲教授,她是东北师范大学思想政治教育研究中心道德与公民教育比较研究室的主任。

这11本书,连同几十篇文章,承载了我一生在诸多领域的学术研究成果,也反映了我在四所高校担任行政人员和教师以及在美国政府担任四个职位的多年经验。

我一生中担任过14个不同的职位,我妻子开玩笑地说我工作永远做不长久。我的第一份工作是担任勒尼德·汉德法官的书记员,他后来被公认为是美国在世最伟大的法官。当时汉德法官已经八十七岁,和我写这篇序言时同龄。他是一位极富经验的法官,在法官的岗位上工作了五十年,同时也是我的良师。

在担任汉德法官的书记员后,我曾短暂地从事过法律工作,因为我认为在担任法律专业教师前,最好先了解一下律师的日常工作,这也是我自己一直想做的事。但在从事法律工作不到两年之后,我认识的一位前哈佛法学院的法学教授艾布拉姆·查耶斯邀我加入约翰·F.肯尼迪政府。查耶斯教授是当时的国务院法律顾问,是我的另一位优秀导师,我们后来共同编写了一本关于国际法的三卷本著作,主要是根据我们在肯尼迪政府和后来在林登·约翰逊政府的经历撰写的。

查耶斯教授回到哈佛大学后,我和副国务卿乔治·W. 鲍尔一起工作,他是我的另一位宝贵导师。像汉德法官和查耶斯教授一样,鲍尔先生向我传授了有关公共服务的宝贵经验,这些经验到现在仍使我受益匪浅,也引领我将公共服务视为一项崇高的使命。

幸运的是,斯坦福大学法学院邀请找做教师,讲授国际法,我不假思索地接受了,因为学校为我提供了我正想要的教学和写作的机会。五年后,我被选为学院院长。在任期间,我发现自己对一样事物十分享受,我称其为"制度架构"——有机会成为一个机构的领袖并使其发展壮大,且在机构中工作的人们可以得到所需的支持,以充分发挥其能力。

作为一名院长,我观察了美国各地法律服务的提供情况,发现在美国有相当一部分人在需要民事法律救助时孤立无援。杰拉尔德·福特任总统期间,美国正在组建一个新的政府实体——法律服务公司,我被选中担任这个机构的负责人。在这个职位上,我有机会学到了一门重要课程——领导力。与我做院长时一样,这份工作同时也让我了解到了美国贫困人口现状的严峻形势。为卡特总统工作的这几年,让我从全球视角进一步丰富了自己的经验,这有助于我理解发展中国家的严重贫困问题。

这些经历使我确信,我想为领导一所高校贡献力量。宾夕法尼亚大学给了我这个机会,校方选聘我为教务长,即首席学术官。这个职位让我了解到了一所优秀的大学是如何对教学、研究和服务提供支持的。在工作中,我也致力于培养学生具备公民参与所需的能力,这一承诺在我之后担任的职位上一直延续着。

在宾西法尼亚大学工作多年后,我开始意识到,如果有机会,我想领导一所著名的公立大学。当我被聘为印第安纳大学校长时,这个机会来了。印第安纳大学有8个校区,有超过10万名学生,其中位于印第安纳州布卢明顿的主校区有4.3万人。幸运的是,布卢明顿校区有一个规模巨大的亚洲研究项目,使我对中国及其邻国有了进一步了解。

在我担任印第安纳大学校长时,乔治·H. W. 布什总统选择我作为委员会成员加入一个临时的政府实体——国家和社区服务委员会,主要负责为美国所有年龄段的公民参与他们社区的公民工作提供支持。

后来我成为该委员会的主席,并帮助威廉·克林顿总统的政府制定法律。我在该委员会工作之余,又建立一个永久性的新政府组织——国家和社区服务公司。迄今为止,国家和社区服务公司最大的项目"美国志愿队",每年在全美21 000多个地点招募约75 000名男女公职人员参与公共服务。我在这个组织的委员会工作了八年,这份工作进一步加强了我鼓励每一个美国人参与公共服务的决心,无论是作为一份职业还是作为业余爱好。

我和妻子于1995年返回加州,我以杰出学者的身份在加州大学系统任教了五年,还帮助完善了该系统所有23个校区的社区服务学习项目。长期以来,我一直大力倡导将学术学习与社区服务联系起来的课程,如果能把这门课讲好,学术学习和社区服务都会得到加强。我在一个名为"校园契约"的全球性协会担任领导职务,并协助创立了另一个协会——美国民主项目。这两个项目都注重教育大学生积极参与公民活动,以改善其所处的社区。服务学习课程是这类教育的主要组成部分。

由安德鲁·卡内基创立的卡内基教学促进基金会于1997年迁入斯坦福大学校园,我以资深学者的身份加入了这一组织,并获得了与一群亲密的同事一起撰写学术书籍和文章所需的支持。

最后,在卡内基基金会度过了11年美好的时光后,在这个系列的第6本书出版时,我回到了斯坦福大学。这次是在教育研究生院任职,在这里我讲授高等教育领导与管理、高等教育中的教与学、慈善事业、美国民主等课程。我还为许多学生提供了咨询,包括一些中国学生。其中一个学生是我上一本书《公民工作,公民经验》的合著者,她的父母来自中国,但是她出生在美国。这本书在蒋菲教授的帮助下译成中文,并由该系列图书的出版社出版。

三

我坚信美国"公共参与奖学金"的重要性,这是一项学术工作,直接关系到未来公共政策和实践的形成,或对过去公共政策和实践的理解,包括教育学生具备在了解这些政策、参与这些实践中需要的知识、技能和素质。

我所有的书都在试图帮助美国政府决策者及其工作人员,或大学政策制定者及其教师和学生。这些书也反映了我在美国政府和三所不同大学——我先后成为院长、教务长、校长的大学里——收获的经验和见解。

这些书分为四大类。首先,有两本书是关于国际法的影响,其中包括我从美国国务院的职业生涯和斯坦福法学院的教学经历中获得的见解。第二,有两本书是关于法律教育的,借鉴了我在斯坦福法学院担任院长的经验。第三,有三本书是关于高等教育的,反映了我在大学教学和管理方面的职业生涯。第四,有两本书侧重于讲授道德、公民和政治责任,基于我自己在这个领域的教学、领导校园契约协会和美国民主项目,以及我任职国家和社区服务委员会委员和国家社区服务公司的经历。最后,有两本书是关于慈善和教育的,不仅反映了我的高等教育经历,而且也反映了我在美国两大慈善基金会董事会的工作,这两个基金会分别是公共福利基金会和理查德罗达·高德曼基金会。

四

我非常感谢东北师范大学和杨晓慧教授、高地教授、蒋菲教授,他们给了我很多殊荣。首先,他们邀请我去东北师范大学进行学术访问。第二,经由他们安排,我的著作得以被译成中文,我也非常感谢为此做出努力的生活·读书·新知三联书店王秦伟先生和成华女士,以及诸多译者,他们的辛苦工作保障了这项工作得以顺利进行。我希望这些做法有助于加强中美两国间的关系。我现在,以及会永远感受到,我与中国之间有一条特殊的纽带相连。

托马斯·欧利希,2021年

目 录

导言 *1*

第一编　律师行业简介及其生活方式 *5*

第一章　小镇上的律师 *7*

第二章　个体律师从业者 *27*

第三章　法律援助律师
　　　　——"我与正义无关" *50*

第四章　华尔街律师
　　　　——大世界和蒂莫西·科尔托 *81*

第五章　立法助理
　　　　——立法之舞 *98*

第六章　公益律师
　　　　——荒凉山庄1968：关于消费者测试诉讼的报告 *104*

第二编　法学院　*135*

第七章　法学教育目的　*137*

第八章　法学院和法学专业学生　*147*

第九章　学生选择课程的因素　*173*

第三编　就业市场　*187*

第十章　市场概况
　　　　——律师过剩了吗？法律服务行业：结构与前景　*189*

第十一章　职业范围
　　　　——职业模式　*212*

第十二章　律师薪酬　*226*

第四编　职业及其伦理　*233*

第十三章　法律职业组织和执业准入　*235*

第十四章　职业责任　*256*

拓展阅读推荐　*295*

导　　言

　　如果你打算上法学院,这本书就是为你量身定制的。我们准备了这一系列阅读材料,就是要回答未来的法律专业学生们的常见问题:"要了解法学院、律师行业和法律职业,我可以阅读什么呢?"

　　大多数未来的法律专业学生对律师工作没有概念。他们来到法学院,是因为他们对自己有能力做一些有价值的事情抱有信心,但对前景知之甚少。除非近亲或朋友是律师,否则你可能也有类似的不确定感。

　　很明显,这本书并不能完全回答未来法律系学生提出的所有问题。但它确实为我们经常听到的担忧提供了深刻见解:"当律师是什么感觉"是最常见的。本书的第一编讨论了这个问题,作者首先从社会科学家、法律教师和叙事者的视角观察了小镇律师。继而对一位城市中的综合型律师进行了采访,并讨论了从业者实践。接下来是对刑事法律援助办公室、华尔街律所和立法机构的执业者们的描述,以及公益律师重述的处理消费者保护案件的诉讼过程。

　　本书描绘的情况似乎过于严峻。法律之成就,法律之满足,最重要的是在帮助解决人类问题方面的丰富经验。一些律师的生活充满了戏剧性和公共服务的机会。任何律师的职业生涯必然包含了这些要素,但这毕竟不是梅森探案集(Perry Mason)[1]的脚本。作为律师,即便其从事重要而刺激工作的可能性远比其他大多数职业和使命都大得多,现实也应该抵消有时电视和其他地方所暗示的法律生活的夸张魅力。

当然,作为第一步,你必须被法学院录取。一旦录取,你需要努力学习,从法律教育中获得充分的收获。我们也希望你能充分地享受这种教育。如无意外,若能持之以恒,在法学院定能获得成功。对法学院抱有现实的期望是更有帮助的。本书的第二部分就介绍了法学院发生的一些事情以及学生们对此的反应。

本书第二编并不是你选择法学院的指南。对于这个问题,我们的简单回答是:选择最好的学校。当然,哪个学校是最好的,可能有一些相互矛盾的看法。美国法学院协会和法学院入学委员会出版了一本《法律预科手册》(*Pre-Law Handbook*),记述了该协会认可的法学院的学习计划、入学标准和其他有用信息。《手册》还讨论了法学院入学考试和申请法学院的一般情况。

第二编对法律教育的选文是侧重于学生角度的。其中一篇选文是由一名法律系学生撰写的,讨论了学生应该如何决定选修课程。另一篇是对一些法学院学生态度的研究,还有一篇是法学院院长如何看待他们的学校。

法学院毕业后的就业市场如何呢?本书的第三编主要讨论了这个问题。第一篇文章是《律师过剩了吗?》,该文对当下及将

---

[1] 指1957年一部美国律政题材电视剧,该剧由厄尔·斯坦利·加德纳(Erle Stanley Gardner, 1889—1970,美国最具代表性的侦探小说作家)的小说改编而成,播放长达8年,主人公佩里·梅森律师在美国家喻户晓。——译者注

来可预见的就业机会做出了审慎的描述。第二篇文章是由美国律师协会主持编写的,详细说明了职业发展的可能性范围。另外两篇文章可以让你深入了解律师的预期薪酬。最后列出了获得律师资格的条件。

这本书的最后一编大致论述了法律职业及其职业伦理。其中一篇审视了律师职业内的各种专业组织和取得律师执业资格的条件。其他篇目则涉及法律职业伦理和职业责任的相关问题。

这些职业伦理问题及其提出的重要议题,也许应当成为你对法律职业的最重要考量因素。如我们一般,如果这些问题亦引起了你的兴趣,那么你有可能——和我们一样——找到了你的使命。

矛盾在于,当越来越多的男男女女进入法学院的时候,法律职业正受到严重冲击。这一冲击具有实质性根据——负责法律体系的律师参与了非法行为。但正如你们所知,现在人们做出决定选择法学院的缘由也很重要。法律为能发挥个人能力提供具有挑战性的机遇。

祝君顺利。

托马斯·欧利希(Thomas Ehrlich)
小杰弗里·C.哈泽德(Geoffrey C. Hazard, Jr.)

第一编

律师行业简介及其生活方式

第一章　小镇上的律师

一、普雷里城律师行业简介[1]

普雷里城里大约有118名受雇律师,其中4名是法官,7名在政府部门工作,16名受雇于公司,91名在私人律所。

也许有人会怀疑,普雷里城里居然没有大型律师事务所,至少在各中心区是这样。事实上,在各中心区,甚至可以说没有任何中等规模的律师事务所。在普雷里城,只有3家律师事务所有5名以上律师(分别是8名、6名和6名)。18家律所有5名或更少的律师;24名律师是个人从业者;只有5名合伙人(即那些个人从业者中的全职律师)。

实际上,普雷里城里所有的律师都或多或少地接触过商业客户的工作,57%的律师表示,他们的一半或更多的收入来自商业事务。商业客户代表的企业范围很广,从最小的零售商店到公用

---

[1] 选自乔尔·F.汉德勒《律师和他的社区》,威斯康星大学麦迪逊分校出版社,1967,第13—34、68—69页。编者按:"普雷里城"是汉德勒教授用来指代中西部社区的假名。

事业,按顺序排列,主要的业务是零售贸易、制造业、房地产业、银行业和保险业。

普雷里城的律师倾向于从中高收入人群中获取他们的个人客户。45%的律师估计他们的个人客户年收入的中位数是1万美元甚至更多。这意味着与这些律师打交道的家庭和个人,他们的收入在普雷里城居民中排名前15%。21%的律师估计,他们的个人客户的年收入的中位数在2万美元以上,名列总人口的前4%。尽管42%的人收入低于5000美元,但只有不到10%的律师拥有中位数收入达到5000美元的个人客户。

(一)业务和专业化领域

在普雷里城,按照重要性排列,律师的主要业务范围集中在以下五个方面:(1)商事业务、法人和经济事务;(2)房地产;(3)遗嘱、遗嘱认证、信托、遗产;(4)基于防卫而引发的人身伤害;(5)原告的人身伤害。部分律师将以上其中一个或多个方面作为他们的主要业务领域。33%的律师从事的商业、法人和商务活动比其他任何形式的业务都要多。商事业务一般包含公司章程、董事会会议记录的编制,合同谈判和拟定,处理职员的个人事务、就一般商业政策提供咨询意见,以及较不常见的日常档案、执照、许可证、特许(建筑、区划、酒等)的处理、雇员的次要工作和人事工作。这些律师中只有不到10%的人"经常"(区别于"偶尔")在企业专业领域工作——包括劳动关系、证券和信贷融资、专利商标、反垄断和不公平竞争等方面的业务。

17%的律师花在房地产交易上的时间比其他任何领域都多,主要是在住宅和抵押权中止方面。16%的律师在遗嘱、遗嘱认证、信托和遗产（包括继承问题引发的商业问题）方面的工作比其他任何领域都多。同样比例的律师也将保险公司的辩护工作列为主要业务范畴，13%的律师的主要业务是代表原告方参与人身伤害诉讼。

其余23%的律师的主要执业领域是分散的：募捐、家庭关系（主要是离婚）、联邦所得税、刑事犯罪和市政债券。

（二）活动：与法院、代理处和官员的工作和联系

近70%的律师表示，他们大部分的办公时间都花在以面谈或电话的方式与客户进行沟通和咨询上，无一例外。超过半数的受访者表示，接下来最耗时的活动要么是研究法律问题（辩护状、备忘录等），要么是代表客户进行谈判。在更新和处理案卷、与律所其他律师协商、阅读法律材料以"跟上进度"、准备和起草法律文件（包括庭审文件），以及发展客户和维护与客户的友好关系等方面，他们花的时间就更少了。

在普雷里城，只有一名69岁的老律师从未上过法庭。超过80%的律师平均每周有2小时甚至更长的时间在法庭上度过，其中近一半的律师平均每天在法庭上工作的时长就有1小时，超过20%的律师则平均每天在法庭上工作2小时以上。不可避免的是，不少时间是在等待中度过的。大多数律师（63%）表示，他们有多达30%的庭审时间是以这种方式度过的。然而大多数出庭时间都是工作时间，要么是将案卷归档，要么是处理法庭电话和提议，又或者是在庭审中。3/4的律师没有在上诉工作上花费任何时间，只有8名律师（10%）在这项工作中花费了他们至少10%的庭审时间。

(三）参与社会和政治活动

1. 社会活动

只有大约 1/4 的执业律师隶属于服务公社（例如国际狮子会[Lions]、扶轮社[Rotary]、基瓦尼斯俱乐部[Kiwanis]、青年商会[Jaycees]），共济组织（如穆斯慈善组织[Moose]、厄尔克斯慈善互助会[Elks]、老鹰兄弟会[Eagles]、共济会[Masons]），民族宗教组织（哥伦布骑士会[Knights of Columbus]、圣约之子会[B'nai B'rith]）或者退伍军人组织。另一方面，大约 70% 的人参加了地方民间组织，如商业协会、联合基金会或红十字会，超过 60% 的人参加了当地的社交俱乐部——乡村俱乐部和市中心俱乐部。

许多人视年轻的职业人士为试图通过社交活动获得客户的"入会者"。但律师们声称，他们很少花费时间在发展客户和维系关系上，这一点从他们很少参与服务公社、民族宗教组织和退伍军人组织上得到了印证。对地方民间组织的高度参与可能反映了律师协会高度的公民意识。另一方面，也许时代已经改变，公民和社会组织已经成为比服务公社、共济组织、种族宗教组织和退伍军人组织在聚集客户方面更富有成效的领域。对于正处于事业上升期的律师而言，在当地的联合基金担任高级职务固然具有公关价值，但是在乡村俱乐部融入富人的交际圈，可能会比在穆斯或厄尔克斯更为有益。

2. 政治活动

尽管普雷里城的人口整体而言，在两个政党之间的人数是相当平均的，但是上层阶级中的人大多是共和党员，律师群体正是如此。70% 的律师表示他们要么是共和党人要么是"独立的"共和党人。

除了 2 名律师外,其他所有律师都表示其在当地选举投票中并不会仔细思考。尽管如此,普雷里城的律师们其实并不是很热衷于政治。65%的律师称其在过去的 3 年里没有参与过任何地方公职的选举投票。有 17%的律师多次参与选举,并且其中几乎一半的人参与的是司法职位候选人的选举投票。只有 10 名律师(12%)参与了与法官职位无关的竞选投票……

(四)奖励和态度

律师对他们的社区感到满意。63%的从业者选择在普雷里城从事法律工作是因为家乡,抑或是因为其近亲属。16%的人说他们来到普雷里城是因为这里的机遇良好,并且 17%的人说他们喜欢这座城市的规模和位置。一位律师总结了那些与普雷里城没有家庭关系的律师们选择这座城市的原因:"我想要去一个中型城市和一家拥有普通业务的小型事务所,这是最好的选择。"

不管来此的原因如何,大多数律师对这个选择都不曾后悔。65%的人非常确定即使重新选择,他们仍会选择来到普雷里城;27%的人表示有可能还会选择来此;只有 8%的人表示肯定不会来。对于选择普雷里城仍心有踟蹰或表示绝不再来的人中,大部分人表示这与地理或气候因素无关。只有 3 名律师(占律师总数的 4%)给出经济方面的原因——老字号企业过多以至于很难发展到新客户。

尽管律师群体收入情况良好,但在其内外部之间法律业务上的竞争无所不在。近 90%的律师意识到,即便不是十分激烈,但律师之间或多或少都存在着一定的竞争,并且 22%的律师曾因此受到过损害。超过 70%的律师认为还存在着来自非律师(主要是房地产经纪人)的竞争,22%的人也因此遭受了经济损害。尽管存在竞争,但律师们显然很喜欢自己的工作。61%的律师对自己的执业领域非常满意,70%的律师对于法律职业也十分满意。

(五) 与纽约市律师的比较[1]

总体而言,普雷里城律师与纽约市律师存在着鲜明的对比。几乎所有的纽约市律师都是土生土长的白人男士,即便如此他们的出身背景和社会特征还是与普雷里城律师大有不同。纽约市一半以上的律师都至少有一位外裔父母。相比之下,普雷里城近60%的律师的父母和祖父母都出生在美国,只有12%的人的父母一方或双方都出生在国外。48%的纽约市律师有东欧血统,只有5%的普雷里城律师是如此。两个城市的律师中,天主教徒的比例大致相同。但略多于60%的纽约市律师是犹太教徒,而普雷里城律师中犹太教徒比例占7%;只有18%的纽约市律师是新教徒,而普雷里城律师中新教徒的比例为73%。

65%的纽约市律师接受过大学教育,而在普雷里城,这一比例为90%。只有1/3的纽约市律师获得了全日制大学法学院的法律学位,而普雷里城律师的这一比例为94%。总的来说,与纽约市律师就读的大学和法学院相比,普雷里城律师就读的大学和法学院在质量和类型上没有太大差异。

两个城市的律师中都有很大一部分为商业客户服务,但大约70%的纽约市律师的收入中有一半或更多来自这一来源,而这一比例在普雷里城律师中只有57%。当然和普雷里城律师相比,大

---

[1] 编者按:汉德勒教授在这里将他的研究结果与《律师道德》(1966)中有关卡林市律师的研究结果进行了比较。

部分纽约市律师主要是为大型企业工作,只有18%的纽约市律师与45%的普雷里城律师主要为小型企业工作。

纽约市的律师队伍庞大而混杂。相比之下,普雷里城律师队伍的核心特征是其在背景、教育和职业生活上的共性。这些律师都是在普雷里城或类似社区出生和长大的。从种族上讲,他们反映了当地的人口构成——原住民和新教徒;但在教育和经济上,他们处于社区的顶端。法律业务在客户、业务领域以及与法院和代理处联系方面是多样化的。他们喜欢自己的工作和社区,自己的劳动带来的回报。相似的背景和教育,富裕和贫穷的客户,以及缺乏专业知识,都意味着律师间有很多共同的经验。

纽约市律师在执业、客户和收入方面的巨大差异与出身背景的差异密切相关。小型律师事务所和个人从业者主要是东欧裔的第一代或第二代美国人和犹太人。大型律师事务所的律师至少是来自英国、爱尔兰或欧洲西北部的第四代美国人和新教徒。与个体执业律师和小型律师事务所的律师相比,大型律师事务所的律师具有更加优越的出身背景,父辈的受教育程度和职业地位也高于前者。

一个有选择的招聘过程和职业生涯模式表明,在纽约市的律师中,"明显地存在着阶层差异的连续性和稳定性"。宗教信仰、社会经济背景、大学和法学院的类型、专业成绩是影响招聘律师入行等级的重要因素。例如,与非犹太律师相比,无论他们就读的大学和法学院的类型以及社会经济背景如何,犹太律师受雇于大型律师事务所的可能性较小。不同群体之间的职业流动并不常见,因为纽约市的律师一般都倾向于留在他们开始工作的群体中,很少有大型律师事务所的律师来自其他团体,尽管中小型律师事务所的律师有成为个体执业律师的趋势。大型律师事务所的律师如果向下变动,主要是去中型律师事务所,很少有个体从业人员曾是大型律师事务所的律师。流动性也与背景因素密切有关。卡林(Carlin)在他的研究中指出:"与就职的'屈尊者'相比,一开始就入职大型律师事务所并一直留在所里的律师们,更有可能是新教徒,更有可能来自社会经济地位较高的家庭、上过名牌大学和常春藤联盟法学院。此外,从个人执业晋升上来的律师与那些在基层的律师相比,往往也具有这些特征。"

纽约市律师之间的专业和社会差异,由于精英和底层群体之间缺乏联系而进一步加剧,因为职业人脉和社会交往主要发生在同一群体的成员之间。律师协会以地位为界线也有同样的划分:基本上纽约市律师协会在成员和领导方面都是精英组织,而纽约乡村律师协会主要由中低阶层的律师组成。

在大都市律师事务所,律师之间的阶级差异非常明显,律师团体之间彼此孤立。这种阶级划分是规模的产物,是专业化的产物,是招聘实践和职业经历的产物,即公司规模带来了社会化和专业化的区分。而在普雷里城这种分层体系似乎更加易变。例如,一些精英开办了他们自己的律所,其他人则是以个体从业者的身份加入律所。所获取客户的类型决定了地位,但普雷里城的客户群体并不是孤立的。他们因共同的背景、训练、工作、社会交往、参与当地律师协会以及密切的人身关系而联系到一起。简言之,纽约市律所虽然各有不同,但还是被分割了,而普雷里城律所则是一个职业共同体。

(乔尔·汉德勒[Joel Handler])

二、被爱所缚[1]

清晨8点半，一股清新的微风自布罗克顿山脚处而来，拂过了洒满晨光的街道。阿瑟·温纳(Arthur Winner)穿过法院街，走过第一国民银行的花岗岩大楼前时，遇到了银行行长罗杰·巴特利特(Roger Bartlett)，他正准备把钥匙插进青铜和玻璃大门的锁里。他说："阿瑟，你接到特别董事会议的通知了吗？"

阿瑟·温纳说："下星期四吗？知道了。"

"好吧，有几个人不知道。我不知道发生了什么事情。事情是这样的，哈里(Harry)觉得我们最好还是等麦卡利斯特法官(Judge McAllister)度假回来再说，他理解的是星期一。所以我上周通知了新的日期，但尤厄尔(Ewell)没有收到，伯特·布朗(Bert Brown)也没有收到。这件事我只和你说，我并不相信他们二人如此之忙，但是他们昨天进来并发现没有会议的时候却做出那样的表现。我想他们要解雇我们所有人。"

"嗯，那我明白了。"阿瑟·温纳说，"我会搁置议案的。"

"就这样做！"罗杰·巴特利特笑着说，"再见！"

拐角处的交通灯变了。埃德娜·基廷(Edna Keating)从联邦大街的另一边走来，并对他说道："早上好，温纳先生。请问您稍后有时间吗？洛法官(Judge Lowe)想要见您。"

"我现在要去一趟联邦议院，"阿瑟·温纳说，"我9点在办公

---

[1] 选自詹姆斯·古尔德·科曾斯《被爱所缚》(*By Love Possessed*), 1957。经 Harcourt Brace Jovanovich 出版社许可转载。

室有一个预约。结束后我会在10点到法院去。"

她说："我会转达的。"

阿瑟·温纳继续前行,沿着联邦议会的台阶往上走,脚下是新安装的原标识复制品——一只喙衔缎带并利爪握箭的凶猛非常的展翅雄鹰。最近大厅也重新装修了一番,大厅中的陈旧物品被彻底清理干净,取而代之的是少数古董珍品和大量风格近似但足以以假乱真的艺术仿制品。大厅的装修较之以往有过之而无不及。

兰伯特夫人(Mrs. Lambert)在小咖啡馆入口处的收银台边说道："早上好,温纳先生。"

厄尔·米歇尔斯(Earl Michels)在酒吧开门时担任酒吧招待员,但他正在大厅里拖着拖把忙得不可开交,他说："早上好,温纳先生。"

大厅的尽头是一个巨大的翻版断层式瓷器橱,许多货架上摆满了精美的蓝色石湾瓷,这些珍品是在阁楼的木桶里发现的,附带的原始票据表明这些瓷器是1818年为当时的联邦议院购置的,而它们一直被闲置的原因现在已无人知晓。橱柜的很多扇门都开着,联邦议院的业主保罗·阿特金(Paul Atkin)(他自己虽不屑于做除尘工作,但有些地方又无法信任他人去清理)正在用一块布温柔地擦拭着一个牛排盘上的热水。他说："你好,阿瑟,又是美好的一天。"

他饶有兴趣地用手指轻抚盘子上柠檬黄色的釉彩,小心翼翼地把它转到原来的位置。"在找你纽约来的朋友?"他说道,"我知道他下楼去吃早餐了,我想他一会儿就会上楼。"

"是的,我确实想见他。谢啦,我会等他的。"

保罗·阿特金小心翼翼地把手伸进橱柜里。他从紧密排列在一起的艺术品中挑选了一只形态优美的双耳扁壶,那些大小各异的艺术品在大厅对面折射而来的北方晨光的照射下,闪烁着愈加鲜艳的蓝色光芒。他面带赞赏地边擦拭着瓷器边说道:"你见过比这更美的吗?我一直记得是你父亲阿瑟发现的所有这些东西。那是在我从威洛比(Willoughby)那买下这个地方之前,有人打开了其中一个桶,拿出一件艺术品给他看。并询问这些艺术品是否有留用价值。说实话,我那时对此并不十分在意,直到装潢设计师说我们应当将其作为装饰陈列。上星期,一个自称来自费城的古董商开车路过,并出价5 000美金要买下这些。我告诉他这是非卖品,并由此确信你父亲是对的。"

他把双耳壶放回去,关上了门,说:"阿瑟,你有没有听说他们会如何对待那个杀死自己孩子的女孩?我是说会被认定为是谋杀案吗?我只是想知道下个星期我是否要成立一个陪审团,有几个候补陪审员和两名法警,总共16人。当然你不知道他们到底需要多少房间,直到你看到他们挑选了多少女陪审员,但是我希望我能知道他们是否需要。"

阿瑟·温纳说:"保罗,我想他们不打算审判她。我相信他们今天要提交正式答辩或者正在安排。我听说洛法官昨天在其办公室见了那个女孩和她的律师。你为什么不给杰里·布罗菲(Jerry Brophy)打电话呢?他会知道的。"

保罗·阿特金压低了声音说:"我才不愿意问那个傲慢的家伙呢!"他那双颊扁平的脸上现出一副愤怒的表情。"有一天晚上,布罗菲在酒吧里和一些梅卡尼克斯维尔人[1]在一起,他们中有人

---

[1] Mechanicsville,梅卡尼克斯维尔,弗吉尼亚州城市。——译者注

声音极大,当时厄尔也在……"他朝厄尔·米歇尔斯点了点头,厄尔·米歇尔斯拿着拖把站在紧闭的餐室门口,"厄尔说让他安静一点儿,然后那人就生气了,开始说每个人都知道我们在这里有多自大,但是他和其他人一样优秀,他在这里的权利不比任何人少,而且厄尔也想从中捞点什么。"

保罗·阿特金甩了甩头:"我不知道那个人是谁——或许是那些匈牙利人中的一个。我猜布罗菲请喝酒的人八成是个政客。厄尔说这里欢迎每个人,除了那些打扰其他顾客的人。于是布罗菲说:'算了吧,厄尔!没有人被打扰,再给我们大家一杯酒吧。'厄尔说他很抱歉,不能再招待他们了。于是布罗菲生气了,并质问厄尔是不是在暗示自己喝醉了。厄尔说:'不,布罗菲先生,你没有喝醉,也许你的朋友也没有喝醉,但在我看来他已经喝得够多了,所以我不会招待他了。'于是布罗菲大声吼道他一定会让厄尔失业的。我可以告诉布罗菲,厄尔绝对不会失业的。我也可以告诉他我怎么看另一个人——地方检察官,我猜他知道为醉酒的人提供服务的法律——他之所以装模作样恐吓他人是因为他在遵守法律。布罗菲和他的政界朋友们可以去别的地方,他们在这里将得不到任何服务。"

兰伯特夫人从柜台处喊道:"打扰一下,温纳先生!办公室的电话。德苇莱小姐(Miss Detweiler)说,有人想找你——是的——"她对着手中的电话说道:"我会转告他的,这是汉考克的哈罗德·里维尔(Harold Revere),温纳先生。要她叫接线员把电话接到我们的付费电话亭吗?"

"是的,如果她愿意的话。"

兰伯特夫人说:"温纳先生答应了。"

保罗·阿特金说:"哈罗德·里维尔?哈罗德现在在做什么啊?"

阿瑟·温纳说:"我希望越少越好。他的妹妹埃姆有时让他帮助她,我想不出他为什么从汉考克打来电话。"

"嗯,我知道他工作不太努力,"保罗·阿特金说,"但他来过一段时间,我很高兴他回来。厄尔很乐于助人,但打扫卫生不是他的工作。"

电话亭里的铃声响了,阿瑟·温纳走了进去,拿起听筒。哈罗德·里维尔用带着某种兴奋的渴望的声音说道:"是你吗,温纳先生?埃姆说我们最好尽快给你打电话,我在汉考克的原因是我们在湖边没有任何电话。在昨晚的暴风雨中,那棵大树,温纳先生,大闪电击中了那棵大橡树。"

"你和埃姆还好吗?"

"反正,我们真的很害怕!以后我要离得远远的,温纳先生!有趣的是,这场暴风雨并没有那么糟糕。出乎我和埃姆意料的是,环顾四野,刹那间光亮如白昼,爆裂声大得就如同在你的脑袋里一样,整个地面都在跳动——我们在大厅里搭了些折叠床用来睡觉;甚至里面,我们几乎要被震荡出来。一切都好像置于火海之中,似乎过了整整 1 分钟,我还以为小屋被击中了,但是,别担心,它没有被击中!我们停电了,电话也不能用,但是其他一切正常,我们也没有受伤。"

"好吧,我很高兴听到你们没事,那棵大树怎么了?"

"它被劈得很惨,温纳先生。就在那时,我们看不太清楚,我甚至不想走近它。埃姆说我应该马上给您打电话,但是我说 1 点半已经有些晚了,或是您应该已经睡下了,或是不论您那时在做什么都有些太晚了。随后她发现电话不能用了。另一件事儿,我说我们甚至不知道是不是那棵树被击中了。但它确实被击中了。今早发现那棵树自树冠处被劈开至根部。所以埃姆说,现在我马上开卡车去汉考克打个电话,因为她知道你肯定喜欢那棵树,我怎么知道那些植树人或者其他人,如果他们很快到达这里,不会做点什么呢。不过,我想它已经死掉了,温纳先生。在树干上有一个裂口,你可以把整个胳膊伸进去。"

阿瑟·温纳说:"我会找人看看那棵树的。重要的是你和埃姆没有受伤。温纳太太打算今天下午开车过来。"

"是的,她告诉我了,温纳先生。我先给罗伊兰(Roylan)打了电话,我不知道你已经离开了。所以我告诉了温纳太太,她说她也感到很惋惜。她说'可惜了,那么好的树',然后她说给您的办公室打电话,您会说该怎么做的。"

"好的,谢谢你让我知道这件事,哈罗德。我今天会找个绿化工人来。"

通过电话亭开着的门他看到一个女人走下楼来,更确切地说是轻快地走下楼来。她是康明斯小姐(Miss Cummins),她朴素的小脸很动人。她穿着一件棕色的罩衫,在她的胳膊上挂着一个闪亮的新桶,里面有擦洗刷、一些抹布和一盒去污粉。温纳先生猜想他刚才表现得很惊讶,因为在他走出电话亭时,她向他露出了一个非常欢乐的笑容,紧接着说:"我知道这看起来很滑稽,温纳先生,但是我们发现他们昨天在教区长寓所厨房里把工作做完了,所以我今天上午要去把它收拾干净。"她更认真地抬头看着他说:"一切都太好了,温纳先生。教堂法衣室愿意为我们做这一切真是太好了,惠特(Whit)和我都很感激。"

"我们想让你们更舒服一点,"阿瑟·温纳说,"今天上午惠特会在这么?"

"他最好在这!我要让他帮忙。"

"有件事,他想让我帮他弄清楚,我想和他谈谈,你能告诉他我会在中午左右过来吗?"

"好的,温纳先生。"她转过身,停顿了一下,说道,"哦,早上好,伍尔夫先生(Mr. Woolf)。"

温纳先生也转过身来,伍尔夫先生走下楼梯,在楼梯下停下来向康明斯小姐鞠躬,康明斯小姐笑着有礼貌地点头回应。她依旧轻快地穿过大厅,走出前门。

伍尔夫先生调整了忧郁的情绪,对阿瑟·温纳微笑道:"温纳先生,多好的年轻女士,教区长的母亲特罗布鲁奇夫人(Mrs. Trowbridge)告诉我说,她儿子和康明斯小姐将于下下周结婚,我要祝贺他们俩。"伍尔夫先生手里拿着几张折叠起来的黄色电报和一封拆开的信,他一声不响把写在布罗顿联盟(the Union League of Brocton)信纸上的那封信递了过去。

阿瑟·温纳读道:"尊敬的先生:盖因我对您今日无礼至极,希望您能接受我诚挚的歉意。我对您职业荣誉的任何影射,在此自愿全部收回。我为某些带有冒犯性的个人言辞感到抱歉。您真诚的,N. 塔特尔(N. Tuttle)。"

伍尔夫先生说:"我真的感到很抱歉,温纳先生!"他难过地摇了摇头。"我不忍想象这位老绅士在写信时的纠结,当任何人都能看出他生气的时候,他所说的任何话,我都不会当真。我昨天晚上回来的时候,这封信就在旅馆里,他们说是一个男孩放这的。我想给这个俱乐部打电话,跟他谈谈;但后来我不知道他是否住在那里。"

16　　阿瑟·温纳说:"我是在晚上看到他的,我知道他心里一直觉得不公平,伍尔夫先生。他写的是真心话,他很抱歉他发脾气了。他会为此感到苦恼,但是道歉,也就是他决定道歉的时候不会让他难过,当他意识到自己做错了的时候,他总是会这么说。"

伍尔夫先生钦佩地说:"这样的品行当然值得尊重!这需要很多优秀的品质,我现在明白了昨天法官的意思——塔特尔先生拥有很多过人之处。说到道歉,我也有许多不对之处。我想告诉塔特尔先生——我一定会——对他说我为我的行为感到抱歉。我看得出来,说到失礼,我提议传唤其说明是相当失礼的。我只是想提醒,您可以在6个月后援引该法令。我也和波尔西姆先生(Mr. Polhemus)提到过,他回应说确有这项规定。但是他没有告诉我,你从来没有那样做过。"伍尔夫先生忧伤的笑容,微微照亮了他黝黑苍白的脸。"我想他不介意我不知道。当我的委托人为一件我认为已经掌握在我手中的案件带来额外的法律顾问时,我承认我很是不悦。我甚至在想:不是认为这个家伙聪明吗,哎,那就让他冲在前面展示他有多聪明好了!"

阿瑟·温纳不得不回以微笑,他说:"我想你已经知道,我们的法院或多或少遵循着自己的会计准则。恐怕是由于我们不确定援引该条款是否必要且明智,所以就没有援引。事实上,我们的律师建议所有遗嘱执行人或管理员在1年内都不要申报他们的账户,当然也不要进行任何分配。我们认为这是适当的常规预防措施。在这个司法管辖区,等待可以保护您免受任何索赔——当然联邦政府除外,可能对执行遗产事宜的私人代表来说是陌生的,这样是十分有效的。遗嘱或者遗产管理人的通知自授予之日起12个月内未发出的,由其保管;反之则不然。所以我们当地的做法是等待。但是我并不认为有人会指望你知道这些。"

伍尔夫先生一脸严肃,轻拍着胸膛说:"我确实该有所了解,温纳先生。正如我早该知道关于你对这种听证会或会议所做的安排一样。我昨天在你办公室时冒昧地看了你的法庭规则。首先,如果我对审计员的职责很确定——我本该如此,那么我就不必像现在这样在您面前显得很愚蠢。这对我是个教训,温纳先生。因为没有涉及大笔的钱,而且我也很忙,所以我没有亲自去查你们那的法律。我只是派遣了我们这的一个年轻人到图书馆,让他从相关法案中提取摘要。我怎能如此粗心大意!是的,先生,我想我应该去那里教那些人一些关于遗嘱认证的知识。结果是你教了我一些知识。"带着意想不到的愉悦,他轻轻地拍了拍阿瑟·温纳的胳膊。

阿瑟·温纳有点不自在,他轻笑道:"我认为你可以教我们很多东西。"他说:"我不确定我们对程序是否足够重视,我们的一些程序相当随意。但是,我想你会发现法院对法律不是随意的。我觉得我可以放心地告诉你,我们的账目也不是随意的。就像我说的,我们习惯等待 1 年,所以诺亚认为不必着急。当然,当申请任命一个审计员听取有关遗嘱有效性事宜的时候,他会觉得更没有理由着急。在财产分配之前必须有会议、证词的文字记录、向法院提交的报告,甚至法院在发布前的最终判决都会被考虑到。诺亚有他自己的工作方式,但当这个账户被存档时,就不会有关于这个或那个项目的财产清单产生问题了。"

伍尔夫先生又笑了。他说:"我对我的这些问题感到抱歉,温纳先生。那些其实只是我那一点无聊的好奇心,我甚至不能声称与你面前的任何事实问题相关。简单地说,遗嘱执行人就在那里。我一直在看财产清单。我知道现在不是这样做的时候,所以我不会再多问了。据我所知,今天上午您本可以在此不超过10分钟,但是我很抱歉烦扰您一直在此,在一个星期六离开你温馨的家,来到这里。"

阿瑟·温纳再一次有点不自在地说:"我被任命为各方利益的调解人,伍尔夫先生,我会尽我所能去协调各方利益。但不巧的是,我该进去了。因为我要见个委托人。我过来是想说在开会前我有一段时间没空。但如果你有工作要做,比如打电话在内的所有的事,我可以给你重新安排一间办公室。"

伍尔夫先生说:"那真是太好了,太好了,温纳先生。但是我昨天打电话了。顺便说一句,我向接线员收取了费用,然后把钱给了你那儿的一个女孩——米尔斯小姐。我非常感激。"他笑得更开心了,拍了拍手里折好的电报:"我会告诉你这些是什么,温纳先生。你还记得我碰巧问过塔特尔先生,那些政府债券在哪里?他说它们在一个保险箱里。正如我提到的,我之所以问他这个问题,是因为他所给出的手头现金的大致数字。我查看了账目清单,我不明白他怎么会有那么多钱,因此我才萌生了一些无聊的好奇心。"他不以为然地笑了笑:"我不该逼他,温纳先生。就像你说的,他为什么要结清账目呢?我们都知道老年人会忘记一些事情。"

阿瑟·温纳说:"这是一个完全合法的问题。你可能很想知道不动产会以何种形式持有。"

"是的,"伍尔夫先生说,"但当我问'这些债券现在在哪里?'时,我早就该想到他不知道——我的意思是那一刻,他记不太清了。但是他不想承认他不记得,我以前见过一些老人这样做,于是他只说它们在一个箱子里,而不会说:'我忘了把它们放哪了.'"伍尔夫先生笑容渐渐消失,消遣变成了纯粹的同情:"所以那个箱子只是 个猜测。我敢肯定,到现在为止,他还记得;但是我不会再去问他了。你瞧,我知道他们出了什么事。"

阿瑟·温纳认为他给了伍尔夫先生一个困惑的眼神;伍尔夫先生带着一个即将揭开谜底之人的戏谑笑容说道:"世界上最容易的事情,温纳先生!他说他拥有的现金,据他所知,也就那么多。当然,我知道他说的数目可能不对,但我有另一个想法,我正好把那些债券的序列号码清单记了卜来。如果你给他们这些号码,我相信你知道的,公共债务局会为你查询。所以我在你的办公室给芝加哥打了电话,让他们给我发送收集来的这些证券的状况。"他又拍了一下电报,双目炯炯有神,轻轻地戳了一下阿瑟·温纳的胳膊说道:"塔特尔先生对他当时想不起来的这件事深感困扰,大约2个月前,确切地说是在7月20日,他赎回了所有的债券。他就是这样得到现金的。明白了吗?"

"是的,"阿瑟·温纳说,"我明白了。"事实上阿瑟·温纳知道,他几乎可以肯定,他能看到比伍尔夫先生更多的东西。伍尔夫先生显示出其聪明的才智(也确实如此!),然而他还是错付了善意,白费了同情。老人遗忘,是的,这件或那件无趣的小事可能会从诺亚脑海里溜走,但是伍尔夫先生不认识诺亚。你只要想想诺亚对最后一个细节的关心,他对奥克特遗产等投资组合的敏锐目光,就能猜出他是否忘记了自己决定赎回这些债券。当被问及这些债券的"下落",这种无礼使他勃然大怒。与一个多嘴又爱装腔作势的人如此纠缠,诺亚故意犹豫,愤怒地回答说他不知道(也不在乎!)。事实上他想的是:你希望在哪里找到证券?现在就走开,不然我就把你踢下楼去!阿瑟·温纳说:"我敢说他们是用被继承人名下的

G系列债券。如果他们死后债券仍被持有超过6个月,利息就会停止。"

伍尔夫先生重又严肃起来说:"你是对的! 就是这样,做得对! 你看,我已经知悉了我想知道的一切。那些东西没有放错地方,或者任何其他东西;所以我对自己说:'为什么不放弃它呢?'我可不想通过展示电报,或者以任何方式提起这件事让那位老绅士难堪。我今天上午的全部计划就是进行记录,作为委托人的代理人我对我现在拥有的信息感到满意,并且不会让遗嘱执行人进一步说明,现在只需要等待审计员关于其他问题的报告,我猜测报告中将包含他发现的事实和法律结论。"

"是的,这就是法院对我的期望,"阿瑟·温纳说,"我们的规定要求在收到审计师的通知15天内提出申请。当然,您将有充分的机会检查报告并提出异议。另一方面,伍尔夫先生,我认为您的所想十分周到。但是您有理由提出任何想问的问题,遗嘱执行人应该可以合理地回答您的问题。"

"不,不,"伍尔夫先生说,"赞成! 赞成!"他友好地挤了一下阿瑟·温纳的胳膊,"保密!"

(詹姆斯·古尔德·科曾斯[James Gould Cozzens[1]])

---

[1] 詹姆斯·古尔德·科曾斯(1903—1978),美国作家。其作品《守卫荣誉》(*Guard of Honor*)是一部关于佛罗里达空军基地的小说,1949年获普利策奖。其他作品包括:小说——《毁灭之子》(*The Son of Perdition*)(1929)、《最后的亚当》(*The Last Adam*)(1933)、《公正与不公正》(*The Just and the Unjust*)(1942)、《被爱所缚》(1957)、《早晨、中午和夜晚》(*Morning Noon and Night*)(1968)。短篇故事——《儿童故事集》(*Children and Others*)(1964)。——译者注

第二章　个体律师从业者

一、从业者实践[1]

让我简单介绍一下我自己，这样你们就能对我的执业经历有个大概了解。我在伯克利当了 18 年律师。毕业时，我为一名黑人律师工作了 1 年。1953 年底，众议院非美活动调查委员会（The House Un-American Activities Committee）来到了旧金山湾区。我的一些老朋友被传唤了，他们让我为其代理，我欣然答应。我和我的老板商量了一下，只是想确认他也没问题，但是这对他来说并不好，他觉得这对他的现实生活不利，因为那是麦卡锡时代，每个人都处于紧张之中。

结果是我被解雇了，但这也给了我自己开工作室的机会，因为我找不到工作。所以在大约 5 年的时间里，我摸索出一条属于自己的人生之路。这是老式的社区律师工作，社区由很多工薪阶

---

[1] 选自安·费根·金吉尔（Ann Fagan Ginger）《相关律师》（*The Relevant Lawyer*），1972。经 Simon & Schuster 公司许可转载。

层和少数族裔居民组成,你必须走两段楼梯才能到达委托人的家,人们会在每次面谈前的几分钟里气喘吁吁。

5年后我和一个住在伯克利市中心的朋友合作。一般来说,我们承办人身损害赔偿、工伤赔偿、家庭关系(包括离婚、解除婚约和收养)、遗嘱认证(监护和遗产)、托收(人们被征收机构滋扰或是滋扰欠他们钱的人)、遗嘱和遗产规划(现在也偶有信托)、所得税犯罪案件、商业案件(合作协议和买卖协议)、房屋租赁纠纷(现在伯克利有很多)、合同(特别是建筑合同)、行政法(如房屋建造许可证、分区、公共事业委员会问题)以及福利问题、房地产问题和选择服务问题。

对于综合型律师从业者而言,如今这个时代的主要问题在于你必须处理各个领域中的不同问题,而想要掌握这一切实在是太难了。你不想拒绝委托人,因为这样会把他们赶跑。但是有时如果你没有高度专业的知识来处理案件,你会担心自己无法胜任。对于综合型律师而言,从业者什么时候自己处理案件,什么时候向更专业的人求助,都必须做出十分精确的判断。当你遇到一个很好的关于人身损害的案子时,你虽然非常讨厌,也不得不请一位专业人士来分享酬劳,尤其是因为你可以在不出庭的情况下很好地处理这样的案件。

这一领域的律师像负责人一样,进行判断并行使自由裁量权,这不得不非常小心地开展。正如我们所探讨的智慧一样,常识是一种不那么花哨的说法,但这就是区分律师好坏的地方。

我列了一张好坏律师的特征表,我觉得真的很有趣。在"好"的清单上,同情心被我排在第一位。委托人找律师时,通常会带着一些问题。如果他不经常拜访律师,说明他最近一直在交好运。如果遇到麻烦,他通常会担心这会花掉好多钱;因为不熟悉法律才会担心厄运降临,而许多律师通常会忘记这一点,他们对待委托人就像对待来买两磅汉堡的客人。我真心希望随着时间的推移他们能意识到——委托人并不是来找你做定量服务的,他来是为了应对更为复杂和瞬息万变的情况。因为任何人一生中都很少见到律师,所以对人们来说这是一件大事。如果人们受到不公正、粗鲁敷衍的对待,这不仅会损害律师的声誉,还会进一步破坏委托人和律师的生活。这听起来有点伤感,但却很重要。你很容易对委托人生气,失去耐心,不信任他,不理会他说的那些琐碎的或不值得考虑的话。但是向你寻求服务的人所面临的问题不仅仅是数量上的。

当下有种可能是,你的同情心可能会被放大,你可能会过度认同你的委托人,那样你就没有发挥作用的余地了。你在他颤抖的时候颤抖,在他哆嗦的时候哆嗦,那么他最好还是待在家里自行解决他的问题。

我处理最多的是涉及家庭关系的业务,其中人际关系尤其重要。一个人去找律师想要的不仅仅是一个会计师或是执行者——他真正想要的是被理解、被关爱和被欣赏。在不影响职业关系的情况下做到这一点很难,若想使自己的资源发挥作用,就需要一定的判断力和自制力。

律师和委托人的关系是一种委托关系——一种高度信任的保密关系,在这种关系中律师需要承担很大的责任,人们认为这是理所当然的,但却经常忘记它的重要性。

事实上保密并不管用,尤其在伯克利这样的城市,在那里人们有很多朋友,属于同一个组织,参加同一个和平游行。在第3

杯马提尼或鸡尾酒的影响下,人们往往会开始毫无保留地随意交谈。

这个问题至关重要,因为当一个人走进你的办公室,即使在你被严刑拷打下也应该保证,他告诉你的事不会泄露出去。你可能会因被灌肠而改变主意,但除此之外,律师应当谨记保密关系的重要性,这也意味着不告诉他的妻子。我和妻子直接定下了最基本的规矩,我不会在家里谈论我的案子。我告诉妻子:"首先,当我回家的时候我不想再谈论它们了;其次,这样做是非法和不道德的。"

可靠性是我列出的好律师所应当具备的另一特征。律师必须有意志去坚守自己的口头承诺。律师如果不可靠,那将是一场灾难。诚实总是一件好事,具体来说它极具实用性。对于大多数律师来说,如果他们说"就这样定了",相当于达成了约定,如果律师不履行其应有职责,当事人将会和他解约。当地检察官说"如果你不带那个证人进来,我就不带这个证人进来",事情就这样定下。违反这类事情的惩罚无法计算,因为这涉及你的声誉、你的未来信誉以及那些将来都无法得到的此类事物。

律师有时可能不得不为其他价值而放弃这一点,然而我至今尚未见到。你还得考虑你的下一个委托人。假设你就减少保释金的问题向法官进行陈述,表示你的当事人在这个社区生活了20年,是一个正直的教会成员。法官听了你的陈述减少了保释金,结果你的当事人弃保潜逃,这证明你的陈述不是真的,那么下次你再要求减少保释金时,法官就不会答应你了。

我认为有必要对你的委托人诚实,这并不意味着你必须把一切都告诉他们,就像你不必把一切都告诉你的孩子一样,但你不能误导他们。

你应该对其他律师诚实,对你欠钱的人诚实——这很重要。有些律师不付佣金,一名书记员被雇用来记录证词,而律师在案子结束前,也就是在几个月或几年后才会付给他报酬。当一个律师只是利用别人的服务在进行交易时,在最后一刻才付款时,他实际上是在"借款",但却没有给那些也在努力谋生的人支付利息。你可以根据律师对待他们债权人的态度来区分律师的好坏。我们的一个秘书非常细心,只要有人来催账,这个女人立马就结付账单,你知道这有点可怕。我们说:"你为什么不有条不紊地等到每月1日呢?"我们真正的意思是"再给我们20天"。这是办公室里的一个笑话,但如果我真的不喜欢,我会告诉她不要这么做。

要成为一名为委托人提供优质服务的好律师,关键在于是否具备为案件精心做准备的能力和意愿,而这也是我由衷希望自己能够进一步提升的。你看到一些律师走进法庭,当轮到他们提起诉讼时,这个人毫无准备,委托人不得不轻推他说:"伙计,这是咱们的事。"

你必须掌握资料,你必须了解事实,你必须做出详细的事实陈述,或者是让你的当事人自己去做。最近我养成了自己写备忘录的习惯。我的文件夹里满是备忘录,记录着发生的事情、电话交谈,以及最新的情况。因为过一段时间你会忙得记不清委托人是谁。你在街上遇到他们,他们会打招呼,你就会想"那到底是谁?"然后你就会意识到那个案子下周三开庭!好吧,这有点夸张,但也有些道理。

你必须了解法律,这是非常困难的,因为有那么多麻烦的东西。但对诉讼标的认真且仔细的处理是必不可少的,然而这并不容易。几年后,律师就习惯马虎行事了。压力如此之大的情况下,你会倾向于把你的精力投入到最让你焦虑的事情上,你往往会忘记或拖延很多事情。

这可能是律师们不得不面对的最糟糕的事情:拖延。因为当你卷入一个案件中,这是你的责任,你担心它。人们如何对待他们所担心的事情?他们倾向于把它们放在一边,你知道吗?他们说:"我晚些再处理这个问题,那时我就做好万全准备了。"有时这种状态会持续数周乃至数月;若遇上没有诉讼时效的限制,也许会无限期拖延下去……

一般而言,只要你不放弃你的任何努力,避免诉讼通常是可取的。在民事案件中,审判案件往往是一场灾难,这样做的成本太高了。

有些律师无法通过和解来自救。我的意思是,有时,街上的两个小孩都可以和解,一些律师却是如此骄傲、愚蠢或以自我为中心,以至于他们不能让步,或者他们太匆忙了,没有时间。所以只能在经过取证和对每个人都大加指责之后,最终在法院的台阶上解决了问题。然而委托人却破产了,情感上也被逼到走投无路的境地,而这个案子本来可以一开始就解决的。

这一点我做得不错;我是个优秀的案件侦查者。事实上,我想知道我在处理这么多的案子的过程中有没有做错过什么。但是我的同事和合伙人都认为我做得很好。因为我试着把这种理解的精神带进每一个案子。在某种程度上,这是一种个人风格,但也可以效仿。即使遇到难缠的人,我相信也能够达成一致意见,只要你坚持不懈;当某个律师说了一些令人不悦的话时,要控制你的敌意,也不要那么快显露出来,即不要进入敌对状态。

另一个不好的特点是粗鲁。这似乎是一件小事,但它可以追溯到同情心。把你自己想象成一个坐在律师办公室里的委托人,和律师倾诉生活中令你痛苦不堪的某种情况,同时你还需要支付昂贵的咨询费用。突然你听到一阵尖锐的嗡嗡声,律师转过身来,拿起电话,你生命中的 17 分钟流逝了,而他却在谈论别人的问题。这是不可原谅的——除非是紧急情况,或者你提前告诉委托人:"预订半小时后会有一个电话,我需要接听一下。"

另外,还有一些小事情。迟到就是其中之一——例如让委托人等上 20 分钟或半个小时。有时候你无法避免,这是事物的规律。但总有一些律师一直迟到。有些委托人,当他们来到律师的办公室,不得不请保姆,或是暂告生意,或是撇下学业,这真的很不方便。

漫不经心是另一种罪过,你会一遍又一遍地听到同样的故事,尤其是在下午 5 点血糖水平较低的时候,你的注意力就会转移到别处。有人告诉你他生命中最重要的事情,而你却心不在焉。随着年岁增长,我发现自己这样做的次数越来越多。我认为年轻人可能做得较少,因为他们不那么容易感到无聊,他们不常听这些故事。但又回到了同情,如果你明白那个人在那里是因为他有某种需要,那么忽视他是可耻的。

这里有一个很好的品质,我想你们都有。这就是我所说的勇气。众所周知,就是接下不受欢迎的案子。我可以断定的是机会自己会出现。现在,即使是业务充裕的人型律师事务所也会派出一些律师去处理一些扶贫业务。这能间接地让他们感觉更好。现在问题反过来了,代表对方的人需要一些勇气。在伯克利区,租户工会是一件大事,而代表房东更是需要一些胆量……

一些律师表示,他们不会代表任何房东起诉租户。要知道房东千万种,租客亦然。一位年轻的律师告诉我,他就是不喜欢房东,在他追求正义的激情中,他忘记了还有另一面。房东也是人,这其中甚至还有黑人房东、贫穷的房东和墨西哥裔房东。18年前解雇我的那个人就不喜欢共产主义者,还有一些人或是不喜欢黑人,或是不喜欢犹太人,反正总会不喜欢某一类人。这个国家法律的天才之处在于,不管别人是否喜欢律师,他们都可以为人们服务,你不应该对那个代表某类人的人下任何结论。

的确,当你代表一个你不喜欢的人的时候,你可能并没有为他很好地工作。他也会有所意识。但我认为,我们现在正处于这样一个阶段,年轻的律师们如此热衷于社会事业,以至于他们忘记了法律职业是一种公认的服务行业,其必须具备一定的正当本质。

从很多方面来讲,法律职业在很多方面都是一个神乎其神的好行业。说来不可思议,在我看来,法律职业是这个国家制度发展过程中最为优秀的制度之一。我希望,如果有任何重大的社会变革,它不会被抵制变革的人或做出变革的人抛弃。我想当下法律职业尚有很多不足。它于这个国家的富裕白人而言十分有益,但是对余下的大部分人来说确有不公。大规模的重构势在必行。需要大量的创意使它符合当今社会的需要。当然,优点也依然存在。

那便是它起的作用。我代表过很多不受欢迎的人,以一种低调的方式,没有太多的宣传,这招很管用。你去法庭陈述你的案子,如果你没有遇到一个彻底糟糕的法官,你的机会就来了。通过准备和对职业的坚守与认真工作,你可以获得成功。但这并不代表不需要变革。另一方面,它也不需要作为一个机构被踢出去。即便有些人根本不喜欢它,我对此只能深表遗憾……

日历:你必须随身携带日历。我更喜欢那种每个月都有一页的日历,在那里你可以一次看到整整一个月的灾难,而不是仅仅三四天。你必须清楚你在哪里,你应当在哪里,否则他们会认为你藐视法庭。

记录你的时间是很重要的。一些律师从不记录他们所做的事情。我在律师工作日志上把一天的时间划分为以 10 分钟为单位的时间段,并把自己所做的每一件事记录下来。我们对外按时计费,因此当月底我需要向某人收费时,很难记起在 18 天前我做过些什么……但我会记录下这些时间,所以当有人说"你的意思是,收我那么多钱?"时,我可以说"我做了这么多的工作"。换言之,我对于接手的每个案件都有一个账户记录,我可以在月底时将时间簿转换为账户记录。

现在,有很多支付方式。我经常安排别人在一段时间内付给我钱。5 年来,人们每个月付给我 10 美元——无息且在其支付能力范围内。

除非有充分的理由,否则人们不该指望律师为其提供免费服务。很多委托人和律师一样都有相同的财务问题,因而你必须关注他们并且培养一种收费的自觉。

说来也怪,我不是个收费能手。我们的办公室看起来不错,但并不富裕。在我看来,我们在大案子上向来运气不佳,但我们很公道,因此表现得很好;我们收费合理,童叟无欺。好的客户是付钱的人,而精明的客户却能以某种方式逃脱惩罚。

我们通常在办公室工作。我每天早上 8:00 到 8:30 之间到办公室,下午 5:30 到 6:30 之间下班,经常在星期六工作,偶尔晚上也工作。我感到很惬意,我有一个很好的家,一个在乡下的家,一辆车,还有一个在上大学的孩子。没有抱怨,但另一方面,也不富裕,真的。

我在我的小纸片上列出了律师的各种形象:律师作为法律顾问、技术人员、代理律师、道德顾问、政治家、调停者、政治活动家和商人。那是他们赚钱的地方,他们通过客户进入企业,通过这种方式赚了很多钱。

很多成功的年轻律师都是毒品案件中的刑事律师。有大量的现金在这个小镇上流动。最近,只要一个律师说"我会尽我所能帮你缉毒,但是要付 1 万美金的订金",对方就会支付这笔费用!如果有人给我 1 万美元,我会晕过去。

我们不再做关于犯罪的案子了。它太专业化了,我们决定不处理它,但是我们会收取 250~1 000 美元不等的费用,这取决于交通状况,在一定程度上——犯罪行为有多严重,客户有多紧张,我们有多需要这笔钱。一些律师会为同样的事情收取 5 000 美元。

我们每小时收费 40 美元。当我告诉一个 21 岁的孩子我每小时收 40 美元时,他真的很沮丧。这意味着要在附近赚取 3 万美元/年,你必须为之努力且异常艰难。

(亨利·埃尔森[Henry Elson])

二、个体律师[1]

一般来说,在离开法学院的头几年里,个体律师以学徒的身份为另一名律师工作。这样的工作通常是临时的,因为薪水很少,甚至专业见习期是没有薪水的,正因如此,这种状态很少能持续超过1年或2年,因为年轻的律师会建立自己的事务所。在几乎所有的案例中,无论是个人还是小型律师事务所,雇主们似乎十分愿意雇用廉价的助手。他们在办公室里跑腿,在法庭上敷衍了事,帮忙做一点调查。另一方面,年轻的律师正在准备他们的日常文书和文件,偶尔也会熟悉法院和地方机构;他开始认识周围的人。换句话说,他开始接触了较低级别的司法和行政机构的工作。[2]

>作为一名法律职员,我没有得到他们(他的雇主)的特别关注,但我从他们那里学到了东西。
>
>采访者:你是说你在法院的表现?
>
>受访者:是的,还有法律、诉状和证词。最重要的是,当你四处行动时就能发现,在圣诞节时,芝加哥的传统是用信封装25美元分发给法院的办事员或其他办公室的办事员以

---

[1] 转自杰尔姆·卡林《个体律师——基于对芝加哥的个体执业者进行的研究》(*Lawyers on Their Own, A Study of Individual Practitioners in Chicago*),罗格斯州立大学出版社,1962。经罗格斯州立大学出版社许可转载。
[2] 编者按:卡林先生从这里摘录了对芝加哥从业人员进行的一系列采访的一部分。

及法庭事务官。如果你不这样做,你就出局了。

我同××和××一起工作,他们是我的前辈。我做外勤,我是那家律所的职员。我获得了与法院接触的经验。我来这儿是有受益的。一个人是不能成事的。你必须与有经验的人交往。在芝加哥,你价值的 50% 取决于你认识街对面(市政厅和县政府大楼)的哪些人。如果你能从经验丰富的人那里获取经验,那就成功了一半。如果你把自己代入进去,你就会更快地发现:谁去?去哪里?怎么去?例如,有件事(在法学院)你学不到,那就是在诉讼中拿出的文件的格式是什么。你需要对文件进行归档,并且你必须知道在哪里对它们进行归档。以后的还书日、市政厅入册日、试用日——每年的实际操作。当你收到传票(这是一张表),你该如何处理?好吧,你得去登记。你穿过街道得到一张表格。你必须在某个窗口中归档。稍后你必须查看它被分配给谁,以及在什么日期。这并不难,但你必须学会并记住它,你会在实际工作中有所收获。

老律师和他的"徒弟"之间的关系常常不太和谐。许多为其他律师工作的人报告了不愉快的经历:要么是与雇主的接触导致了梦想幻灭,要么是在大多数情况下与雇主发生了公开的冲突。一位在大萧条时代中期从法学院毕业的律师回忆:

我在一间由 4 名律师组成的律所实习,这段不好的经历给我带来了深刻的负面影响。这三四位律师都是前政客。他们都在共和党的统治下工作,并且等待共和党在芝加哥重掌政权。其中一个是在卫生街区工作(并且那里曾经发生过一桩丑闻)。另一个竞选市政法庭法官失败了。他们准备回归曾经的青葱岁月。这让我很失望,因为我是一个刚从法学院毕业的年轻人,对法律实践有着强烈的抱负,但是却有一些错误的观念。这本应是我第一次在商业上与活跃的法律工作者合作。这些家伙是沮丧的个体,从事律师多年,仍旧挣扎沉浮——担心租金等等。这将使所有人感到沮丧,只有非常有野心的人除外。在这里,这些一无所有的人仍在挣扎——但那是在1936年和1938年,当时整个律师行业都处于低潮。

> 采访者:你对律师行业的错误认识是什么?
> 受访者:我以为大多数律师都是成功的。

有人指出,在工资和财务预算方面总是存在着一定的冲突。一个人说,他觉得自己的服务报酬不够,在这家雇用他的小公司里,他几乎没有晋升的机会。4年后,他终于决定辞职:

> 我的老板都是些小气鬼……我没有机会成长;我永远不会有所进益。而且他们什么都不给。当有一大笔费用的时候——我曾经处理过一个能带来20 000美元收入的案子——他们也从没有给我额外的福利。

另一个人在当地税务领域为一个积极的提案人工作,他负责处理大部分的文书工作,而他的老板负责宣传。当被问及为什么离开时,他说:

我很不满意。我在那里的第二年就创收60多万美元，但我只得到每周25美元。这是不公平的。我辞职时没有找到另一份工作。当我告诉他我要离开时，他说："你在这儿不快乐吗？"我说："没有。""那是为什么，"他说，"是因为钱吗？""可以这样说。"我说。"你每周挣多少钱？"他问道。我告诉他每周25美元，可是我不能接受。但是，当他涨到了50美元、75美元甚至100美元时，我拒绝了。

31　　另一个人在决定辞职时，已经在一家8人事务所当了5年的办事员：

采访者：你为什么离开公司？

受访者：经济上的争端，我想挣更多的钱——至少这是一部分原因。这家公司的老板有一个理论，他总是可以雇用人才，但如果你不能带来客源，他能支付的薪水是有限的。我带不来客源，但是我反思了一个问题，到底谁获得了收益。

另一位律师对自己的工作不满意（他发现自己只能处理驱逐案件），同时对他的老板也不满，"我的老板远不如我，但他今天却拥有百万资产"。当被问及他最终为什么离开时，他回答说：

这有一个分歧。其中一个老板以为我被套牢了（受访者被要求交出其业务中的35%的收益），但我其实没有，我告诉他你去死吧。

虽然见习生活并不总是以冲突和相互指责而告终,但似乎有朝这个方向发展的明显趋势了。这些压力在很大程度上来源于这个职位的兼职性和临时性。在大多数情况下,年轻的律师试图拓展自己的业务,但他很难划分出自己的时间和应该为雇主工作的时间之间的界限——除非他自己完全致力于服务他的雇主,情况只会更加不确定,需要频繁地重新定义就业的条款。雇主通常非常乐意允许他的职员发展一些自己的业务(在一定程度上),因为这是低工资的理由。然而,这种安排很快就会使律师与其雇主之间形成潜在的竞争关系,尤其是考虑到,在律师资格和业务能力方面,无论是年长的律师还是年轻的律师之间存在何种差距,在这个级别的律师队伍中,这种差距都能迅速地弥合。

对于大多数个体从业者来说,独立创业是一场艰苦卓绝的斗争。他们早年的工作几乎只是法律实践的边角,收入也少得可怜。他们处理的事情一成不变,从任何角度看来,都乏善可陈:边缘案件、没有人想要的案件,涉及回报最少和最严重的案件。

> 采访者:独立创业初始遇到了哪些问题呢?
>
> 受访者:得到付费客户。到处都是这样的人,从一个律师到另一个律师,他们只是想了解另一个律师的情况——垃圾。
>
> 最主要的问题是客户的发展,然后是利润丰厚的业务。一个年轻的律师总是被推荐去做小案子、死亡案件判决等。
>
> 有很多业务赚不到钱。等过一段时间你就会独立了,有很多人希望花钱请你来处理他们的业务。

诸如托收、拆迁、租金案件、"死亡"判决以及一些人身伤害、刑事案件和离婚案件，都是实践初期最常处理的工作。这类案件最显著的特点是其琐碎性——涉案金额很少、索赔极少（甚至不存在），以及取得任何进展所需的过量时间。总之这些都是恶劣的工作，"废话""垃圾"没有人会处理，但如果年轻的律师想要生意，他就不得不接受……

大多数年轻律师刚开始工作时能得到什么样的工作，他们的业务来源，以及他们在维持收支平衡方面遇到的问题，都能从一个年轻受访者的案例中得到很好的说明。让我们叫他罗纳德吧……

> 采访者：您的业务性质是什么？
>
> 受访者：（翻了翻他办公桌上和抽屉里客户的文件夹）我替一家保险公司代位求偿。我的抽屉里有300个案卷。有一宗价值3 000美元的索赔，其中1/3是我的，但大多数我都得不到。
>
> 采访者：你是怎么得到这些案子的？
>
> 受访者：我姐夫的哥哥认识一个律师，他在保险公司有一半的股份。（继续浏览他的档案）
>
> 五金商店募集款。
>
> 我的送奶工的房产交易。
>
> 与我嫂子邻居的母亲的遗嘱和信托事宜。
>
> 我嫂子的阿姨——人身伤害。
>
> 这是给我嫂子的母亲的。我将做一些遗产的规划——

拟一份遗嘱,转让一些股份。

一件案子——他之前办公室为之工作的律师的案件。一辆拖车的主人声称车的安装有问题,要求赔偿损失。

——(工作室的另一位律师)出了车祸。

我姐夫出了车祸。

我在一家电器行买了一台洗衣机和烘干机。我询问他们是否需要律师。他们提到件小事。我希望在他们之中发展一个固定客户。如果我有几个固定的客户,那就诸事无忧了。

我妻子的阿姨的人身伤害——车祸。

我朋友的人身伤害。

我朋友的人身伤害——食品造假。

这是我的"明星"客户——即使我已经帮了她无数次了。我在帮她处理一堆事情。她有几处房产,但她对其中一幢房子的勾凸缝工程不满意,我打电话给负责人,让他同意妥协。我还负责她名下一家鞋店的个人财产税。至于对另一家鞋店的缺席判决,我会把时间腾出来。她的儿子和儿媳又因为吃了坏了的披萨而生病。一位警署队长打破了她所在大楼的一楼窗户;我认识他,他会修理好它。我还没有从她那里得到任何费用。不过,很快就会有的。

一个移民案件——我把它交给另一个律师并且将要从中抽成。

这就是我当前的职业状况……

这真的很困难。我不知道我是否可以处理它……

我喜欢法律,但它不是我生命中最重要的事情——我必须成为一名律师。如果我现在停止，我就承认了失败。我会感到羞愧。这是一份不错的工作，干净利落的工作，一个受人尊敬的职业。如果能有一些收入，那就是一个美好的生活了。当你想打高尔夫球的时候，你可以离开，自己当自己的老板对我很有吸引力。如果有人问你在做什么，最好可以回答他们我是律师，而不是商店的店员。我父亲对我是律师这件事也相当得意。

如果不重新认识个体执业者在何处以及如何适应大都市律师行业的更广泛结构，人们就无法完全理解个体执业行为的本质。

尽管芝加哥有一半的律师，和美国其他城市的律师一样，都是个体执业律师，但他们构成了大都会律师行业的一个较低阶层。大都会律师行业的精英由大型律师事务所的律师组成。这些律师事务所实际上垄断了规模最大、最有利可图的客户（他们面向有法律需求的大公司）以及最优秀的职业律师。在招聘律师时，他们渴望实现华尔街大型律师事务所的理想，即只挑选哈佛大学、耶鲁大学、哥伦比亚大学法学院的顶尖毕业生，并在他们毕业后尽快将他们带入律师事务所。例如，在芝加哥、纽约、波士顿、费城、克利夫兰、旧金山和洛杉矶，拥有超过25名律师的律师事务所中至少有1/4的律师是哈佛大学、耶鲁大学或哥伦比亚大学法学院的毕业生（主要是哈佛大学），几乎所有其他人都是当地一流大学法学院的毕业生。

因此，大多数都市个人执业者的业务局限于那些大型律师事务所尚未预先处理的剩余事项（和客户）：（1）项目不够大或报酬有限不至于需要大型律师事务所处理——一般为中小型企业和公司的一般性事务,较小的房地产交易(针对个人或小型企业),以及针对中等收入家庭的房地产事宜;(2)不受欢迎的案件、肮脏的工作以及与之相关的业务,这些业务领域或涉及权势操纵,或涉及客户的和解协议,或是被大型律师事务所认为于业务声望会造成损害。后者包括当地税务、市政、人身伤害、离婚和刑事案件。

个人执业者不仅在业务类型上名列其后,而且在培训质量和学术成就上亦是如此。正如我们所看到的,在芝加哥,大多数个人执业者接受的是不到 2 年的本科培训,2/3 的人毕业于夜校。这种模式似乎在其他大城市也很普遍。在纽约、波士顿、费城、克利夫兰、旧金山和洛杉矶,40%~70%的个体执业律师都是法学院的夜校毕业生,而与此相比,同样是在上述城市中,拥有 25 名以上律师的律师事务所中这一比例不足 15%。

大都市律师事务所的阶级结构僵化的特点可以从以下事实得到证实:那些从个体执业者起步的人很少会成为大律师事务所的受聘律师或合伙人。此外,目前大多数个体执业律师都是这样(或作为类似律师的雇员)进入律师行业的,并始终处于该执业水平。

在大型律师事务所精英和广大个体执业群体之间,是由中小型事务所律师组成的一个阶层。尽管从社会背景、培训和执业类型上很难将这些律师中的大多数人与个体执业者区分开来,但无论如何,中等规模的律师事务所很可能构成类似于大都会律师事务所的中产阶级。

大都会律师事务所的阶级分化是世纪之交时历史发展的结

果。一个非常重要的因素是,大型律师事务所已经成为向商界精英提供法律服务的主要组织形式。直到 19 世纪末,可能还没有律师人数超过 6 人的律师事务所。从世纪之交到第一次世界大战期间,律师事务所首次出现了实质性增长,东海岸大城市的一些律所扩张到 20~30 名律师。但是我们今天所知道的大公司直到 20 世纪 20 年代才出现,当时大都会律师越来越多地被要求为这个巨型企业的新兴经济塑造法律框架。由于这些新巨头的运作所需要的法律和一般商业咨询的规模和复杂性的增加,必须使法律人才达到一定程度的专业化和集中化,而这种专业化和集中化只有在非常大的公司才能实现。20 世纪 20 年代,在纽约、芝加哥和美国其他主要城市,以前只有 10~20 名律师组成的事务所规模扩大到 40~50 名,在某些情况下甚至达到了 70 人。1929 年的大萧条可能暂时性地颠覆了大型律师事务所巧妙协助建设的公司结构,但大萧条及其带来的政府控制和监管的泛滥,进一步巩固了二者之间的相互依存关系,进而保证了大型律师事务所的永久性和重要性。

大都市律师事务所精英阶层在新兴大型律师事务所中的建立,确保了其对最大、最具影响力的商业和商业客户的垄断,这主要是因为资源有限的小型律师事务所发现要竞争这些生意越来越难了。此外,随着雇用政策的开始,需要接受过某种特定法律教育的人才能进入大型律师事务所,因而进入精英阶层越来越受到限制。因此,从 20 世纪初以来,最大的律师事务所在选择受聘律师和合伙人时就非常重视法学院的背景和表现。例如,自 1985 年以来,克雷文斯律师事务所(Cravath, Swaine & Moore)在纽约的所有合伙人几乎都毕业于哈佛大学、耶鲁大学或哥伦比亚大学法学院，多年来，他们的合伙人中有约 2/3 的人来自同一所学校。在苏利义和克伦威尔律师事务所，从成立至 1920 年，只有一位合伙人不是哈佛大学或者哥伦比亚大学法学院的毕业生。约翰·福斯特·杜勒斯（John Foster Dulles）获得的是乔治·华盛顿大学的法学学位，他在公司历史的序言中回忆了他在进入一家知名律师事务所时所遇到的困难。

> 我带着祖父约翰·W. 福斯特（John W. Foster）[1]的介绍信去了纽约，他是通过自己在外交和国际事务方面的丰富经验认识这些人的。这些信为我带来了礼遇，但是没能给我带来一份工作。普林斯顿大学的学位对于本科生来说是很有价值的。但是大学的荣誉没有什么价值。索邦学院算不了什么，乔治·华盛顿大学在纽约也不为人所知。当时，哈佛大学或者哥伦比亚大学的法律学位才是进入纽约知名律师事务所的必备条件。

大型律师事务所在挑选律师和合伙人时越来越重视专业培训的类型和质量，这无疑是在世纪之交从律师事务所学徒制到律师学校正式培训的转变所促成的。很明显，根据曾就读的法学院来区别对待新人要比他们实习过的律师事务所简单得多。此外，法学院还提供了一种方便的方法，以学业成绩来衡量学生的能力。

---

[1] 约翰·W. 福斯特（1836—1917），美国外交家、政治家和国务卿（1892—1893）；作为美国代表参加解决白令海争端的巴黎仲裁法庭，著有《美国外交 100 年，1776—1876》，《外交回忆录》(1909)。——译者注

37　　　在此期间,随着大型企业的成长和政府对商业的控制与监管的扩大,法律实践的中心焦点从法庭转向会议和谈判室,进入大都会律师精英阶层进一步受到限制。这种转变的结果使得那些出身卑微但却雄心勃勃的年轻律师失去了一个向那些有声望和财富的潜在客户展示其能力的最容易接近和最有效的公开场所。此后,在法庭上的能力展示在很大程度上只能通过在一些不太受重视的领域获得突出地位来实现,这些领域要么被大型律师事务所抛弃,要么被它们忽视。只有通过与大型公司的合作,才能在受人尊敬的执业领域中脱颖而出,并接触到越来越多的重要客户。

　　在大型律师事务所精英集中化过程中,在大都市律师行业的较低阶层也发生了极为显著的变化。第一个变化是从律师事务所学徒制到为这些律师提供夜校培训。第二个变化是此类律师人数的惊人增长。20年代是律师行业整体在20世纪发展最快的时期,十大城市的律师行业规模增长了50%以上。这种显著的扩大在很大程度上是由于迅速增多的夜校毕业生涌入了个体执业律师行列。

　　第三个发展是这部分律师的种族构成从以德国人和爱尔兰人,转变为以东欧裔(主要是犹太人)居多。因为不断有新的移民群体进入律师行业的较低阶层,所以种族结构的持续演变显然受到了律师夜校培训这一转变的影响。对于这些新近移民的下一代而言,进入一所夜间法学院,唯一的要求就是学费,而不是在律师事务所找一个很可能是爱尔兰或德国血统的律师乃至"老美国人"律师做其导师。

　　最后一点变化在于第一次世界大战过后,汽车事故损害赔偿领域的出现。这种新型的法律业务领域由个体执业群体掌控,并迅速成为整个行业中最赚钱的支柱业务之……

(杰尔姆·卡林[Jerome Carlin])

第三章　法律援助律师
——"我与正义无关"[1]

马丁·厄德曼(Martin Erdmann)认为自己是不合群的。6岁的时候,他喜欢偷偷溜过家中铺着红地毯并装有螺旋楼梯的门厅,来到棕榈盆栽前并往里面吐痰。在洋基队球场,他支持红袜队。当他去达特茅斯时,他为耶鲁喝彩。他交友不多,并认为自己不需要太多的朋友。如今他57岁了,是一名未婚的百万富翁律师,他所辩护过的罪犯比世界上任何一个律师都多。因为他是纽约最好的5~10名辩护律师之一,他让这些罪犯提前数月或者数年重返街头。他的客户不是黑手党头子、银行侵吞公款者,也不是枪杀妻子的郊区主管。他为杀人凶手、窃贼、强奸犯、抢劫犯辩护——就是人们在大街上谈论罪犯时通常所指的那些。马丁·厄德曼的客户就来自这些街头罪犯。

25年来,马丁·厄德曼辩护过的罪犯人数已经超过10万名,

---

[1] 选自《生活》,1971年3月12日。编者按:本文的中心人物厄德曼先生根据文中引用的评论被指控有职业不端行为。下级法院维持了对厄德曼先生的指控,并对他进行了谴责,但在其上诉后撤销了这一指控。Justices of Appellate Division, First Department v. Erdmann, 39 A.D.2d 223, 333 N.Y.S.2d 863(1972), rev'd 33 N.Y.2d 559,347 N.Y.S.2d 441(1973).

将他们从数万年的牢狱生活拯救出来，在过去，他们曾抢劫、强奸、盗窃和谋杀了数万人。那种认为他与所有这些重罪之间具有非常直接的个人联系的观点，在他看来既无聊又无关紧要。"我和正义画不上等号。"他说，"正义甚至不是等式的一部分。如果你说我做的事不道德，那么你是对的。"

他是正确的，如同我们的对抗制诉讼制度、陪审团制度、无罪推定以及第五修正案一般正确。如果说厄德曼急于释放被告有什么过错的话，那不是他的过错，而是整个体系的过错。对辩护律师来说，刑法并不意味着公平、公正或适当的惩罚或报复。这意味着他要为他的客户争取一切权利。在他的案件中，98%的客户都是有罪的。正义是地区检察官享受的一种奢侈。只有他才会宣誓"确保正义得到伸张"。辩护律师不喜欢这种庄严的誓言。他经常为罪犯工作，为一个建立在基本健全但又自相矛盾原则之上的司法制度工作，即必须释放有罪的人以保护无辜者。

厄德曼尽其所能地释放了他们。他为法律援助协会（Legal Aid Society）工作，这是一个私人组织并与纽约市签订了一份合同，为每年涌入纽约市法庭的17.9万名贫困被告进行辩护。他领导着最高法院社会分部，手下有55名律师，年收入23 500美元。他父亲是华尔街的一名债券经纪人，留给他数百万美元，与之相比，这笔收入不算什么。25年前，直到会计事务所告诉他，他把他们的账目搞混了，他才把工资支票塞进书桌抽屉里。在私人事务里所，他拥有6位数的收入，还有爱德华·贝内特·威廉姆斯（Edward Bennett Williams）、F. 李·贝利（F. Lee Bailey）或珀西·福尔曼（Percy Foreman）的名气。当人们称赞他有奉献精神时，他感到厌恶非常。"这纯粹是无稽之谈。如果有一个词不能形容我,那就是奉献。我把这个词留给那些需要牺牲的人。我拒绝牺牲。我优秀的唯一原因是拥有自我。我喜欢赢。"

马丁·厄德曼看上去不像是个赢家。他身材瘦小,并不引人注目,每周一上班的路上都把秃顶的头发剪短,定做的西装不论何时都是松松垮垮的,走路稍微有点驼背,身体前倾,活像格劳乔·马克斯(Groucho Marx)〔1〕。他的脸十分瘦削,皮包骨,薄嘴唇,凸眼睛。他住在曼哈顿东区一套一居室的合租公寓里,没有电视,很少接电话。("这是我从父亲那里学来的——他可以在电话铃声不断的房间里一待就是几个小时。")他用明信片下象棋,从商品目录中挑选购买圣诞节礼物,除了工作和吃饭,很少外出。向他贷款的被告会得到贷款。他资助黑人学生奖学金,并被列为纽约市中心的赞助人。唯一一个能够让他放纵的地方就是位于康涅狄格州的一个75英亩的周末休息寓所,还有每年独自去往阿迪朗达克山脉(Adirondacks)进行为期1个月的垂钓之旅。他说:"我很早就发现我是一个非常独立的人。"

像大多数单身但并不会孤独的人一样,马丁·厄德曼性格特征突出:以自我为中心,固执,有时甚至十分执拗不通情理。他也是一个失败的理想主义者。"我在大学有一个英文老师,"他说,"我的老师读了我写的文章之后对我说'马丁,你在寻找比用小麦做的更好的面包',我永远不会忘记这些话。"

马丁·厄德曼会在 4:45 起床,晨读到 6:30,然后搭乘地铁至距离市中心 3 英里的刑事法庭大楼。他穿过漆黑无人的走廊来到办公室,打开门锁。他 7:30 就到了,离开庭还有 2 个半小时,

---

〔1〕 格劳乔·马克斯(1890—1977),美国电影演员。——译者注

只有他一个人。他的老板,刑事部门的首席律师米尔顿·阿德勒(Milton Adler)将会在10~15分钟后到达。然后,一些人前前后后来到了法院:电话接线员和职员、其他律师、保释的被告人、监狱中罪犯的母亲、穿着带有呕吐污渍衬衫的病态吸毒者、安静地坐在墙边木质椅子上的斗殴者、气愤的喃喃自语者、穿着戏服头上粘有羽毛的精神失常者。

在匆忙开始之前,马丁·厄德曼坐在他旁边办公室的办公桌前,翻看当天的案件夹。安东尼·霍华德(Anthony Howard)是个21岁的黑人,被指控持刀抢劫他人钱包。霍华德的妈妈来监狱探望他,给他带来干净的衣服并带走需要洗的衣服。他的妈妈并不知道,她儿子最大的危机不是被指控抢劫,而是在这个不足50平方英尺的牢房中,睡在他上铺的人。罗伯特·菲利普斯(Robert Phillips)与霍华德同处一间牢房,7年前从一家精神病院逃出来后被再次逮捕,释放后又以谋杀一个22岁的女孩和一个未成年男孩的罪名再次被逮捕。在精神病院经历了3年多的治疗后,他被宣布精神正常,现在正等待对于他被控谋杀罪的审判。厄德曼翻看着案卷。他说:"曾经在精神病院的牢犯告诉我,他们会一直待在精神病院直到接受对于他们的指控。然后,他们就会被认定为精神正常,并把他们送往诉讼程序。"他决定将安东尼·霍华德的案子交给一个年轻的律师爱丽丝·施莱辛格(Alice Schlesinger),她始终相信她的委托人是无辜的。她非常擅长厄德曼所说的"握手不放",以给予被告人和他的家庭比案件所需要更长的时间。

米尔顿·阿德勒走进来提到了昨天他参加的会议,他和一些地方检察官和法官就如何让更多囚犯获得保释进行了讨论。厄德曼听了之后并没有说什么。厄德曼残存的理想主义就是通过挑起一丝玩世不恭的氛围来抵抗每天的事情。他嘲笑并打破了其他律师的天真幻想。听了阿德勒的话之后,他的脸上闪过一丝戏谑的冷笑。他说:"如果他们减少保释,这将是他们最后一次看到被告人。"

爱丽丝·施莱辛格出现在门口,她是一个年约30岁留着黑色长发的年轻女性。她想知道怎么做才能说服地方检察官对一个被指控抢劫罪并被保释的被告人开始审判。"我们不能施加一些压力给他们吗?我的委托人非常紧张不安。他想要结束审判。"

厄德曼说:"当然,你可以用怠于起诉来驳回刑事起诉。比方说,你的委托人正承受着巨大的精神压力,因为他背负着这个极其不公正的指控。"

"不要这样笑,在此时他是无辜的。"她说。

厄德曼不再笑了。"嗯,你知道,"他说,"也许地方检察官在确定原告的问题上遇到了一点小麻烦,而且你的被告已经获得保释,为什么还要催促他们正常进行并抓捕他呢?因为当他们找到控告人并提起诉讼,如果由于一些极其不幸的事件,你的当事人被判有罪,那么他就会进监狱,他的处境会比紧张更糟。"

她勉强认同,转身随即离去。厄德曼静静地坐在办公桌前,盯着成堆的文件。然后说道:"她还有很长的路要走,她会学习到的。即使会流泪,她也会走下去。"

厄德曼收拾好文件,乘坐电梯去了13楼的审判室。他坐在陪审区一个柔软的装有软垫的椅子上,看了看当天的30个案卷:伪造文书罪、抢劫(大多数是行凶抢劫)、入室盗窃、毒品贩卖、持枪袭击、纵火、鸡奸、谋杀犯罪未遂。他把这些档案放在陪审区前面的架子上，然后坐回去等待地方检察官和法官。他独自一人站在法庭上，这是一个光线昏暗、庄严肃穆的地方。棕色的墙壁、棕色的桌子、棕色的教堂长椅吸收了头顶上低瓦灯泡发出的一点点光亮。

一名检察官走进来，厄德曼问他一起即将开庭的绑架案情况。"那个地方检察官正在审理另一个案子，马丁。他至少要1个月才能结案。"

"太棒了，"厄德曼大笑，"我看他能拖延诉讼直到原告30岁。反正也不会更糟糕了。案件发生时她8岁，现在她已经11岁了。"这个地方检察官摇摇头走开了。两个地方检察官走过来，厄德曼走近他们，跟他们开玩笑并打趣他们，以显示他的存在：他是他们年龄的两倍，有更多经验、更有知识、更狡猾。"毫无疑问，我的声誉太高了，"他说道，"这需要悉心的培养。神话在这个行业是非常重要的。"

法官米切尔·施魏策尔（Mitchell Schweitzer）走了进来，他瘦瘦高高的，头发灰白，在这个职位上已经有26年了，其中16年与厄德曼密切合作。他环视了一下房间，与私人律师、厄德曼还有两个助理地方检察官问候。

书记员喊出一个名字："乔斯·圣地亚哥（José Santiago）！"

厄德曼笨拙地摸索着案卷并从中抽出一个来，并回应："他是我的当事人。"一位助理检察官扫过他桌子上的一行案卷并从中选出一个。厄德曼和地方检察官慢慢向法官所在位置走去，边走边拿出文件。厄德曼有一份起诉书副本和另一名法律援助律师早些时候对被告进行的书面会见记录。地方检察官有一份大陪审团[1]证词摘要和被告人卷宗副本。有了这些文件,在接下来的三四分钟里,法官、地方检察官和厄德曼将决定他有罪的可能性以及他将服刑的时间,尽管这个被告人并没有意识到他正处在审判室的判决之下。

审判是终局的。在纽约市,只有1‰的逮捕以审判告终。政府不再有时间和金钱来去支付这奢侈的无罪假设,也不会有这种信念:认定犯罪的可靠方式是通过陪审团审来实现的。现在,事实上,政府对每一位被告人说:"如果你肯放弃你那令人无法忍受的无罪声明,我们将以从轻处罚来补偿你。"被告人反问:"有多轻?"——然后地方检察官、辩护律师和法官在工作台前聚集。这被称作"控辩交易",这个过程就像玩游戏,有行动和对抗行动、协议、规则和惯例。权力掌握在囚犯手中。由于逐渐增加的犯罪把我们的司法体系推向混乱和倒塌的边缘,被告人以唯一拥有援助之手的人的身份出现。政府需要认罪答辩才能将案件移出法庭,而被告们正以政府所能支付的对价——时间来出售他们的认罪答辩。但无论最终达成什么样的判决,这场讨价还价竞赛的真正后果从来不会被怀疑。有罪的人通常是赢家,而无辜者总是输者。

为了玩好游戏,律师必须是无情的。他在这个体系中工作,但又反对这个曾经被攻击的体系。他必须在它处于弱势时毫不犹豫地攻击它,并好好利用它的每一个弱点。没有人比马丁·厄

---

[1] Grand jury,大陪审团,在刑事法庭审案期间由行政司法官选定并召集。其职责为受理刑事指控,听取控方提出的证据,决定是否将犯罪嫌疑人交付审判,而不是认定其是否有罪。称为"大陪审团"是因为其成员人数较多,通常由12~23人组成。——译者注

德曼更擅长于这个游戏了。

施魏策尔法官看了一眼地方检察官交给他的大陪审团摘要,那是一个戴眼镜的年轻男子,名叫杰克·利特曼(Jack Litman)。然后法官戴上眼镜查阅。"你有什么请求,马丁?"

厄德曼并不确定。他的当事人被指控在街上抢劫一名男子,刺伤了他的脸、脖子、胸部、腹部和背部。受害者被另一共犯从后面抓住。"他们存在一个非常大的认定问题,"厄德曼说道,他正在看一份警察报告的副本,"DD-5显示目击者拒绝第二天去医院看照片,因为他不能分辨出照片中的攻击者。"

"法官大人,"利特曼说道,"他们给他缝了65针。"

"稍等,"法官说着,并迅速地将大陪审摘要读给厄德曼,"他们逃入了一所公寓,警官问大楼管理员是否看到了他们,大楼管理员说他们进入了公寓3-A栋,警官进入公寓并抓住了他们,把他们带入医院接受受害者的指认。"他抬起眼来。厄德曼从来没有听过大陪审团的证词,这并不会使他开心。"所以,马丁,你看,这并不是如此坏的一个案子,"他向后倚着,"我告诉你,保证只要1年的服刑时间。"圣地亚哥已经在监狱待了10个月了。由于在服刑期间良好的表现,这个处罚使他能够在今天出狱。厄德曼同意。地方检察官做好记录并把文件塞回到档案中。"把他带上来。"他说道。

圣地亚哥的共犯也跟他一起被带了进来。两个人都是21岁,矮个子,一脸目中无人。他的共犯杰西·罗德里格斯(Jesus Rodriguez)有自己的律师,他的律师和厄德曼一起同意了判决。律师们向被告们解释了这个提议。并告诉他们这个提议只有在他们事实上真正犯罪才会成立。法官、地方检察官和律师本身都不允许一个无辜的人认罪。圣地亚哥和罗德里格斯看起来很困惑。他们说他们都是无辜的,他们什么也没有做。在律师席上,他们总是喃喃自语,惶恐不安。然后,施魏策尔说:"要不要进行第二次传唤?"

厄德曼回道:"是的,法官大人。需要进行第二次传唤。"被告们被带到楼下的拘留室。厄德曼看了看圣地亚哥的表格,这是一张油印过的表格,上面有姓名、年龄、地址、教育程度、雇主等信息,然后下面空白处写下了他对所发生的事情的描述。圣地亚哥的声明开头就是"我无罪。我没做错什么。"他以前从未被逮捕过。他说,当警察冲进来抓住他们时,他和罗德里格斯正在他们公寓里睡觉。在几周前的传讯里,他拒不认罪。

施魏策尔法官建议道:"和他们谈谈。"厄德曼及其同行律师走到围栏门口。一名法庭官员打开门,他们从黑暗、安静的褐色法庭走进明亮、嘈杂、杂乱的走廊。他们身后的门砰地关上了。从下面的某个地方传来了喊叫声,牢房的门砰的一声关上了。一名警卫喊道:"去门口!"然后他们沿着黑暗的楼梯前往一个紧闭的钢门。门内的警卫打开了门,他们走进一条铺着黄色男厕式瓷砖的走廊,走廊左边是窗户,右边是一间铺着长凳的大牢房。牢房里有20个人,几乎都蓄着又脏又长的胡子,有的年轻人独自惶恐地坐在长凳上,有些年纪较大的人似在家里站着说话,如同在哈林(Harlem)街角一般交谈着。声音戛然而止,囚犯们像等待投食的动物,把头转向厄德曼和他的同行律师。另外3个律师也走了进来,不一会儿,声音又响起来了——犯人和律师们在互相争论,用监狱里的行话进行着辩护、乞求和哄骗。"我可以让你们一个接一个地发疯(连续两年)……我知道一个家伙被判了一年的

E级重罪……所以你想要挨枪子儿吗？你会挨枪子儿吗？……"

厄德曼走到牢房的另一端，圣地亚哥在门槛那里等着他。厄德曼把脚放在栏杆之间的横木上，用膝盖支撑着圣地亚哥的档案。他拿出并点燃一支好彩牌香烟（Lucky Strike），然后吸了一口。圣地亚哥注视着，然后开始急促地讲述起来。厄德曼制止了他的话。"我先提问我所必须了解的问题，"他平静地说，"然后你想说多少说多少。"圣地亚哥站在齐胸高的钢板隔墙旁边，在他的旁边是厕所。几步之外，罗德里格斯正在透过铁栏和他的律师交谈。

"如果你没有做错事情，"厄德曼对圣地亚哥说，"那么讨论这个事情就没有意义了，你会受到审判。"

圣地亚哥绝望地点点头："我什么也没有做！我睡着了！我从来没有遇到过麻烦。"这是自7个月前首次接受会见以来，他第一次有机会向律师讲述自己的故事，他急切地想把一切说出来。厄德曼无法阻止这滔滔话语，现在他也不去尝试了。"我从来没有被逮捕过，"圣地亚哥喊道，"从来没有进过监狱，从来没有遇到过麻烦，没有遇到过麻烦，什么也没有。我们只是在公寓里睡觉，警察闯进来把我们从床上抓起来，然后把我们带走，我们什么都没有做，我从没遇到过麻烦，我以前从来没有见到过这个人，他说是我们干的。我甚至不知道我做了什么，我在这里10个月了，从未见到过律师，我在两个月里没有洗澡，我们一天24小时都被关着，我没有刮胡子，没有热的食物，我从未如此过，但是我实在受不了了，我真想自杀，我必须要出去，我……"

至此厄德曼打断他的话，他脚踩在十字架上，抽着香烟，冷静地缓缓而言："嗯，很简单。要么你有罪，要么你无罪。如果你犯了罪,你可以表示认罪,那么他们会判你1年,在这种情况下是一个很好的认罪交易,你应该接受。如果你没有罪,你就会去受审。"

"我是无罪的。"他急忙说道,点头表示肯定。

"那么你应该去受审。但是陪审团会听到警察跟踪你进入了大楼,是大楼管理员把他送到3-A公寓的,他在那里逮捕了你,那个人在医院里认出了你。如果他们发现你有罪,你可能被判15年。"

圣地亚哥对这些都不以为然:"我是无辜的,我什么都没有做。但是我得离开这里,我得——"

"好吧,如果你真的做了什么并且只是轻微的罪责,他们会给你时间,你就可以走了。"

这才像话。"今天?今天我能走吗?"

"如果你真犯了什么罪,你就进行认罪答辩。"

"我要认罪答辩。但我什么也没做。"

"除非你犯了什么罪,否则你不能认罪。"

"我想要这一年。我是无辜的,但我愿意接受这一年。如果我接受,我今天就能走吗?"

文件从厄德曼的膝盖上掉下来,他一把抓住,并把它们放回去。"如果你认罪,你就能走,但如果你无罪,没有人会让你认罪。"

"但我什么也没有做。"

"那你就得待在这里接受审判。"

"那是什么时候呢?"

"几个月以后,也许会更长。"

第三章 法律援助律师

圣地亚哥抓住了栏杆:"你的意思是,如果我有罪,我今天就可以出狱?"

"是的。"有人在另一边小便。

"但是我是无辜的,我就得待在这里?"

"没错。"厕所正在冲水。

这对圣地亚哥来说太难了。他放开了栏杆,摇着头后退了一步,然后很快走回来。"但……"

回到楼上的长椅上,厄德曼对施魏策尔说:"法官大人,他没有犯罪记录,也没有认罪,你知道我对没有案底的人是非常小心的……"

"我也是,马丁,你知道的。"

"他说他已经2个月没有洗澡了,他被24小时禁闭,他想出去,我不怪他。"

"马丁,我不会因为他想洗个澡就给他定罪的。"

"当然不是。"

"你想让我和他们谈谈吗?"

"我想这可能是个好主意,法官大人。"

圣地亚哥和罗德里格斯再次被带到法庭旁边的一个小陪审团室。施魏策尔向被告宣读陪审团的摘录,确保他们知道案件对他们不利。

现在罗德里格斯表示他将接受判罚。施魏策尔让他说出抢劫当晚发生的事情。罗德里格斯说,他和圣地亚哥当时在街上,他们遇到了原告,并与他们进行了交谈,原告口袋里有一把刀,最后被割伤,"但我什么都没有做"。

对厄德曼来说,这与最初的故事不同,承认他们曾与受害者在一起,而且确实有一把刀,这就足够了。他看向施魏策尔:"现在我确信他有罪。"施魏策尔和利特曼回到法庭。厄德曼对圣地亚哥说:"你想要认罪?"

"是的,伙计,我告诉过你,我得出去……"

"然后法官会问你一些问题,你必须给出适当的答案——"他朝罗德里格斯那边点点头,"他抓住他,你捅了他。我们走吧。"

他们回到法庭,站在法官席前。施魏策尔第三次问圣地亚哥是否想改变他的答辩,圣地亚哥三次拒绝回答。如果这只是一个诡计,诱使他坦白呢?愤怒之下,施魏策尔放弃了,转向罗德里格斯。罗德里格斯认罪并被判了刑。厄德曼斜靠在办公桌上,双臂交叉在胸前,两眼炯炯有神地盯着圣地亚哥。这个无知、愚蠢、邪恶的孩子从厄德曼的天赋、经验、知识和神话中得到了巨大的帮助,但这帮助却被推开了。厄德曼满面厌恶。在他的眼中,远不止这些,还有一种狡黠而清晰的蔑视。

被告人被带出法庭。书记员叫来一名私人律师,厄德曼利用间歇去抽了一根烟。他走进法庭官员们用作休息室的一间侧厅。房间里有储物柜、书桌、冰箱、烤面包机和热烤盘——所有这些东西都又老又旧甚至破烂不堪。警察的夹克挂在椅背上。厄德曼忘记了圣地亚哥。他站在窗边,一只脚踩在暖气片上,望着对面的地方,那里是他许多客户的家,是一个充满老鼠、强奸、殴打、谋杀的绝望之地,到目前为止,这里发生了6起自杀事件。在那里的1800名男性中,有80%是法律援助协会的客户。几个星期前,一些囚犯对监狱过度拥挤、缺乏官方关注感到愤怒,决定看看暴乱能带来什么结果。暴乱之后是一系列研究、委员会、调查和报告——有些有用,有些歇斯底里。

厄德曼看着工人们清理被烧毁的窗户下破碎的玻璃和家具。"回不去了。"他说道,"一旦他们发现自己可以制造骚乱并劫持人质,情况就不会再一样了。今天,被告告诉法官他们将接受什么样的判决。有一天,我的一个朋友告诉我,他知道系统很拥挤,他们需要认罪,他们愿意认罪并获得 8 个月的判刑。有罪的人得到了很大的解脱,但无辜的人却承受着巨大的压力,他们被要求认罪,然后才可以离开。"

"如果被告真的聚在一起,他们就已经掌握了整个系统。如果他们都决定不认罪,继续不认罪,那么会发生什么事情?提出的认罪条件将会越来越低——6 个月甚至 3 个月。如果这不起作用,他们仍然不认罪,也许法庭会判他们 15 或 20 年,试探一下,处以他们最高刑罚。如果这都不起作用——我就没有头绪了,毫无头绪。他们有权力,一旦他们发现这个事实,你就麻烦了。"

有两个工人站在绳子悬吊的平台上,顺着"坟墓"(曼哈顿拘留中心大厦)一侧下降。"修理窗户,"厄德曼说,"或逃跑"。

和固执的圣地亚哥浪费了 40 分钟,现在又出现了另一个问题。厄德曼的一位名叫理查德·亨德森(Richard Henderson)的客户说,他在福利部(Welfare Department)的一间旅馆睡觉时,另一名男子用棍子猛击他。该男子称,他试图叫醒亨德森时,亨德森"像杰克兔一样跳了起来",并刺伤了他的胸部。亨德森被控谋杀未遂。

厄德曼在法庭门外的围栏走廊里和他说话。开始下雨了。窗户是不透明的,窗格之间有铁丝网,窗户被打开了,冷空气和雨水吹进来,亨德森的处境很悲惨。他是一个 21 岁的瘾君子,瘦骨嶙峋、眼眶深陷、目光飘忽,一脸的悲伤和死寂,似乎所有能让他发笑、皱眉、表现恐惧或愤怒的肌肉都被切断了。他站在那里瑟瑟发抖,穿着一件脏兮兮的白色衬衫,没穿袜子,没有鞋带,鞋跟像拖鞋一样塞了进去,双手插在裤子口袋里。他悄悄告诉厄德曼自己想去受审。

"你当然有这个权利。但是如果你有罪,我就去告诉法官,他会给你一年的时间来抵偿。你在这里多久了?"厄德曼打开文件夹查看日期,"6个月。如果你表现好,你还剩4个月。这完全取决于你是否有罪。"

亨德森点点头:"是的,这就是我想要陪审团审判的原因。"

"为什么?"

"看看我是否无辜。"

"难道你不知道吗?"厄德曼又看了一眼老照片。亨德森在贝尔维尤医院(Bellevue Hospital)接受了精神病学检查,结果显示他在法律意义上是正常的。

"是啊。我不知道。但我有自己的看法。"他的眼睛离开了厄德曼,开始审视走廊。他不再交流。厄德曼看了他一会儿,然后继续目光扫视说道。

"你的意见是什么?"

"这就是我的意见。"

"好吧,如果你去参加审判,在得到审判之前可能要等4个月,然后你就可以赌0赔5年或10年。也就是即使你被判无罪,你仍然要在这里再待4个月。"

亨德森动了动脚,打了个寒战。"我明白,"他语气温和,"所以我觉得你最好那样做。"

"什么?"

"去审判。"

厄德曼只是看着他,不像他对圣地亚哥那样生气,而是疑惑地想弄明白他是怎么回事。

"我想我最好有一个审判吧。"亨德森说。

厄德曼离开他,走回法庭。"准备好接受审判了,"他宣布,"别费心带他出来。"利特曼在他的档案上做了记录,然后他们又转到另一个案子。

厄德曼坐在了陪审席。接下来的几个被告有私人律师,所以他就在那里等待,一边观察一边微笑着,他那凸出的眼睛嘲笑着他周围的那些人,并且在那里找到了笑料。

法官正在问一个被告他从哪里得到的装弹枪。"他找到的。"厄德曼在被告回答之前低语道。

被告说:"我找到的。"

法官问:"在哪里找到的?"

厄德曼说:"就是一个人给他的。"

被告说:"一个人走过来并且把它给我的。"

厄德曼笑着说道:"多么神奇,人们经常向被告身边冲过去,把东西塞到他们手里——枪、手表、钱包,诸如此类的东西。"

两名地方检察官中一个是里奇·洛(Richie Lowe),他是一个年轻的、高瘦的、时髦的、非洲发型的黑人。黑人被告人来到法庭并快速环顾四周,满眼尽是白人法官、白人辩护律师、白人书记员、白人速记员、白人警卫,然后,在那边的桌子边上,唯一的黑人却是"敌人"。洛是一个黑人孩子,拥有圣约翰大学的法律学位。他坐在百万富翁厄德曼旁边,厄德曼是华尔街之父,达特茅斯大学和耶鲁大学法学院的教授。

但是讽刺的是,厄德曼的角色掩盖了他的背景。他说他比起父母来"非常左倾",他年轻时的大部分时间都在试图使他们变得激进。在法学院毕业后他在"一家沉闷的华尔街律师事务所"工作,他的第一份工作是调查佛罗里达州的一家赌场拒绝女性客户的贵宾犬进入的规定是否合法。他辞职之后,于第二次世界大战期间在军队服役,再之后加入了法律援助组织。他说:"当我遇到一个我想不起来的人时,我只能说'很高兴能再次见到你,你什么时候出来的?'这对在学校、军队和监狱待过的人就都可以适用了。"

警卫带进一个老的没牙的黑人,他满头苍白乱发,并且身负无数关于强奸、袭击、鸡奸和持械抢劫的记录。他被指控试图强奸一名4岁的波多黎各女孩。一些人开车时看见那个男人坐在墙角边,女孩在他的大腿上挣扎,于是救了她。厄德曼、洛和法官施魏策尔开始商量,施魏策尔建议判一年。洛再次注视着大陪审团的摘录,他通常和施魏策尔意见一致,但这次他犹豫了:"我不同意,法官大人。我真是无法接受。"

厄德曼说了几句敦促的话,但是洛不让步。他说:"不,我真的不明白,法官大人。如果这些人没有看见这一切,那就可能——可能发生任何事。"

施魏策尔本人在上诉分庭(Appellate Division)的巨大压力下处理案件,现在他温和有礼地向洛施压,他指出那个女孩没有受到伤害。

"法官大人,我不能同意。"洛说,"我真的不能,这太可恶了,这……"

施魏策尔打断说:"我也觉得很可恶,但这只是根据审案日程表讨论的。"

"法官大人,我们一直为了审案日程表而放弃法院。我做不到,我也不会这样做的。"洛把他的材料放回文件夹里,说,"法官大人,审判准备就绪。"

他走回检控台,宣布道:"被告人可以上庭了。"

厄德曼什么也没说,当他走向陪审团经过洛的桌子时,洛说:"是我不可理喻吗,马丁?"

厄德曼停顿了一会儿,非常严肃地摇头说:"不,我认为你不是。"

洛心烦意乱,下一个案件尚未审理。他绕着桌子走来走去,摸索着文件夹,然后大声地说:"法官大人,如果他现在认罪,我将判他1年。"

法官看了他一眼说:"如果你建议1年,我会判他1年。"

厄德曼在律师席上与被告谈话。洛开始摇头,他很痛苦,他朝前迈了一步,绝望地说:"法官大人,他至少得判3年。"

施魏策尔说:"我知道他罪有应得。"

厄德曼现在站了起来,按照惯例进行发言。"法官大人,被告现在希望撤回他先前提出的无罪抗辩,并承认二项指控,即二级人身攻击未遂,恳请以E类重罪覆盖全部起诉。"

现在轮到洛代表人民发言,表示接受E级重罪——即刑法中最不严重的重罪。他站起来说:"法官大人,人民再次强烈建议接受这一请求,认为这将为法院提供足够的量刑范围。"他停下了。接下来的话应该是"为了正义",他坐下来,假装在文件夹上写了什么。然后轻轻地,好像希望别人听不到他的声音,对着桌子说:"为了正义。"

他走向一个旁听者,并说道:"你有何感想?这让我实在是不知所措,这个人试图强奸4岁女孩,仅被判了1年。"

施魏策尔在休息区吃午饭,洛和厄德曼乘电梯下楼,洛仍然心烦意乱。"如果女孩的母亲打电话给我,询问那个强奸她女儿的男人受审结果如何时,我该怎么向她交代啊?"

厄德曼微笑着,俨然一副玩世不恭、愤世嫉俗者的样子。装傻充愣的招数屡试不爽。"告诉她,'听不懂,听不懂,听不懂'。"

曼哈顿的刑事法庭大楼位于下东区,在小意大利(Little Italy)与唐人街相毗连的少数民族聚居的无人区中,周围是该市最好的意大利和中国餐馆。但每次午餐时,厄德曼都会忽略这些,向北走两个街区到运河街(Canal Street),这个由卡车壅塞的交叉管道处散布着从鲍里街[1]出来的流浪者,在纽瓦克(Newark)以东那间杂乱不堪、满是塑料、堆满垃圾的自助餐厅里吃饭。再多的威胁、侮辱或争吵也无法说服他去别的地方吃饭。他每天都要吃一勺松软干酪、一片甜瓜和一片夹黄油的黑麦面包。(他们通常给两片,不管要不要,但他从来只吃一片。)今天,他和一个非律师朋友同桌,对方问他,当为一个明知有罪的人进行辩护而使此人被释放时,他是什么感觉。

他笑着说:"你正在空中跳舞并对自己说:'可爱!非常漂亮!我一定做得很好。'这是一种愉快的感觉。当首席陪审员宣布无罪的时候,只是看到法官脸上震惊的表情就觉得值了。如果你赌的马是15∶1时,你也会有同样的贪婪感。你战胜了概率,战胜

---

[1] Bowery,鲍里街,在纽约曼哈顿,这一带多为酒鬼、潦倒者出没之地。——译者注

了知识渊博的意见,战胜了聪明人。胜利的喜悦会抑制你所有的道德情感。"

"但是,"他被问道,"如果你为一个强奸和谋杀了一个5岁女孩的男人辩护,他被无罪释放,一年后又因强奸和谋杀另外一个5岁女孩而被捕。你能用同样的力量再为他辩护吗?"

"恐怕是这样的。"

"为什么恐怕?"

"因为我认为大多数人不会同意这种事。"

"你在乎吗?"

"不在乎。"

"这与你无关?"

"我不担心他犯下的罪行,也不担心他获释后的后果。即便我关心,也没什么用处。我很高兴看到每一个委托人都能得到尽可能好的代理(前提是他拿得出20万美元)。我不想只是因为人们没有看到他获罪,就断其有罪。正如同你是一名医生,希特勒来找你,并说你是世界上唯一能治愈他的人,你就治了。"

"这里有多少自我欣赏的成分?"

"99%。"

厄德曼吃着他的干酪,一个没胡子、没牙齿、肿嘴唇的流浪汉把托盘放在厄德曼旁边,坐在那里喝着汤,眼睛盯着那片没被碰过的黑麦面包。

午饭后,在法院大厅里,厄德曼停下来买了一块糖果。曾有人说在《泰晤士报》上看到了这样一个报道:某品牌的产品被发现含有一些啮齿动物的毛发后,这5 000个产品就被召回了。厄德曼微笑着又买了两个。

54　　　一位书记员看到厄德曼从大厅里下来。他喊道:"嘿！马丁,已经开庭了,轮到你的案子了。"

"所以你想让我做什么？跑步前进？"厄德曼说。

警卫把一个20岁女孩带进来,她被指控持刀抢劫。厄德曼在律师席上和她谈话时,洛走过来说:"马丁,是E级重罪且不得减刑吗？"

女孩看着洛说:"他在说什么？他是谁？"

"别听我说。我是控方。"洛说着就走开了。

她想知道为什么她要进监狱。厄德曼告诉她:"不管对错,人们都不会认为他们应当被抢劫。所以当他们被抢劫时,他们会措手不及。"她问今年是否能与另外一个判决同时进行,而另一个判决将对她不利。厄德曼问洛,他同意了。她仍然犹豫不决,最后拒绝了这个提议。

"怎么了？"洛说,"她想要1年,我给了她1年。她希望合并判决,我就同意合并。然而这并不行。非得他们提要什么,我们就得跪下应承！"

"乔斯·桑切斯(José Sanchez)！"书记员喊道。这是一个毒品交易案。

厄德曼说:"法官大人,他不在这。"

施魏策尔对洛说:"我看下案卷。"

厄德曼说:"法官大人,他还从未被安排会见,我至今还没有见过他。"

"好吧,让我们看看,马丁,"法官说,他翻阅了洛的案卷,"这是一笔交易,无关任何抢劫、入室盗窃,大部分是毒品。马丁,直白讲我会给他一个E级重罪且不得减刑。"洛点了点头。

厄德曼走进围栏走廊,他们带来了一个被告。"他们给了 E 级重罪且不得减刑,"厄德曼说,"一笔交易,那是关于——"

被告看起来很困惑,他什么也没说。警卫打断说:"马丁,这不是桑切斯。他是弗尔南德斯(Fernandez)。"

厄德曼厌恶地放下双臂,一言不发,转身回到法庭坐在陪审席上。事实上,被告在他的律师知道他长什么样之前就已经被审判、定罪和判刑了。

庭审之后,爱丽丝·施莱辛格走进厄德曼的办公室,向他简要介绍她的一位委托人,这位女士明天开庭的法官是施魏策尔。爱丽丝说:"她绝对无罪。"当她离开的时候,厄德曼的笑容变得伤感和怀旧。他说:"能对谁有罪和谁无罪有一个绝对的感觉肯定是好的,我真希望我有这种感觉。"

阿德勒走进办公室,问厄德曼:"我能告诉他们什么?杰克说他要离开是因为这份工作使他变得愤世嫉俗。他说他认为他要为被压迫者辩护,他发现他们有敌意并且对他撒谎。所以他选择离开。爱丽丝对我说,'这个体制对罪恶者来说是极好的,但对无辜者来说是极坏的,他们中的一些人一定是无辜的。'你怎么看?"

"你什么也不用说,"厄德曼回答,"因为这就是事实。"

"不,你说在一个良好的政府体制中,绝大多数人得到了公平的待遇,但肯定会有一些人没有得到,"他看着厄德曼说,"你觉得这很伤感。"

"我觉得你是一个盲目乐观的人。"

阿德勒转向办公室里的另一个人:"他说我多愁善感,是一个盲目乐观的人。你知道吗?这是真的。"

厄德曼笑了："这有什么区别吗？"

那天晚上，厄德曼回家后，喝了3杯加冰的苏格兰威士忌，与一位前法官共进晚餐，又喝了2杯苏格兰威士忌。因此，在纽约大学法学院的法官晚间研讨会上，威士忌的后劲发作了。在一间铺着红地毯的会议室里，10名学生坐在带软垫的不锈钢转椅上，一切都非常新颖，富有现代感。厄德曼要告诉他们陪审团的选择和审判策略，他在这些方面是公认的大师。

他打开一包烟，点着，靠在桌子上。学生中有2个女孩。大多数男生都穿着牛仔裤和留着长发。厄德曼看出他们的眼神。他们认为他们会有无辜的客户，他们认为他们会为自己的同胞、社会、正义服务。他们不知道他们将服务的是体制，他想告诉他们一些生活的事实。"你是推销员，"他开始说道，"并且你正在销售一件几乎没有人想买的产品。正如你在代理一个很有可能有罪的被告。"所有人都注视着他，"所以你要包装产品，用正义的外衣包装它，使它成为正义的象征。你必须说服陪审员你是真诚的，并且你出卖的产品不是这个被告，而是正义。你必须说服他们你的被告没有被审判，而是正义被审判了。"

学生们很谨慎，没有人做笔记。"你的工作自审判开始起，至庭审结束止——即自挑选陪审团起至其发表结论止。而在这段时间里，充斥着如麻的证据。在面对未来的陪审员时，你必须在他们看到和听到证据之前，先卖掉你的产品。你还想播下你辩护的种子，减轻起诉案件的审判结果。如果你知道一个警察要作证说被告刺伤了老太太89次，你是无法隐瞒的。你最好自己把它拿出来，告诉他们'他们会听到一个警官告诉他们被告刺伤了老太太89次'，然后当证词来的时候，你还会突然喘不过气来。也许你甚至可以留下警察撒谎的印象。"

一个女孩提到了监狱的骚乱,并问厄德曼可以做些什么来迅速审判囚犯。在暴乱期间,囚犯们要求减少拥挤、得到更好的食物、消灭老鼠和害虫,这些要求甚至得到了警卫的支持。但尽管在媒体上得到了有力的支持,他们对快速审判的要求却不够真诚。事实上,监狱里的每一个囚犯都是有罪的,要么是被指控的罪行,要么是与之相关的轻微罪行。他知道他要么认罪,要么在审判中被定罪,他终将服刑。他也知道拖延会对他的案子有所帮助。证人消失,警察的记忆消失,原告失去了复仇的欲望。当检察官看到他们的案件逐渐腐烂时,他们就不断地降低诉讼要求。同时,在监狱中服刑的时间也作为判决的一部分。厄德曼想向学生们解释这一点,但他知道他们不会因此信服。

他说:"让我来纠正你的错误想法。监狱里的大多数人都是有罪的,他们最不想要的就是审判。他们知道,如果每一个案件都能在 60 天内审理,那么持械抢劫原本 1~3 年的认罪条件就会恢复至 15~20 年。"

一个学生问:"如果是被告被保释呢?"

"保释出来的人几乎不必接受审判。如果你能把你的客户保释出去,至少 3 年之内不会审判他。这个案子会从一个地方检察官的抽屉转到另一个地方,直到它要么化为灰尘,要么地方检察官同意宽限时间的请求。"

一个学生询问辩护律师是否要履行诚实义务。这逗笑了厄德曼。"我唯一的责任是对我的客户负责,我既不能唆使其做伪证,自己也不能说谎,至于客户他可以随便撒谎。"

法庭陷入如此泥潭,以至于现在出现了一场噩梦,一名囚犯可能永远在司法混乱的流沙中消失。在暴动后的恐慌中，为了缓解监狱中的过度拥挤，一个特别法庭成立了，以便被带到监狱中等待各种上诉听证的囚犯返回州立监狱。一名被告愤怒地进入法庭，他20岁的时候用雨伞刺死了某人。一年前他被带到纽约出席上诉听证会。但他没有上听证会，等了11个月都没有见到律师。最后，不知道是什么时候，他在法庭上对法官怒吼，随即被警卫包围。

法官稳定了局面，安排了接下来几周的听证会，罪犯被带走了。经历了一整年的漫长等待，他终于被想起。法官一直等到犯人身后的门关上，然后看了看厄德曼，又看了看检察官，最后视线又回到厄德曼。他说："现在终于有人要得到解脱了！"

理查德·亨德森这个吸毒者不知道自己是否有罪，他的审判已经排期了。他每天都被送回法庭下面的拘留所——他的律师、负责此案的地方检察官、法官和法庭几乎不可能同时开庭。每天他都坐在羁押室里，方便楼上的法庭传唤和宣判，然而没有什么比他第二天会再回来更确定的后果了，这样就得再次传唤了。几天后，厄德曼再次和他交谈，看他是否改变了主意。他还是和以前一样——同样的衣服，表情同样的死气沉沉，同样疯狂地坚持审判。厄德曼试图鼓励他认罪："你说是否犯了某些罪？"

亨德森仍然想要审判。

他问："今天会发生什么？"

"没什么。他们定了另一个审判日期，但这个日期也不会做什么的，你还是得排队等候。"

亨德森指着手臂上一些被蚊子叮咬的大小伤疤："其他囚犯恐吓我，他们一直在问我案子的事，问我做过什么，问我进度如何？"

"你怎么说？"

"我没有回答他们，我不想谈这个。"

亨德森很是坚决。厄德曼丢下他，自己回到了法庭。

厄德曼对法官的不尊重（施魏策尔是一个特例）是如此强烈和无所不包，以至于有时候会引发仇恨。当他的一位年轻律师因藐视法庭被罚款 200 美元时，厄德曼离开了施魏策尔的法庭，赶去救援。他和法官争论，哄骗他撤销了处罚。然后，在法庭外的走廊里，厄德曼的镇定崩溃了。"他就是个恶霸，"他生气地说，"我会让塔克（他的一个资深律师）在那里待几天，并告诉他不要求饶，这个问题会解决的。"他做了笔记，然后把它揉成一团。"不，我自己去，这次会记录在案的。"厄德曼记得两天前，法官的车在法院被偷了。"我应该告诉他，不要因他的凯迪拉克被盗这件事而心烦意乱。"

"很少有法官只做法官了，"厄德曼说，"他们将法律上有罪或无罪的问题留给陪审团。上诉庭的法官也好不到哪里，他们就是既想当婊子还想立牌坊。"

他想当法官吗？

"我只是想看看我能不能成为我心中的那种法官。但是你唯一能得到它的方法是利用政治或金钱，我甚至不知道行情价。"

厄德曼还在走廊上因藐视法庭而怒气冲冲，正在这时一个律师冲上来，说那个因谋杀罪在监狱里待了 5 个月的被告已经有机会服刑并得到缓刑，但是他不接受。厄德曼来到法庭，被告和他的女朋友过去玩了一个叫"打了就跑"的游戏。参赛者轮流用铅管互相击打,他说他在玩游戏的时候喝醉了,不知道打那个女孩用了多大的劲。他们都昏倒了,当他第二天早上醒来的时候那个女孩死了。他没有前科,法官正在考虑一个非常轻的判决,法官和检察官都不想再与被告讨价还价。厄德曼与被告进行了谈话,很快就接受了这一请求。5个月,等来了谋杀案的判决。当他离开法庭时,检察官说:"马丁,你洗脱了谋杀。"

厄德曼很高兴:"我总是能洗脱谋杀。"

他下楼去他的办公室。爱丽丝·施莱辛格走到他的办公桌旁,厄德曼记得那天早上他在《泰晤士报》上看到的关于安东尼·霍华德的一些事情。这个男人和一个精神失常的狱友在一起,3周前他把他的案子交给了她。

"嗨,爱丽丝,"他叫住她,"祝贺你赢得了我们第一个案子。"

她耸耸肩。一个名叫詹姆斯·文奇(James Vinci)的律师走进来,厄德曼对他说:"别忘了恭喜爱丽丝,她刚赢了第一个案子。"

文奇说:"真的吗?太好了。"

厄德曼笑着说:"是的。安东尼·霍华德的狱友昨天晚上勒死了他。"

每天晚上,厄德曼都会光顾一个小镇剧院区的法国餐厅。他总是坐在后面角落的同一张桌子上,背对着其他顾客,没有顾客的时候他最开心。店主和他的妻子总是很高兴见到他,甚至他不来的时候,他们会打电话到他的公寓,看看是否一切正常。

不久前,他勉强同意让一名记者和他一起吃饭。记者问他,他是否能确定25年前自己曾经为一个无辜的人辩护过。

"不。你永远无法确定。知道有罪比知道无罪容易得多。无论如何,如果你知道一个人有罪,那么为他辩护就容易多了。你没有责任把他从不公正的惩罚中拯救出来。"

"你觉得今天的法院以及司法系统怎么样?"

"我认为是时候告诉人们到底发生了什么。每个人都很懦弱,没有人愿意告诉公众,那些旨在清理乱局的小措施是行不通的。如果你只有两条道路进入或离开纽约,一些人会说'我们能为交通问题做些什么?'回答将会是'什么也不能——除非我们有更多的道路'。你瞎摆弄那些灯,也无济于事。不过,小小地修补法庭也无济于事。我们需要很多的法庭,更多的地方检察官,更多的法律援助,更多的法官,这将花费大量的钱财。我想知道,如果你能保证人们免受抢劫、盗窃和强奸,从每个人那里筹集 50 美元,你能筹到多少钱?纽约的 800 万人口?你能得到 2 000 万美元吗?如果你想筹集 2 000 万美元以提供可行的刑事司法系统,你能筹集来多少?相对于正义而言,人们对他们的安全更感兴趣。他们为法律和秩序买单,否则他们就会被抢劫。"

"那么解决措施是什么呢?"

"我从来没有觉得这是我的问题。迄今为止的一切都使被告受益,他也是共同体的一员。当你说'公民对约翰·史密斯(John Smith)'时,约翰·史密斯也是公民的一分子。作为一名法律援助律师,我不认为让事情顺利进行从而导致我的客户被判刑期更长是我的问题。这是法院的问题。"

他停了下来,想了一会儿,内心很激动:"我想这是一种错误的态度,但是上诉分庭从来没有找过我,询问我能做些什么来改善关于被告的司法公正性。他们从来没有问过这个问题,我们如何清空工作日程表,我们怎样才能让这些混蛋更快进入监狱并待得更久。他们确实没有发表过这些言论。这些年来,他们从来没有问过,我们怎样才能给被告更多的公正。这就是为什么我不太关心这个系统。"他变得愤怒而激动,然后又归于平静,专心吃起了羊排。

他说:"当我累了的时候,我很健谈。"

几分钟后,他又开始说道:"你知道,我真的认为这个问题没有任何解决办法,就像交通问题没有解决办法一样。在这个问题上你能做什么就做什么。"

"交通完全瘫痪的那一天会到来吗?"

"是的。如果每一个被告都拒绝认罪并要求审判,一年之内这个体系就会崩溃。审判将延迟 3 年,监狱暴乱,被告将被释放到街上。"

"这种情况下,马丁·厄德曼会怎么做?"

"这是一个有趣的问题。到那时做什么都太晚了。等你反应过来,一切都晚了。"

厄德曼每周五都会在法庭待半天的时间,然后搭乘 1∶35 的巴士去往康涅狄格州的丹伯里。从那里,他开车去他在罗克斯伯里的庄园,周末散步、闲逛和"自言自语"。他有一幢 3 层楼的房子,阁楼上的罐子塞得满满的,地下室里装满了他多年前收藏的、从未吃过的罐装水果,还有一间堆满了没读过的书籍和杂志的图书馆。一条小溪从几英亩的苏格兰松林中流过,穿过他的花园,从一座小桥底下通向下面的乡村。他沿着小溪走,停在桥上盯着下面的鳟鱼。他从不在这里钓鱼。"这些是我的朋友,"他说,"你不能去抓你的朋友。"

周末的大部分时间里,他都在养花和种菜。"我最担心西红柿,因为我喜欢吃西红柿。最困难的是种植玫瑰,我不会再种它们了,它们需要持续的照顾,这就是我为什么不种玫瑰。"他喜欢郁金香。最近的一个周末,他花了 4 天的时间,种下了一个荷兰朋友寄来的 400 株郁金香。"其实种植它们并不困难,你只要挖 400 个洞,把它们放进去,它们就将在春天开花。唯一的难题是鼹鼠,鼹鼠会去吃昆虫,接着老鼠利用鼹鼠,去吃郁金香的根。几年前我经常带着喷枪外出,后来我认识到,这些都是自然的,老鼠不知道它们不应该吃郁金香的根。因此我放弃了喷药,我不能对自然发生的事情抱有敌意。"

现在是上午 9:00,郁金香都种好了。而厄德曼又回到他的办公室,开始读《泰晤士报》。他被一件事耽搁了,即一位前法律援助客户,25 岁的同性恋者瑞蒙德·拉佛·穆尔(Raymond Lavon Moore)被指控在酒吧开枪打死一名警察,穆尔已经在监狱待了 10 个月了,24 次出庭应诉,并且坚决拒绝承认任何比轻罪更严重的罪行。他进入监狱时,重达 205 磅,现在慢慢消瘦到 155 磅。他以前从未进过监狱。穆尔因为心理问题被送医院 5 次,每一次他都被送回监狱。他两次自杀未遂,因与一名警卫打架,被判单独监禁 20 天,被关在一个小屋子里,屋子里只有一扇焊了铁条的窗户和门上一个 4 英寸宽的玻璃窗口。上个周末,当厄德曼穿着 T 恤和工装裤跪在地上挖那 400 个郁金香洞时,穆尔从床垫上扒下白色的布套,打了一个结,挂在窗户的铁条上。

厄德曼慢慢地将纸折起来,毫无表情地递给另一位律师。他没有发表任何言论。

那天中午,厄德曼回来了,在施魏策尔的法庭里,他隔着牢房的栅栏在说话,他问一个小地毯推销商,有没有人替他保释。

"我无法和这里的任何人联系,伙计。"

"我可以吗?"

"可以。我的妈妈在辛辛那提(Cincinnati)。"小地毯商正要把电话号码给厄德曼的时候,厄德曼走到一旁,方便警卫开门,让更多的囚犯进去。其中一名囚犯是理查德·亨德森,他是一名希望出庭受审的瘾君子。他无精打采地走了进来,惯性地来到牢房中心。他停在那里,直盯着前面。静止了3分钟,也不四处张望,然后走了两步在长凳前坐下,双手置于膝盖处,不停地搓着手。

5个小时后,施魏策尔法官几乎完成了所有日程,所有旁听者都走了,只剩下法庭工作人员。每个人都累了。为了加快速度,施魏策尔告诉警卫们,把所有留在围栏里的人都带上来,让他们待在门旁的大厅里,直到有人叫他们的名字,5个人一组。他们的案件被延期再审了,现在正在进行的是清点人数,以确保没有人被遗漏。

最后一个是亨德森,一个警卫搀着他的胳膊走了进来,有人说:"那是亨德森,他被延期再审了。"

警卫听到这个消息时,刚走进法庭四步,就迅速把亨德森推转身,带出了门。亨德森匆匆来去的过程如挥鞭留痕一般迅速,这期间某种东西充斥了法庭,而他穿过旋转门时那死寂、无知、空洞的眼神中,也有某种东西击中了在场所有看笑话的人。这很奇怪,很可悲,没有人能忍住不笑。

(詹姆斯·米尔斯[James Mills])

第四章　华尔街律师
——大世界和蒂莫西·科尔托[1]

从办公室的电梯里走出来,蒂米(Timmy)路过了一块锈迹斑斑的青铜牌匾,上面写着"谢菲尔德、诺克斯、史蒂文斯和戴尔"(Sheffield, Knox, Stevens & Dale)。如同上述名字出现在简洁的法律意见书末尾处"真挚的"后面时,丝毫体现不出之前的复杂研究一样,单就这个牌匾无法彰显出其背后两层楼的高大。正如人们所预料到的那样,这里有几间凌乱的办公室,摆着滚轴办公桌,走廊又长又宽,灰色的墙壁和玻璃的内窗排成一行,每隔一段就会有宽敞到两层楼高的巨大房间,图书馆、档案室、会计部以阳台相隔,让来访者有一种漫步在井然有序的城市里,置身明亮干净的林荫大道上的感觉。走廊两旁是受雇律师或法律助理的办公室,除了大小和人数外,都一模一样,装饰以米色的墙壁、橱柜书架、英国法官的版画,以及《名利场》上律师的漫画。中间是接待室,也是一个两层楼高的空间,有一个乔治亚风格的圆形楼梯,还有萨金特(Sargent)为谢菲尔德和已故法官利弗莫尔

---

[1] 选自路易斯·奥京克洛斯《大世界和蒂莫西·科尔托》(*The Great World and Timothy Colt*),1956。经 Houghton Mifflin 公司许可转载。

（Livermore）创作的真人大小的肖像画。楼梯通向高级合作伙伴的办公室，根据每人的个人品位装饰，可以看到诺克斯先生嵌有光滑的桃花心木的老式房间，以及史蒂文斯先生陈列着铝合金飞机模型和从喷气式飞机中走出来的年轻将军的签名照片的灰色房间。宽敞而安静的室内，夹杂着些许打字机的哒哒声，办公室里勤勤恳恳的员工们忙碌着，远处不断重复的自动呼叫发出银铃般的响声，把不在的人召回他们的电话旁。这些都给人一种高效的印象，但不像有些公司那样，给人一种无情甚至残酷的效率的印象。谢菲尔德和诺克斯有一种明显的上流社会的气质，与其说是通过乔治亚风格的楼梯或萨金特的画像体现出来的，不如说是通过一种感觉，即一切都是整齐有序的，却并不会过度管控。正如图书馆，它就像一棵巨大的蔓生植物，覆盖了办公室的其他部分，在一些奇怪的角落里留下了成堆的记者事先准备好的稿子，让人安心。每一间办公室都敞开着热情好客的大门，在夏天，甚至可以看到伟大的诺克斯先生穿着衬衫在其中一间办公室里工作。还有一些年纪较大的女职员相当不拘小节，比如图书管理员、总出纳、档案管理员，头发灰白、身材圆润、性格强硬，如海军军士长一般，极其自信的同时偶尔也和蔼可亲，她们明亮的女性声音响彻窃窃私语的安静氛围。长长的走廊似乎漫不经心地回响着，哦，我们可以变得伟大，如果你想要伟大，但是谁想要变得伟大？

蒂米进来时，拉里·杜安（Larry Duane）正坐在蒂米的办公室里看他的法律日志。他是个和蔼可亲的年轻人，棕色头发、方脸、瘦长身材，穿着比他那种类型的人好得多，要不是娶了诺克斯家的一个姑娘，他也许不会在这家律师事务所谋到一份工作。然而，与其说拉里的衣着引人关注，不如说他的担忧才更让人吃惊。拉里像个弟弟一样紧紧抓住蒂米，仿佛自己是蒂米的挚友，用他的信任来奉承他，拉里的自我专注激怒了蒂米。

"你怎么这么悠闲，"蒂米说着拿起了他的第一封信，"你自己的办公室怎么了？难道我这成了贵宾休息室？"

"我正在看遗嘱检验法官的决议，"拉里轻快地解释说，"你知道的，在我的部门，我们不必遵守规矩。"

"我很高兴你这么忙。也许你会停止纠缠我让你去打官司。"拉里任职于戴尔先生的房地产部门。律所里的人相当看不起该部门，但是，正如拉里抱怨的那样，他们看不起一切。

"哦，蒂米，求你了，"他恳求道，"让我离开房地产部门，好吗？我还不如做个承办人呢。戴尔他有眼无珠！"

"我记得你说过他从不批评你。"

"可他从来不夸我！"

"他有这个机会吗？"

"那么，我在什么场合做什么事呢？"拉里提出，"蒂米，你能和我岳父谈谈吗？每个人都知道你说什么他都会做，但他从未注意过我。我们在电梯里见面时，他唯一能做的就是点头。想想看，当我接受这份工作的时候，我就害怕被辞退！"

"他不会厚此薄彼的，仅此而已。"

"除了你！"

"我在这里做什么都是为了工作，"蒂米语气尖锐了起来，"我劝你也这样做，你还没老到把自己当成克莱伦斯·丹诺[1]。"

---

[1] 克莱伦斯·丹诺（Clarence Darrow, 1857—1938），被誉为美国历史（转下页）

"那我也还太小,不能订墓碑!"拉里喊道,"听着,蒂米,假设我岳父出了什么事,那我就被困住了。戴尔会掌管一切,而我永远不会离开房地产部!"

"你认为你岳父会发生什么事呢?"

"他快60岁了,他可能想退休,对吧?"

"我看不出,有你在他身边,他怎么可能退休呢?"蒂米反驳并站了起来,"请原谅,我现在就要到他办公室了。"

谢菲尔德先生的办公室是合伙人中最大的,但谢菲尔德先生已经80多岁高龄了,现在很少来到市中心。亨利·诺克斯作为代理管理者,占据了毗邻的办公室,面积略小,与谢菲尔德先生所模仿的巴黎酒店客厅的华丽宏伟相去甚远。诺克斯是新英格兰一位校长的儿子,他沿袭了已故父亲在米尔福德学院(Milford Academy)学习时的简朴,一个巨大的红木方桌占据了房间的中心,两张长桌从桌子旁延伸出来,作为助手们起草会议的两翼。橱柜书架的墙壁和顶部挂满了照片,照片上的人不是毕业生,而是曾经在律师事务所工作过的律师。当蒂米进来时,他发现诺克斯先生在桌子前弯着腰,正研究校样,奥斯汀·科克伦(Austin

---

(接上页)上最伟大的辩护律师,成功代理了多起疑难复杂的经典案件。《舌战大师丹诺自传》(1995)、《世界上最伟大的律师丹诺辩护实录》(2010)、《最佳辩护:大律师丹诺最精彩的法庭较量》(2016)、《我的光荣与信仰:大律师丹诺回忆录》(2010)、《辩护大师丹诺》(2010)等书均是关于丹诺律师的描述,讲述了丹诺律师所代理过的多起经典案例,如煤矿罢工事件、娄伯和里波路谋杀案、著名的进化论法庭辩论等经典案件。他为穷人和社会弱势群体辩护、为有色人种辩护、为劳工领袖和无政府主义者等各类人群辩护,他曾言:"我为弱者和贫穷的人辩护,不计报酬,我将永远这样做。"——译者注

Cochran)坐在对面。奥斯汀是该所的受聘律师,也是蒂米就读的法学院的同学,身材矮小,戴着眼镜,留着的长发中间分开,像水手帽一样遮住了额头。他和蒂米一样努力工作,但他那严肃的询问眼神中依然带着微笑,似乎流露出一种淡淡的冷漠,一种意想不到的冷漠。他的态度好像是:还有什么事儿?你能提供什么?他抬起头,向蒂米点点头,但是他们的上级并没有注意到他的到来。诺克斯是个骨瘦如柴的高个男人,面容憔悴,行动不便,有些僵硬,有一头逢乱的白发。当他不能像现在这样完全安静和集中注意力时,他就会紧张得发抖,拉他的脸,揉他的下巴和眼皮,上下点头,然后突然在转椅上荡米荡去,把脚搁在暖气片上,或者用尺子敲打暖气片上的管子,直到它们发出响声。与憔悴伴随而来的是他的消瘦,因为这种躁动不安状态下,他的体重无法增长。

"今天上午你一定过得很愉快,蒂米,"他喃喃自语,"奥斯汀和我已经完成了2份保险批单。[1]"

蒂米没有回答,在一张长桌旁坐了下来,拿起打印好的保险批单副本,快速地读了起来。这三人一直就信托合同工作到午夜前夕。

"这没什么用。"

"没用?"诺克斯抬起头,瞪着他,"为什么不行?"

"这部分资产不能作为储备金,除非是在 20% 的收益测试下发行第二批债券,一半将用于保险,一半用于偿债准备金。这在

---

[1] rider,即(保险单的)批单,附加条款。附加在保险单之后的条款,通过扩大或限制相关权益以及排除一些特定的承保责任来改变保险单的承保条件。——译者注

第 37 条规定得很详细。"

诺克斯和奥斯汀把书翻到这一页时停了一下。过了一会儿，诺克斯抬头瞥了奥斯汀一眼，奥斯汀只是点点头。

"就是这样，先生。他说得对。"

"真是让人头大，"诺克斯低声回答，把手中的保险批单撕成两半，"这些该死的东西！我一直在想，总有一天我会遇到一个和我以前做过的一样的。但从来没有，总是出现一些情况。"

蒂米没有注意到诺克斯对他的意见没有进行回应，就像他没有注意到诺克斯没有向他打招呼一样。他们合作得太密切、太久了，以至于双方都没有注意到这些基本礼貌问题。

"打扰了，诺克斯先生，通知您一下，肖内西先生（Mr. Shaughnessy）到访，是从洛克伍德庄园（Lockwood Estate）来的。"这是信托部的斯普林斯先生（Mr. Springs），他正从勉强打开的门缝里往里张望，"他们和史蒂文斯先生有约，但他叫我先带他们来见您。"

这位资深合伙人有太多的责任，不能让会见破坏了他持续数小时的合同起草工作。在这种情况下，蒂米和奥斯汀甚至没有被介绍来访者，他们不间断地继续工作。

"好的，好的。"当一小群人聚集在门口时，诺克斯先生露出了他最亲切的笑容。"请进吧，先生们。我知道大家要去见史蒂文斯先生，并想要解决这件棘手的事情。如果这是可解的，我相信就一定可以解决。"

蒂米抬头瞥了一眼，只见一个面无表情、满怀疑虑的年长律师慢慢地走进房间，后面跟着两个提着公文包面容消瘦的助理。他瞥了一眼在其后面关门的斯普林斯，眨了眨眼睛。两人都知道,来访者是一位老妇人的近亲,她把自己的财产留给了诺克斯先生最喜爱的神学院;两人也都知道,诺克斯只有最模糊的问题概念。这是一个高级合伙人和自己玩的游戏,对于他个人的注意力来说,这个游戏太小,看不出他可以用浮夸的态度掩饰他的无知。然而,这并不是一个他曾经向蒂米坦白过的游戏。

"我们都知道慈善制度声名不佳,"诺克斯保持微笑道,"他们居然能从乞丐的杯子里拿出 5 分镍币来充实其受监护人的金库。他们也根本认识不到在他们的章程之外存在着贫穷或困苦。我很自豪,凡是我参加过的慈善理事会,我都制止了这种倾向。我敢肯定,先生们,你们会想和我们谈业务的,我们也想和你们打交道。"

"这不是你想和我们做生意的问题,诺克斯先生,"老人出乎意料地尖刻地反驳道,"不管你怎么想,法庭都非去不可!"

蒂米眼看着诺克斯脸上的仁慈渐渐消失,差点笑出声来。看到桌上的神学院档案,他拿出一份老妇人的遗嘱,默默地放在诺克斯的桌子上。诺克斯立即开始快速地翻动档案。"你为谁代理,肖内西先生?"他用更严厉的语气问道。

"谁?除了近亲,还能是谁?"

"侄子侄女?"诺克斯继续研究遗嘱,"在我看来,他们似乎得到了很好的供养。这几千美元的遗赠是什么?"

"这几千美元应当属于她的每一个血肉至亲!"肖内西先生勃然大怒,"其余的给学校的教区牧师!我问你,这样做合适吗?是学校在她年老时照顾她吗?是学校在她得肺病的时候彻夜陪伴吗?不,诺克斯先生,这是犯罪。这是违反自然的罪行!"

诺克斯现在已经从最初的惊奇中恢复过来了。他总是面带微笑,和蔼可亲。"告诉我,肖内西先生,你是一个结了婚的人吗?"

"我是。"

"你有家庭吗?"

"我没有孩子,如果你是想问这个的话。"

"可是你有兄弟姐妹吗?"

"我有7个兄弟姐妹。"

"他们有孩子吗?"

"他们有。"

"作为一个谨慎的律师,难道我不需要询问您是否有一份已完成正当手续的遗嘱?"肖内西对此保持沉默,再次起了疑心,而诺克斯接着说:"那么,我可以推测,你没有'清除'你的近亲?在分配给你的好妻子适当的抚养费之后,你已经把你的剩余财产分割了,我毫不怀疑,这是一笔可观的财产——在你的兄弟姐妹中间,按家系平均分配财产?"

老律师眼中闪过一丝震惊的光芒,蒂米对肖内西作为亲系血亲可能从他们叔叔的遗赠中获益甚微有了一个简短的印象。

"不同的家庭可能会有不同的原因,诺克斯。"肖内西抗议道。

"但我认为我们是在和绝对真理作对!"诺克斯说,"我还以为你说的是一条自然规律呢!"

"好了,诺克斯先生,我们都是这里的律师,我们的客户没在听。"

"我永远也猜不到,"诺克斯反驳道,"从你激昂的诉讼请求中。你现在还告诉我,那只是装饰门面?把它留给陪审团吧,肖内西先生!"

第四章 华尔街律师

老人吃惊道:"我以为我们会避开陪审团。"

"我也是!我也是,真的!直到你开始把我当对立方看待!"

"诺克斯先生,你是说你改变了主意?你不愿意通过协商解决?"

诺克斯疑惑地看了他一会儿,然后耸了耸肩。"去见迈克·史蒂文斯吧,肖内西先生。"他用一种不耐烦的口吻说,仿佛这件事现在已经完全不在他的掌控之中,"看看你能从他那儿得到什么。我相信你们能提出你们所能想到的最好的解决办法。我毫不怀疑他会认为你的辩求很具有说服力,但我现在可以告诉你,我作为三一学院董事会主席,他很难说服我放弃一丁点儿遗产。"言至于此,他又将目光投向了遗嘱,"那个洛克伍德太太那么慷慨地离开了我们。"

"是洛克伍德小姐,"老律师轻蔑地纠正他,然后转向他的同伴,"来吧,孩子们。我们不妨看看史蒂文斯这个家伙要说些什么。"

他们二话没说就走了,斯普林斯先生急忙领他们出去。当诺克斯站在窗边时,奥斯汀和蒂米交换了微笑。

"我知道,"他背对着他们抱怨道,"大家都以为我阅历深。但实际并非如此。我可能没有看过所有的文书,但我仍可以和你们俩打赌,这位老人亦是如此。我吓到他了,他现在应该更好相处了。"他转过身来,对他们持续的冷漠感到恼火,"你们俩的问题就在于,认为自己是优秀的证券律师,已经掌握一切值得知道的事情,这正是今天这种过度专业化带来的弊端。我曾在市法院为保险公司代理过失侵权案件,这段经历让我再也不想为世界上任何申请上市登记报告的机构进行服务。"

"我很高兴听到你这么说,先生,"奥斯汀说,站起来走到诺克斯的旁边,"因为我这里有一份备忘录给你。我想你还没看过吧。"他穿过成堆的文件夹,拿出一张打印好的文件,轻轻地把它放到桌子中央,"这是我请求被分配到法律援助1个月的申请。律所一直在抽调人手参与诉讼。为什么我们从不参与?"

"因为我们只作为出庭律师!"诺克斯惊慌失措地叫道,"而且只有刚从法学院毕业的人。看在上帝的份上,奥斯汀,你不认为我会让一个像你这样经验丰富的人为在地铁洗手间里游荡的人辩护吧?"

"即使在这个过度专业化的时代?"奥斯汀摆出一副严肃的样子来掩饰他的无礼。

"即使对我来说,获得这样的经验并不需要我交换所有……"

"好吧,好吧,"诺克斯急躁地说,"为什么我不能闭上我的大嘴巴?走吧,离开这里。"

"您的意思是我可以去法律援助了吗,先生?真的吗?"

"趁我没改变主意。就让我们开始这糟糕的一个月吧。蒂米和我可以完成工作。不管怎样都要做完。"

"谢谢你,先生,"奥斯汀说,面带微笑,"非常感谢。"

奥斯汀走后,诺克斯靠在窗边,闷闷不乐地望着东河,而蒂米则继续处理证据。"蒂米,我们为什么要这样工作呢?"他未曾移开视线,突然问道。蒂米抬头注视了下他穿着斜纹呢料的宽阔后背,叹了口气。这将是其中的一天。"当我看着河上的船时,"诺克斯继续说,"我不知道我们是否就像是该死的傻瓜。"

"我想每个人的工作都各有不如意吧。"

"你想从生活中得到什么,蒂米?"诺克斯问道,仍然没有转身,"你想在近郊住一栋昂贵的小房子,那种远到让你上下班艰难的房子?抑或是让你的孩子去私人寄宿学校,让他们长大后也有必须送自己的孩子去那种学校的想法?"

"我不知道。我没有过多的考虑。"

"你跟我真是太像了。然而最终都得到了什么?"

"华尔街最好的证券律师的声誉。"

"那算得了什么?"

"什么?"蒂米又将目光转向他。

"但你有没有想过,第一流的法律工作有多少比第二的更好呢?那种额外的触觉,那类更流畅的语言,那些精妙的偶然性,都是精心准备的吗?以及经常自食恶果的税收策略?"他转身,责备地看着蒂米,"就是这样。我从你的眼睛里看到了。'他老了。'你在想。不,不要否认。我不在乎你是否这么认为。因为那是事实。而我应该努力理解的是,即使你相信我相信的事情,它们也与你无关。因为你还年轻。"他坐下来,但把椅子转了过去,"即使你现在知道,当你到我这个年纪的时候,游戏就一文不值了,你也不会在意。你为什么要这么做?只要现在看起来值得?对年轻人来说,'似乎'和'是'一样好。为什么不呢?我对我的幻想破灭而感到失望,你大可放心,你的幻想破灭是在 20 年之后。"

"我不知道你为什么要失望,"蒂米固执地说,"没人在此职业领域取得超越您的成就。"

诺克斯回过头,大笑道:"这就是我想让你说的话,我的孩子。你看我多虚伪。但这只是我引出一个私人话题的小方法。"

"哦?"

"我想让你这个夏天好好度假,"诺克斯继续说,现在他的语气有点公事公办,突然把椅子转过来面对蒂米,"我妻子一直在催我。她说我要把你逼上绝路了。"

蒂米只手扶额。多糟糕的一天!"好吧,我这里不会有任何问题的。"

他冷冷地说:"如果这就是你所担心的。我想要一个体面的假期。"

"难道我不是?听我说完,"诺克斯拿起他的尺子,开始拍打手掌,"我想让你从7月4日开始休假6个星期。我想让你离开这个城市,不必从这个办公室带走任何一张纸。而且我还要向你保证,你不会接到这里的任何一个电话,不,除非屋顶塌了。"

蒂米盯着他看。"嗯,这听起来很不错,"他喃喃地说,"我很感激。但我们能在8月中旬开始吗?米尔班克公司即将发行证券。我必须跟进。"

尺子又一次拍在诺克斯的手上。"你不必跟进米尔班克公司的证券发行,"他尖锐地说,"我妻子已经和安(Ann)说过了。"

蒂米听了这话,气得满脸通红。在神经兮兮的妇女的交谈中安排这样的事情是不能容忍的。"7月底,"他突然说,"然后我就走。"

"蒂米,你知道米尔班克的交易将持续到10月,"诺克斯摇摇头说,"没有用的。"

"那你找谁接手?"

"我不知道。比尔·黑兹利特(Bill Hazlitt)或者是康登(Congdon)或者是奥斯汀。"他领会了蒂米的固执表情,"好吧。你以为我们律所里有80个律师是干什么的?"

"但我跟进了最近一期米尔班克证券,"蒂米抗议道,"我可以用别人一半的时间来做这个。此外,我对这笔交易有很多想法。"

诺克斯耸了耸肩,把目光移开。"我不会同意的,"他说,"我已经跟你说过两次了,就这么定了。"

蒂米站了起来。"先生,我这样说您不要介意,我会处理好自己的私生活。"

诺克斯迅速地摇了摇头:"如果我真这么想,我不会干涉。"

"那您的健康呢?"蒂米问道,"还有您的假期呢?"

"这个冬天我就没在啊。"

"这不算数。那是因为你生病了。"

"嗯,也许我会在7月休假。"诺克斯现在很恼火,他把椅子转过去,背向蒂米,"也许我会休息整个该死的夏天。你以为谁是高级合伙人,你还是我?现在离开这里,照我说的去做。"

蒂米盯着诺克斯那满是灰发的头颅和宽阔的肩膀:"这份证明还要不要做完?"

"做,你去做。"诺克斯不耐烦地回答道,"谁让你是万事通先生。"

蒂米一声不响地收拾好文件,愤愤不平地离开了。在走廊里,他差点撞上舒尔策小姐(Miss Schulze)。

"怎么了,科尔特先生,我正要找你!"

戴尔先生的秘书来自另一个遗产信托领域。如果拉里·杜安把它看作陈尸处,她就把它看作遗嘱和家庭斗争的戏剧,是神秘女客户关起门来进行神秘会见的戏份。她手下的秘书们和企业里的秘书们完全相反,就像国王的火枪手和红衣主教的警卫们完全相反一样。他们衣着鲜艳,神采奕奕,带着一丝珠子和流苏的味道,在他们高调的礼貌笑声背后流露出一种亲密的暗示。

"戴尔先生一直在找您，"她轻快地说，"您现在见他吗？"

"能等一下吗，舒尔策小姐？我非常忙。"

她脸上带着惊讶与同情的表情："呃，我觉得事情相当紧急，他让我来找您两次了。"

蒂米没有回答就转身离开了，穿过走廊走到戴尔先生的办公室。戴尔先生正在打电话，示意他先坐。蒂米瘫坐在椅子上，用批判的态度看着他。他不喜欢戴尔先生，因为诺克斯不喜欢他。他不喜欢他沉重的斗牛犬外表和他虚情假意的神态，他不喜欢在办公室里用墙上挂有谢菲尔德先生的简单银框照片来炫耀这间绝佳的办公室；他更不喜欢这间办公室主人的姿态，正如他慢慢地叼着烟斗，似乎为客户分散了一丁点他纯粹的注意力。他的举止太好了一点，身材太胖了一点，笑容太皱了一点。蒂米想象着，如果他从来没有见过谢菲尔德和诺克斯，他就能在他们身后看到戴尔可能成为的那种律师：那个身材魁梧的政治倡导者，身着淡蓝色的西装、很浅，肩膀上有点头皮屑，戴着一枚镶钻石的金戒指，习惯把女士们形容为"优雅"，把家庭形容为"迷人"。现在这种类型只能从银行家阴沉的深灰色身影得见，带着一点油滑的味道，暗淡而浓郁的皮鞋光泽，完美无瑕的图章戒指。虽然说戴尔的举止，尤其是与诺克斯形成鲜明对比的举止，似乎有点油腻腻的，但就像蒂米不得不承认的那样，那是自信的油润，而不是虚假的谦逊，是使他自信的巨大齿轮容易啮合的必不可少的油润。

"好吧，就这样，"戴尔在电话里说，"期限已经定下来了。我的意思是我们拿到了房契和保险单，他可以在夏天陪孩子们1个月。艰难？当然，这很艰难。但如果一个人想在他这个年龄自欺欺人，他必须为这一特权付出代价。"他挂了电话，立即转向蒂米，脸上换上了欢迎的微笑,略显敷衍但很愉快,"抱歉让你久等了,蒂米。我想在律所各部门做一点突击检查。你能帮我吗?"

"好吧,如果这不会花掉我所有的时间。"蒂米狐疑道。

"不会的,不会的,"戴尔温和地说,"让我解释一下。我想让你帮我做一个可能是比较复杂的商事协议,我妻子的侄子卷入了其中。他叫乔治·埃姆伦(George Emlen),是个非常聪明的年轻人。我想补充一句,他也是个有钱人。乔治有敏锐的嗅觉,能迅速获利,但他有时不会停下来把事情想清楚。不好意思,可以关下门吗?"

蒂米站起身来,一边认真思考着,一边希望诺克斯能亲自把它关上。乔治·埃姆伦。一个富人。他记得戴尔娶了一个富有的女人。同时还是他的一个客户。

"他和一群有想法的年轻人合伙买了一家纺织企业,"当蒂米坐下来的时候,戴尔继续说,"他们发现了一家房地产公司下的待售纺织企业。就乔治而言,这笔交易已经结束。'肮脏'的细节可以留给律师们。你和我都知道这只是个开始。特别是在这样的交易中……"

蒂米听着戴尔解释着复杂的情况,越来越不安。很明显,他说的是一份真正的工作,而不是"你花个一分钟就能解决了"的这类事情,如同合伙人经常在星期五的下午半愧疚地丢给其下级的那种小事。"打断您一下,先生,"在戴尔停顿的间歇他说道,"你跟诺克斯先生讲清楚了吗?"

戴尔显现出疑惑的眼神。"讲明什么?"

"让我来接手这笔交易,"他解释道,"他通常分配我的时间。"

"我从来没怎么玩过这种办公室小游戏。"戴尔皱着眉头说,"A为B工作,C为D工作,就像警察和强盗一样。过于专业了。我的孩子,你就乖乖听亨利·诺克斯的话吧。你或许可以发现自己是在从事法律工作。"他的语气里有一种带有幽默的沉重,但话语中又充满敌意。

"这并不是我发明的规则,先生。"

"没有,但你认为这绝佳,不是吗?"

就在这时,从紧闭的门后面的走廊里,蒂米隐约听到有电话找他。他匆忙站起来。

"我想有电话找我,"他说,"这可能是卡特马斯顿(Marston, Carter)的柯林斯(Collins),他有我需要的证据。我可以在这里接电话吗,先生?"戴尔耸了耸肩,蒂米拿起电话,拨通了接线员的电话。他尽可能地简短,但当他说话的时候,他俯视着桌子后面那个显然很不高兴的男人那沉重的、椭圆形的、惊愕的下巴,意识到他失策了。在诺克斯的办公室接听外部电话是一回事,电话通常来自他自己的某位客户,而且无论何种情况下规矩既定为业务优先于礼仪。然而对戴尔这样一个脾气暴躁的人这样做完全是另一回事了。

"告诉我,科尔特,"在他打完电话后,戴尔用强硬的语气说道,"你会在诺克斯的办公室里这样做吗?"

"做什么,先生?"

"像这样打电话。"

"接客户电话?当然可以。"

"好吧,也许你会,也许你不会,"戴尔慢慢地说,转过身来,用一种拒绝的茫然神情盯着他,"但这不是我所期望的。当我邀请一个年轻人到我的办公室时,我期待他的注意。正如他同样期待着我的关注。你们部门的孩子太自以为是了,你以为你是这里唯一做任何工作的人。"

蒂米站了起来。"先生,我可以走了吗?"

戴尔抬起头,疑惑地望着他那阴沉发红的脸。然后,他耸了耸肩。"去吧,"他说着,转向桌上的文件,"我要和诺克斯谈谈让你参与我侄子的交易。"

走廊里,蒂米想如果那天早上有人告诉他,在午饭时间之前,他会和律师事务所里两个级别最高的合伙人吵架,自己会不会相信。

(路易斯·奥京克洛斯[Louis Auchincloss])

第五章　立法助理
——立法之舞[1]

与(参议员)马格努森(Magnuson)这样的人物接触是参议院生活的一个方面,这使工作人员的工作得到了回报,也是为什么工作人员在转到律师事务所、家乡或(比方说)牛津后,可能会想念华盛顿的一个原因。但是,尽管员工的世界围绕着他的雇主转,这仍然是一个多元化的世界,而且在许多其他方面也令其满意。

一般而言,一个参议院助理会发现自己身处金钱—权力—行动的关系中,如果他从这个关系的三个要素中获益足够多,他就会留下来;如果没有(或者如果他别无选择),他就会离开。金钱可能比其他任何事情都更让局外人感到惊讶:顶级员工在上任1~2年的时间里可以赚2.5万美元或3万美元;一些委员会有超过20名员工,每个人的收入都超过2万美元。当然,薪资上要比非政府部门低——没有哪个助理的收入可以超过参议员和国会议员的42500美元(1970年的数字),但这对于刚从大学或法学

---

[1] 选自埃里克·雷德曼《立法之舞》(*The Dance of Legislation*),1973。经 Simon & Schuster 公司许可转载。

院毕业的人来说,初始工资已是惊人的。最初的高薪反过来又是工资级别设置上巧妙的"前置"因素;至少在最初几年,任何想辞职的助理通常不得不承担大幅降低自己的生活水平这一后果。总之,单就工资而言,就能将年轻男性初来的一段时间内将其留在国会山(不幸的是,年轻女性很少能在金钱—权力—行动关系这一蛋糕上分得与之相当的一份,但这种情况正在发生变化)。过了一段时间,助理对律师事务所和公司的价值因其在参议院的经历而大幅增加,然后其就业行情大涨。由于可提供的工资有限,参议员可能会试图通过给予员工不能用金钱来衡量的权力来留住其宝贵的资源。

在员工中分配权力有点像在农民中分配土地:这让他们更快乐,也提高了他们的生产率。进而参议员发现,允许其员工有很大的个人主动性和责任感是非常符合他自身利益的,因为这使他能够留住勤奋和富有想象力的助手,同时提高立法产出的质量和数量。与人们可能认为的那样相反,"最好"的参议员不是那种人,他并不会在立法活动进程中的每一个阶段都能看到每一个细节,亦不会亲自研究其必须投票表决的每一个问题,更不会每天早晨来到办公室并确切地告诉每个员工当天应该做什么。如此严格的等级制度是低效的,只会产生士气低落、战战兢兢、缺乏想象力的员工——以及参议员沉闷的立法生涯。"高效办公室"是参议员把他的时间花在自己能够独立完成的任务上,把所有的准备工作和细节都交给助手(当然,助手必须向他详细汇报)。在这样一间办公室里工作是令人兴奋的,因为思想总是向上或向下流动,每个人都有重要的事情要做。只要参议员能充分了解以他的名义正在采取的重大步骤,只要他能铲除无能或不忠的员工,这种类型的办公室就能产生大量有价值的立法(也能为选民提供非常有效的服务)。就像一名英国大律师只在案件准备好在法庭上辩论时才接手一样,一名参议员愿意将责任委派给他人,并能够留住他信任的助手,同时就这些助手的判断能够做出指示。在旁观者看来这样的参议员不仅仅是个体,更是一个组织。

尽管如此,参议院中仍有一种普遍的担忧,即公众不会欣赏参议员不亲自履行每一项可以想象到的立法任务的想法,正如参议院担心选民不会乐意知道参议员签署的大部分信件是由工作人员起草的。参议院工作人员的匿名性是这些恐惧的直接后果,因为除了超人之外,参议员们不愿意牺牲任何人都需要的员工援助,他们会尽最大努力给人留下自己事实上是超人的印象。如果他们公开承认自己没有亲笔写每一封信,竞选对手可能会向选民承诺自己会这样做。然而,参议员们一致认为,任何花时间亲自回复邮件的人,都没有时间履行选民对他的其他期望;同样可以说,任何参议员如果不分派一项立法任务,其几乎没有时间参与立法,更不应该惊讶的是很快就能发现他有了一个不称职的立法团队。

参议院对工作人员世界的金钱—权力—行动关系的行动方面几乎没有什么控制——行动只是使参议院工作人员的工作有价值的附带福利之一。许多助手如果离开,其可能会有更多的金钱,也许甚至更大的责任,当然也会得到更多的认可,但他们选择在这里留任多年主要是因为留恋成为国家决策中心的感觉。参议院仍然是华盛顿的主要组成部分,华盛顿仍然是枢纽,在参议院、委员会门后面或参议院办公楼拥挤的工作空间中采取的每一项行动,都需要宏大的想象力,才能看到美国的命运是如何被塑造或挫败的。在这里,一个小小的政策变动可以带来千里之外美国人生活的重大改变。这样一种知识,亦是认识——在一个不起眼的小山上由男男女女组成的这样一个小集体,实际上却可以影响到数百万人的生活方式——可能会导致工作人员以及参议员高看自我的重要性,但也可能打破在任何地方从事任何工作都不可避免的孤立和狭隘。如果你想看到美国,了解其人民,了解其需求,你必须简单进行环游;如果做不到这一点,你可以在国会山工作,也有机会参与政府对人民的回应,甚至可能使这种回应稍微好一点。特别是行政助理和立法助理,他们经常吸收几乎每一个正在辩论议题的所有方面论点,进而在了解政府的日常运作方面,远比他们从书本上学到的更多。对他们中的大多数人来说,相较其他地方是一潭死水,参议院是令人兴奋的、至关重要的、中央核心的。

金钱—权力—行动的关系是理解参议院工作人员及其行为的关键。那些收入微薄之人、无权无势之人,或者是对参议院这个机构不感兴趣之人,往往会在5点钟准时下班;反倒是那些更有特权的人经常在值班员的日志上签名。然而,即使是最幸运的工作人员,也不能自由地获得金钱、权力和行动的一瞥;作为回报,他们必须付出他们的忠诚、精力及其所拥有的一切才智,为另一个人服务,为一个他们不是其正式成员的机构服务。从某种意义上说,参议院剥削年轻人,因为没有他们,参议院的事业就无法继续下去,而资深政客们,尽管他们很有技巧,也无法维持自己的生计。工作人员的个性可能不会被否定,但他必须搁置自己的雄心壮志;他必须愿意在另一个人的职业生涯中放下身份和自我,而不是像许多人梦想的那样冲出去竞选公职。随着时间的推移,与其说他实现了自己的抱负,不如说他是另一个人的延伸。这就难怪参议院的养老金计划中几乎没有工作人员,也没有这么年轻的议员。无论是出于对更大满足感的需要,还是仅仅因为精疲力竭,员工最终还是离开了。这实质上就是一项短暂的工作。

然而,参议院工作人员在那里所做的不仅仅是充实他的银行账户,为公众服务,并为他将远离华盛顿的漫长岁月储存记忆。他认识到,他对于他经常会听到的关于参议院的流行神话和误解再也不会感到满意。例如,不再将"游说者"视为一个天生肮脏的词。相对于对法团的刻板印象,他可能遇到了更多的公共利益说客。媒体的虔诚或晚间新闻的简化可能会令他感到厌恶。如果新闻媒体真的想"改革"政府,打破它们所谴责的"特殊利益集团"的权力,那么当政客们做对了一些事情时,它们只要把功劳归于他们,就能取得很大的成就。宣传是政治家们寻求和需要的奖励,以便将自己的权力直接建立在人民身上,然而宣传他们只是为了演戏。好的立法和好的听证会很少会是戏剧性的。如果媒体对他们进行报道,往往会忽视赞助商和主席的名字(报纸上有自己名字的人往往是证人,不需要选票,或者试图挑战的参议员)。宣传产生选票,同样也能筹集大量的竞选捐款。但是什么样的参议员才能得到很好的竞选宣传呢?一匹"表演的骏马"。而什么样的参议员能够获得大量的竞选捐款呢?可能是一些回避"特殊利益"的标题类型——他能因"下厨"成为新闻头条。在没有公共信用的情况下,为公共利益行事,"特殊利益"的贡献及其所附带的一切都更有用。

我想,一个参谋是非常幸运的,他学会了不把所有这些事情或自己都太当回事;他能写出这样一段话,然后稍微后退一步,意识到参议院和整个国家都不需要依靠他来检视他们的问题。我记得有一次,我和马格努森的另外3名助手冲进参议院,对马格努森的商业委员会的管辖权受到威胁既兴奋又愤怒。我们紧张地坐在工作人员席位上,僵硬地摆着严肃的姿势,看着马格努森在辩论中来回踱步。另一名行政人员的助手从我们紧张的画面旁走过,只是摇了摇头,对我们4个人笑了笑。他说:"你们看起来就像拉什莫尔山。"并笑着让我们意识到自己理智尚存。最幸运的参议员也是能够笑的人,我曾经在参议院会议厅里看到了真正的享受。在一次消除烟草补贴的投票中,每当一个同事投票"是"时,一位南方参议员就笑着高喊:"共产党人!共产党人!"参议院可能是世界的中心,但它不是整个世界,也不是世界的一切。

(埃里克·雷德曼[Eric Redman])

第六章 公益律师
——荒凉山庄1968：关于消费者测试诉讼的报告[1]

这就是衡平法院啊！每个郡里都有被它折腾得日益衰落的家庭和荒芜的土地呢；每个疯人院里都有被它折磨得神经错乱的疯子呢；每块教堂墓地里都有被它冤枉致死的冤魂呢；很多原告都被它折腾得倾家荡产，他们只能穿着破鞋烂衫，碰见认识的人不是借债就是乞怜；它赋予那些有钱人莫名其妙的权利，让他们以种种手段欺压贤良；它就这样消耗着人们的钱财和耐心，打消着人们的勇气和希望；它就这样使人们心力疲惫、伤心至极。因此，那些辩护人士里稍有良心的都会告诫人们："宁愿忍受一切冤屈，也不要到这儿来！"

——查尔斯·狄更斯（Charles Dickens）《荒凉山庄》

1968年，大部分时间我都是在国家穷人权利办公室（NORI），即NAACP[2]法律辩护基金会下属的济贫法分部，以全职律师的

---

[1] 选自《纽约大学法律评论》（*New York University Law Review*），1969年第44期，第115页。编者按：这段节选只描述了整篇文章中涉及的几个案例中的一例。

[2] NAACP 为 Naliond Association for the Advancement of Colored Peoples 的缩写，在1939年原是全国有色人种协进会。——译者注

身份试图通过一些测试案例对消费者法中的不公正法律规则提出质疑,这篇文章就是我按照时间顺序对我这种尝试的叙述。

一、财产清算系统

还在法学院读书的时候,我在当地法律援助协会做了几个月的志愿者,在那里所经历的事情让我感到不安。许多案件——可以说是这些案件的绝大部分,都是交给法学院的学生来处理的,而这些案件都是和消费者纠纷有关的案件。其中有代表性的案件是,低收入者因为工资被扣押或扣押工资令的威胁来寻求法律援助。他在分期付款计划中购买了商品,由于某种原因停止付款。有时候是因为他对这些货物不满意——甚至在他最后付款到期之前,这些货物就已经不能使用了。在其他情况下,消费者违约的原因是医疗费用等紧急费用使他无法继续支付。

为了"处理"消费者纠纷,学生一般会与申诉人面谈(首先确认他是否足够贫穷,以便得到法律援助机构的协助),并在表格上填写实情。然后,他会给债权人或其代理人打电话,通常通过大约 5 分钟的电话沟通达成和解。债权人一听说法律援助案,通常会接受延长期限,分期小数额偿还,还可能会取消"滞纳金"。双方都很少考虑纠纷的实质问题,除非在双方都感知到对方也想考虑的情况下,才将争端作为讨论要点。案件几乎不会诉诸法庭——消费者永远不会起诉债权人。鉴于这些学生是法律援助机构仅有的全职律师和极少的预算,这种情况也是可以理解的……

在纽约听了几个月的法律援助案和法律援助律师建议,使我确信"制度"是解决大多数地区消费者纠纷的标准方法,但由于种种原因,与纽黑文市的消费者相比,这对纽约市的消费者更加不利。首先,纽约成千上万的零售商的利润率非常接近,以至于很多零售商都会采取各种手段进行销售。欺诈性交易和不合理交易每天都在进行,成千上万的担保条款被违反。投诉的消费者总是被无限期地拖延。其次,纽约有十几家金融公司,它们直接从商家手中尽可能买进低收入消费者签署的合同。当金融公司购买消费者合同时,消费者就成了商业电脑中的密码。电子邮件会给消费者寄一本优惠券(coupon book),并指示他们每月将一张优惠券连同支票或汇票一起寄还。通过优惠券,消费者收到通知,如果他们对其购买的货物有任何异议,必须在10天内通知财务公司,否则将永远失去索赔和抗辩的权利。(我从来没有见过哪个消费者收到通知时会阅读,当我读给他们听时,照样无人能理解。)如果消费者后来发现产品质量问题(例如桌子在购买1个月后一条腿坏了),并打电话给商家,他们会告诉他:"我们把你的合同卖给了信贷公司——我们已经和你没有任何关系了。"如果把电话打给信贷公司,将会被告知:"我们要做的只是收取货款,产品的质量不由我们负责。"

遭受这种待遇的消费者经常中止付款;他们认为这样将迫使相关人员关注他们的投诉,或者至少对那些不公正的待遇造成一定的影响。但是一旦错过付款日期,电脑仍将发送催款信件,甚至还有托收律师签名的诉讼警告信。

然后就可以告知消费者已被提起诉讼,但更常见的是,财务公司收集律师填写的标准投诉表格,并将其交给传票送达员,他们将其销毁并提交伪造的服务宣誓书。这种所谓的"下水道服务"现象很普遍。因此,当消费者开始意识到,一旦雇主通知他的工资已被扣押,并警告如果被扣押超过1个月的工资,他将会被解雇时,其实已经对他做出了缺席判决。正是在这一点上,消费者如果想要找律师,通常会向法律援助机构寻求帮助。因此,当和解程序在纽约开始适用时,法律援助律师必须尝试重新启动缺席判决,并且必须面对法律上承认的真正的购买者的财务公司,免受任何抗辩影响。

国家穷人权利办公室有个好处:当你对一个问题感到愤怒时,你可以很自由地对它进行抨击。因此,在1967年12月,我决定用一系列消费者测试案例来动摇这项制度,或至少加强消费者代表的议价能力。我制定了两个目标来设法达成:(1)废除所谓的消费者票据持有人的理论,以便财务公司对他们所处理的卖方的不当行为承担责任并对其进行监管,从而减少不公平交易的数量。废除这一理论也将使法律援助机构能够在民事案件中更好地进行抗辩。(2)尝试使用新策略来化解消费者的不满,而不是非正式的解决,这可能会为消费者提供更好的救济。对卖家的惩罚性损害赔偿是人们立即想到的另一种替代方案。我告诉法律援助组织,我想要从他们那里接手两三个有趣的案件来提起诉讼而不是和解;不久我就有了一个消费者案件委托人。

二、艾伦先生的冰箱

弗兰克·艾伦(Frank Allen)是个20多岁的黑人,有10年的教育背景,住在一个由城市住房项目提供的房子里,年收入约5 000美元。他的妻子每年也能赚大约5 000美元,或者少一点。

他告诉我他在1966年3月遇到一位推销员。销售员"理查德"（他从来没有说出自己的姓）来见艾伦夫妇，声称自己是艾伦先生的一个朋友介绍的，并向他们提出了一个吸引人的报价。理查德代表的优质家具公司（Quality Furniture，一家大型哈莱姆商店）已经经营了133年。每周只要不到20美元，他就可以为艾伦夫妇和他们4岁的女儿提供全家所需要的一切食物。这样他们就不用在杂货店或超市浪费他们的支出预算了。他给他们看了一张长长的清单，上面列着他们商店所供应的食物，"就看看这能给你省多少钱"。同时他列了一张清单，上面列着艾伦夫妇日常购买的食品，这些也在供应之内。理查德说："这是一项节省预算的计划。我们大量购买，所以我们可以把省下来的钱转给你。你会发现这个计划比在商店买食物便宜得多。我们所有的食物都是高品质A级。"他指出，艾伦夫妇现在仍须在店里购买牛奶和新鲜蔬菜，但他的计划将提供给他们所需的一切。"这些食物将按月交付，"理查德说，"你需要一个地方来存放，所以我也会为你提供一个精致的冰箱，每周花费不到8美元，但在食品花费上节省了这么多，可以说冰箱本身基本上相当于是免费的。"

艾伦夫妇的生活总是有些捉襟见肘，而且一直债台高筑，所以他们很是乐于接受。理查德向他们保证，他们可以在4个月后取消整个交易，只要届时不再重新订购食物就可以了。所以，艾伦夫妇签了合同。他们并没有先读一读合同再签名，因为他们觉得自己即使读了也无法理解由法律术语写就的合同。并且，理查德看上去像是一个诚实的家伙，他代表着最大的哈莱姆商店，而且是他们的朋友推荐的。（艾伦先生后来发现他的朋友前几天已报名参加了一个食品计划，他只要推荐一位也会签合同的朋友给理查德,就能享受 25 美元的折扣。)

一个星期后,大量的食品被送来了,同时还有一个冰箱。这些食品并不像艾伦先生所期望的那么好,但也还过得去。然而,数量是如此之少,早在预定的 4 个月到期之前就吃完了;艾伦夫妇不得不在 4 个月的最后几周从商店里购买食品,这些食品和他们开始这个计划之前买的一样多。

食品和冰箱送来一个星期后,艾伦先生收到了预算财务公司的两本优惠券,一本是关于食品的,一本是关于冰箱的。前者要求他每月支付 30.22 美元,后者要求他每月支付 74.83 美元。艾伦先生看了看优惠券,发现距离支付第一笔钱的期限大约还有 4 个星期,就把优惠券连同一些表格扔到抽屉里了,直到第一笔付款到期。(这时候,他不确定食品供应是否会持续。)

艾伦虽然抱怨了 4 个月,但还是按时付清了所有的货款。后来,他按推销员留下的电话号码给理查德打了个电话,告诉他,自己不打算再次订购,因为他对供应的食品数量不足感到不满。他说:"可以随时拿走冰箱。"理查德却说:"哦,这可不行。你可以取消食品订单,但不能取消冰箱的付款。你签了一份购买合同,每月支付 30.22 美元,为期 3 年,看看你的合同副本。"

艾伦先生看了看合同,第一次发现他书面同意的不是租冰箱,而是在 3 年内以 1 087 美元的价格买一个冰箱。他被这个价格吓了一跳,因为他从来没有听说过一个冰箱的价格超过 300 或 400 美元。"我要和律师谈谈。"他告诉理查德。"别这样,"理查德说,"我会弄清楚,再给你回电话。"但他从来没有回过电话。

艾伦先生去见了他工会的律师,律师告诉他合同是有约束力的,一旦签了字,他就无能为力了。"此外,"律师说,"看来,是一家信贷公司购买了你的合同,如果你不继续付款,他们会扣押你的工资,你可能会被解雇。"

艾伦先生持续支付了14个月的款项,每次付款都让他更生气。最后,他寻求了法律援助,被介绍给了我。

我很高兴有这样一位客户,他处于一个罕见的没有违约的事实状态,更不用说并没有被缺席判决。这似乎是一个很好的机会,可以测试一个积极策略——起诉,而不是被起诉。我告诉艾伦先生,我所属的组织正在进行测试,如果我们为他辩护,他的案子可能需要很长时间才能提起诉讼,但潜在的回报对他人和他自己都是巨大的。我提议,如果他更愿意尝试迅速达成妥协解决方案,我会找一个好律师为他辩护。他说他会坚持跟着我,于是我们开始起草一份民事起诉状……

对于第一个诉讼理由,根据《统一商法典》第2-302条的规定,我们主张合同具有非正当性,因为收取的价格——即使是840美元的现金价格——也是高得离谱。我们要求撤销该条款,或至少调整价格条款……

对于第二个诉讼理由,我们指控他们涉嫌欺诈,是理查德误导我的当事人认为冰箱是租的,并且保证食品的供应会持续4个月。

我告诉艾伦先生每月按时还款,但把它们存入一个储蓄账户,而不是存入预算账户。然后,在1967年12月初,我聘请了一个信誉良好的传票送达员,并期待着早日与这些问题进行对质……

1月

……我最开始是从预算财务公司的托收律师那得知我会得

到多少赔偿。在此之前,我曾与艾伦先生讨论过和解方案,我们一致同意,在任何情况下,我们都不会接受不包括惩罚性赔偿的和解方案。这种解决方案是很不寻常的——它本身可以被公开,并且可以证明这样一个积极的起诉足可以改善和解体系。这一点于预算财务公司同样明显,因此不可能有解决办法。托收律师要求延长答复时间,他告诉我,预算财务公司并不认为他有能力代理有争议的诉讼。虽然我急于处理此案,特别是考虑到由于法院案件堆栎会导致不可避免的延误,但我还是同意延期,因为这是一般惯例。

1月10日,我从他们的华尔街本德律师事务所(Bender, Segal, Parker, Lochinger)那收到了预算财务公司的回答。预算财务公司否认(不知道)起诉书中的大部分事实主张,并声称,无论如何,它是合同有效期内的持有者,并且已向艾伦先生发出通知。在得到答复的同时,法庭还发出通知,要求在1月23日对艾伦进行口头取证。

我很生气,但对这种需求并不完全感到惊讶。我很恼火,为了避免艾伦先生因为要出庭作证而耽误工作,我把他告诉我的每一个事实都写进了诉状里。但这并不奇怪,因为口头询问是一种自然的骚扰原告的手段。总的来说,我并不是很沮丧。毕竟,艾伦先生只是一个买冰箱的人。他几乎提供不了什么信息——当然也就没有什么可以损害他的案子。他对他们所做的事情非常生气,因此他对问题的回答可能会对他们造成伤害。因为他没有什么可说的,所以一两个小时就可以结束——然后就轮到我来说了。

除了预算财务公司的回复和通知之外,理查德·刘易斯

（Richard Lewis）和优质家具公司也给出了同样的答案。他们聘请了同一位律师——一位名叫阿尔弗雷德·斯通（Alfred Stone）的个体执业律师——来代表他们。（后来我了解到，斯通是该市顶尖的托收律师之一，曾为几家小型金融公司工作，也为优质家具公司工作过。）这很奇怪，因为他们的回答否认了刘易斯和这家商店之间存在代理关系；这样否认符合商店的利益，但不符合销售人员的利益。我的直觉是，商店同意聘请那个律师并给销售员搭便车。无论如何，代理关系很容易证明，所以我对这种否认并不担心，反而充满兴趣。

他们的答辩包括要求我变更起诉书，将也在合同上签名的艾伦夫人增加为必要共同诉讼原告方。我确实忽略了这个细节。我不反对这样做，只是有一种模糊的感觉，即被告可能会要求对艾伦夫人进行询问，因为如果她是一方，他们就有权这样做。获得艾伦夫人签署合同的商家获得的不仅仅是额外的保障——如果任何一方希望利用诉讼进行威胁，那么商家就会有额外的机会让消费者处于艰难境况。

对艾伦先生进行询问的前一天，我再次与他讨论了案子，他没有什么可补充的，只是抱怨，所以我有理由相信，第二天的询问会很简短。

按照通知的要求，我们在 10:30 到本德律师事务所进行询问，但他们让我们一直等到 11:00。最后，一位年轻的律师走进等待室，介绍自己是杰克·施瓦茨（Jack Schwartz）。他将在会议室进行口头询问。阿尔弗雷德·斯通没有露面，在 11:15 我们就开始了询问。虽然纽约的传统做法是反对每一个可能的问题，但我决定不反对任何不适当的问题，除非艾伦先生真的感到厌烦。

因为异议需要更多的时间,对其适当性的诉讼程序会拖延实体诉讼的进行,浪费我的时间。然而施瓦茨的第一个问题几乎激怒了我,因为他对艾伦的财产——他和他妻子的收入——进行了调查。但过了一会儿,他又回到正轨,询问了艾伦先生与理查德的讨论情况。他的问题涵盖了交易的每一个方面:艾伦怎么认识的理查德,理查德是哪一方的代表,谁做的推荐,推荐他的朋友是怎么说的,关于食品和冰箱理查德是怎么说的,理查德向他展示了什么(艾伦提供了食品清单,并根据要求进行了检查),艾伦签署了什么文件,艾伦打电话给理查德取消的时候说了些什么。施瓦茨问得十分详细,反反复复的(但不是完全重复的,因此也不令人反感),以至于询问几乎没有进展。举一个简短的示例。

问:讨论期间刘易斯先生是否给你看过冰箱的合同?

答:你是指让我阅读合同条款?

问:是的。

答:没有。

问:你向他提出要求阅读合同了吗?

答:没有。

问:他向你解释过合同的内容是什么吗?上面写着什么?

答:没有。

问:你第一次看到它是什么时候?

答:应该是那个晚上。

问:更具体地说,在与刘易斯先生的讨论或谈话过程中,他是第一次向你介绍或交给你这份文件,还是原件?

答:我记不起来了。

问:是像你之前作证的那样,他在那张黄纸上做了他所有的计算之后吗？

答：是的。

问：它是按现在的样子填的吗？

答：我记不得了。

问：就你所知或你的回忆而言，刘易斯先生把它交给你之后，有没有填好什么？

答：我不记得了，我只是被叫签署合同。

问：当他让你在这个上面签字的时候，你有问过什么问题吗？

答：没有。

问：你同意购买冰箱了吗？

答：购买？不，是租。

问：上面有你的签名吗？

答：有。

问：这是你妻子的签名？

答：是的。

问：在刘易斯先生第一次来的那天晚上，你俩都签了吗？

答：应该是的。

问：在你签的时候，现在上面所有的文字都已经填好了吗？

答：我记不起来了。

问：你在签字前看过了吗？

答：没有。

问：你妻子看过吗？

答：没有。

问：你有找机会读一下条款吗？

答：我不理解你的意思。

问：你读过合同吗？

答：我是否读过合同？

问：是的。

答：可能读过。

问：你所说的可能读过，是什么意思？

答：我只是被要求签署合同。

问：你告知过对方你读不懂吗？

答：没有。

由于施瓦茨开始询问艾伦有关他从理查德或优质家具公司收到的诸多文件中的每一个文件，包括了介绍其他客户的表格、货物清单、食品附带的发票，以及曾放置过文件的信封等，整个过程又变得冗长起来。艾伦第一次看到每份合同是什么时候？在哪里？合同上面是谁的笔迹？艾伦在后面写了什么？什么时候？理查德对此怎么说？诸如此类的问题。

下午 1:00 过后不久，施瓦茨宣布他还有很多问题要问。我们对询问的速度有点生气，但又急于把询问做完，于是就停下来吃午饭。午饭后，同样缓慢的过程又重复了一遍：艾伦先生在理查德的第二次访问中签了什么，他看过文件了吗，这次访问是什么时候，都有谁在场，说了什么，又过了一个小时。艾伦先生开始对所有的文件感到困惑；有时他的话甚至出现了自相矛盾。同样，反对意见只是延长了审查时间，而矛盾又在于一些琐碎的细节。最后施瓦茨总结了关于交易的问题。我们当然要配合完成……

但施瓦茨开始提出一系列全新的问题——他开始逐段阅读起诉书,向艾伦先生询问他的法律主张:理查德的陈述中哪一部分是欺诈性的,你怎么知道这些陈述是假的,你所说的过高价格是什么意思,仅是指一个很高的价格吗,高价与什么相关,我一直以为我的当事人会说他不知道或不理解,但每一次,他都试图尽他所能解释我起草的起诉书,即使在我和施瓦茨就证人如何不知道这些事情进行了一番对话之后也是如此。

现在已经是下午5:00了,虽然艾伦先生已经回答了一整天的问题,但施瓦茨宣布,他还有更多的问题——他甚至还没有开始询问艾伦先生与预算财务公司的关系。"当然,你有权向法院寻求保护令,"他说,"但我的询问具备相关性,因此,你不会赢。"(这一预测是由中立消息来源进行过印证的。)不得不承认,如果我不申请保护令,我将在我们都拿到第一次会议的记录后再把艾伦先生找来。

与此同时,我开始了我方调查。在1月19日,为了给口头证词奠定基础,我向理查德·刘易斯的律师提出要求,要求查看案件背景下的所有文件:刘易斯和优质家具公司之间的合同、优质家具公司和预算财务公司之间的协议、记载有优质家具公司支付冰箱价格的发票、其他冰箱购买者的名单列表(因为这些客户是刘易斯销售技巧模式的见证,因而具有相关性),等等。我要求这些文件在2月1日在我的办公室出示……

2月

在2月和3月的时候,我觉得我好像驻扎在了本德律师事务所。他们对我当事人的口头询问似乎没完没了。艾伦被带回来,他的证词总共有247页……当我将艾伦太太列为原告时,我担心预算财务公司的律师们会行使他们的权利,要求对她进行询问;她不得不接受一天的询问。

任何对证人询问的进一步引证,都将使这份文本变得枯燥乏味而令人难以忍受。只需指出,我发现自己在不断地向我的当事人道歉,因为我让他们遭受了长时间且让人煎熬的询问。询问对当事人的影响是一个非常真实的成本,因为要把一个本可以在1个小时内例行解决的争议变成一个测试案例——尽管这样的解决也有成本,只是不那么显著。然而,施瓦茨的问题仍然几乎是重复的,尽管他很小心地不再问同样的问题,除非证人给出模棱两可的答案。麻烦的是,我的当事人很难准确地回忆两年前的交易过程,每一次小的不确定性都会让他再多出半个小时的询问量。在两三天的询问中,也不可避免地出现自相矛盾的情况;而且,这种情况经常发生,有人试图把相同的情形重新连接起来,"把它理顺"……

我仍然反对提出停止询问的申请,这既是因为法院一般不愿意限制消费信贷成本信息披露(或是已经报道的案件),也是因为我想尽快进入审判。在所有庭前披露完成之前,案件是无法提上审判日程的。然而只有一次,我对那些除了购买商品和被骗之外一无所知的穷人不断被询问感到非常恼火,于是我寻求法院的保护……

法院驳回了我的申请……

同时,我试图继续处理我的案子。2月1日上午,我期待理查德·刘易斯的律师阿尔弗雷德·斯通带着我曾要求的与艾伦先生案子有关的文件出现在我的办公室。但没有人在约定的时间赶到，于是我给斯通先生打了电话。"你没收到我的申请文书吗？"他问道，"我前天就发出去了。"为防止被披露而提出的申请，在该申请获批之前，仍保持披露状态。

第二天，我收到了斯通先生的申请文书。我留意到，即使申请人可以使其申请在8天内被驳回，但斯通先生操作了一番，使得在2月18日那天他要对这份申请做个"通知"，也就是在将近3个星期之后，即使其申请并没有被批准，也因此延长了我方庭前披露被耽搁的时间。关于理由，斯通先生辩称，所送达的通知"没有具体指定要出示的文件，而且所要求的物品清楚地表明，原告已经开始了一次远距离求证"。这让我感到惊讶，我自认为描述已经非常具体化。在我方诉讼文书中，我指出了我的每一个描述有多具体，并且斯通先生也没有提出他不明白我所指的是什么。此外，我还解释了我所要求的每一类文书与我案例理论的相关性。

2月18日开庭，我十分期待就这一申请进行辩论，以便我能够继续跟进此案（尽管已经错失3周），也许还能够促使法院就我所要求文书的相关性写一份简短的意见，这可能预示着一场法律上的变革。我的第一个震惊是发现当天就能听到250项申请，而这仅仅是一个常态日程。我的第二个震惊是在法庭所看到的一切，正如书记员所说的日程一样，当数十名律师参与最后一刻的谈判时，几乎无法听到他的声音。在书记员高喊"肃静！肃静！所有在这个庄严法庭办事的人，请上前听我说"之后，我受到了当天的第三次震惊。我站出来表示自己准备好了进行辩论，法官却说："你应该知道就庭前披露的申请，我们不允许辩论；现在提交你的诉讼文书。"

我的第四个震惊发生在当天晚些时候,当时另一位律师告诉我,法官们不仅不允许辩论,而且备审案件非常之多以至于他们不看申请文书,这些文书通常是由专职司法助理阅读,之后由他们撰写一个简短的决定,之后法官负责在上面签名。而我的第五个震惊发生在持续等待裁决的 3 周后,法院裁定:

> 请求撤销庭前披露及检查通知书的保护令申请被拒绝,但不影响根据特定文件(包括起诉书副本)进行续期,否则法院不能裁定被反对事项之特定性,即被告维持的范围超出了涉及原告的交易范围。

换言之,我的对手因其提交的文件不足而输了(起诉书是在法院书记员办公室提出的,但申请显然没有被法官和书记员从法庭文件中取出——而起诉书必须作为申请的附件文件)。但在现实中,由于我的对手可以任意重新开始,而我在准备诉讼文书过程中错失了很多小时,并且还失去了 6 个星期的时间⋯⋯

我再次收到了一项保护令的申请,即要求我暂停庭前披露。而斯通先生提出申请的理由仅仅是,预算财务公司所采纳的艾伦先生的证词被无限期地搁置了,并且"被告具有询问原告的优先权,在对原告的询问工作完成之前,对被告的审查不会继续进行"。

我再次对拖延感到愤怒(再次,斯通先生在向法院提交申请前 3 周才告诉我),但我相信这将是一个轻松的胜利,我回复了他的申请文件,指出"披露优先权"只是 20 天规则的简写,我没有违反从送达诉状到送达审查通知之间间隔 20 天的规定。我指出,按照当前的速度,对艾伦先生的询问可能需要在几个月的时间里分散进行,如果我的庭前披露权必须等到被告完成其庭前披露,案件将被推迟审理。

我不得不等到3月4日才将这项申请提交至法院……

3月

……3月12日,法院像往常一样,在没有意见书的情况下裁定,在艾伦夫妇接受充分询问之前,斯通先生的申请将阻止我对理查德·刘易斯进行询问:

> 被告理查德·刘易斯被指示在原告的审查结束10天后出庭接受询问。

我又一次陷入了困境。然而,我要求检查这些文件的要求仍然没有被许可,斯通没有续签申请以对抗庭前披露。所以,第二天我就亲手给他发了一份文件,要求他在3月15日出示这些文件。

3月15日仍没有人出现。我又给斯通打了电话,他再次告诉我他将申请发至了邮箱。他再次提出申请,认为我没有充分具体地描述这些文件,并表示法院已指示他的当事人到时候出庭接受询问。"当完成此类询问并对被告理查德·刘易斯进行询问时,现在要求出示的特定文件的必要性将更容易确定,然后原告可以申请庭前披露和检查他们特别指定的任何文件。"这项申请在3个星期内亦不能撤回,所以我必须等到4月8日才能提交与我们以前所持有的基本相同的论点……

4月

……这只是一个小失望,因为进展就在眼前:4月16日,本德律师事务所完成了对艾伦夫妇的询问;因此,根据先前法院的裁定,我有权在4月26日之前对理查德·刘易斯进行询问。因此,4月17日,我打电话给斯通先生,告诉他询问已经完成。但他坚持在笔录打印完毕并得到艾伦夫妇签名之前,对艾伦夫妇的询问还不算"完成"。

我别无选择,只能接受他的解释,因为我需要更长的时间向法院提出申请(通知提前8天)以下令安排询问并等待决定,而不是等待笔录,让我的当事人阅读、更正并签名。

5月

……艾伦家的询问笔录于5月3日签署,我通知了斯通先生,我预计将在5月13日之前按照法院的命令对他的当事人进行询问。他说他会和他的当事人约定一天时间,然后给我回电话。但直到5月7日,他都没有给我回电话,于是我又给他打了个电话。他说他无法联系到"没有电话"的当事人,他会在"几天内"给我回电话。鉴于这可能会拖延我方时间,从5月3日起的第10天,我给他发了一封手写信件,通知他我将在5月13日上午10:00进行询问。

我在13日上午聘请了一名速记员,这次我真心期待斯通和刘易斯的出现。然而他们并没有来。在等待了15分钟后,我打电话给斯通。

他说,他还没有联系到他的当事人,他认为他的当事人"现在随时"都可能与他取得联系,所以前一天也没有给我打电话,因为"对我来说,那是非常忙碌的一天"。

我非常生气,一方面是因为我让我的当事人接受了询问而我却没有得到任何回报,另一方面则是我已经着手质疑的法律问题毫无进展。于是,我又一次回到我的打字机前,这次写了一篇申请,以解决理查德·刘易斯未能出现的问题,或者命令他出庭,并支付速记员的账单和合理的律师费,因为我不得不花费时间写申请文书以让他出现。

斯通回答说:"我们不可能在这么短的时间内与当事人沟通。施拉格试图让法庭把费用强加给被告刘易斯,而刘易斯完全不知道律师之间的这些谈话,当然也没有回避任何询问。我们不能理解申请方律师这种明显狂热的原因。这对本案的程序而言并不特别紧迫。"最后,他要求法院只是确定刘易斯在法院接受询问的日期和时间,这一要求令我费解,因为应当由询问方选择在哪里进行询问。

6月

6月3日,我请求处罚刘易斯的申请中,只有要求刘易斯在17日出庭接受询问这一内容获得批准。就费用或律师费的请求在决定中并没有提到。法庭确定了法院大楼为询问地点。因此,通过未按照法庭早些时候的命令在10天内出庭,斯通既将案件推迟了1个月零4天,又将询问地点从我的办公室转移到他办公室对面的法院大楼,并且免受任何惩罚。

但是斯通和刘易斯确实在17日出现了,这次询问应该算是成功的。刘易斯否认曾保证这些食品会持续供应4个月,但提供的证据超出了我对他与预算财务公司之间关系的预期。例如,他作证说,当客户给他下订单时,他让客户填写了一份信用申请(在预算财务公司的表格上),然后该表格被送至财务公司。如果预算财务公司批准了信用申请,客户就会被告知买卖已达成,但如果预算财务公司拒绝了信用申请,客户就会被告知交易已经取消。通过预算财务公司,刘易斯不费吹灰之力就能顺畅地完成销售。

中午的时候,斯通吃完饭就没再回来了。他说他很忙,还有其他事情要做,未来几周也不能回来完成询问。我认为我有权合理地坚持继续,但鉴于从提出申请到申请获准之间不可避免地拖延了 1 个月,我无法执行任何裁定以争取到更早的日期。因此,我同意将 7 月 15 日定为延期开庭日。

7 月

……7 月 15 日,我完成了对理查德·刘易斯的询问。第二场会议不如第一场会议成功,我问他关于曾购买过冰箱的其他客户的情况时,指出这些问题是相关的,因为我必须证明欺诈交易的模式或做法,才能获得惩罚性赔偿。但斯通指示刘易斯不要回答这些问题,也不要透露其他买家的名字,以这些名字与我可能采取的任何有效行动无关为由。此外,刘易斯没有出示他的任何商业记录,并声称他在我的诉讼提起前不久就停业了,当时他销毁了所有的记录,因为他不再需要这些记录。我确信他说的不是真话,但是又无法证明他没有销毁他的记录。

7 月初,考虑到理查德·刘易斯于 7 月 15 日的询问已经结束,我在 7 月 16 日给斯通发了一份询问优质家具公司负责人的通知。我之前并没有想要优先对其进行询问,因为我认为刘易斯透露的信息将有助于询问优质家具公司的高级职员。但在15日,斯通再次宣布他不会答应我的要求,我只能选择他给我的延期开庭日期(8月13日),或者申请处罚他的当事人,而根据案件的来龙去脉,我对胜利毫无信心。于是我接受了他提出的8月13日。

8月

但在8月9日,他却写信给我:

> 亲爱的先生:请注意,我方当事人优质家具公司,已根据第十一章的规定申请破产。在这种情况下,对其提起的所有诉讼程序都将中止,原定于8月13日进行的询问程序处理工作不得不推迟到今后的某个日期。

啊,他信中遗憾的语气,呵,法律。这时,我开始认真考虑其他职业。

一项小小的研究证实了这样一个事实,即联邦破产法院确实中止了州法院对优质家具公司的所有诉讼(为债权人保留财产),实际上不可能撤销这样的中止。然而,这可能会无限期地拖延我对他们的诉讼。

然而,考虑到别无他法,我决定出席联邦破产法院对此案的第一次审理,为我的当事人做我能做的事情。听证会定于8月27日举行……

临近8月底,我采取行动,迫使理查德·刘易斯披露了他的其他冰箱购买客户的姓名和地址(斯通曾在询问中命令他不要这样做),其依据是,他们是他欺诈模式的重要证人。他的律师拒绝了我的申请。因为刘易斯声称已经破坏了记录,所以我并没有真正期望能够取得姓名,但我想我至少可以获得一项裁决,而这将是一个先例,即这些姓名和地址是与案件相关的,因此可以进行披露。

8月27日是优质家具公司破产的首次听证会,这成了一年中较为激动人心的日子之一。我很早就到了破产法庭,以便听到一些早期的案件,了解法院是如何运作的,因为我对破产一无所知。当我走进听证室时,只剩下同一排的3个座位。我坐在中间的座位上,很快就有两位先生走进来,坐在我的两边。过了一会儿,他们隔着我开始谈论,当其中一个人提到"优质家具公司"时,一下子引起了我的注意。从其谈话中得知,他们其中一个是优质家具公司的破产律师,另一个是其财务主管,此时他们在谈论我。显然,他们对于我的案子进行得如何所知道的并不比我多,毕竟现在已经身处在破产中。目前为止,一切都好。

优质家具公司的案子是由破产审断人[1]传唤的,我旁边的两个人和分散于房间里的其他几个人将位置换到位于前方的律

---

[1] 原文 bankruptcy referee(又写作 referee in bankruptcy),破产审断人,根据1898年《破产法》(Bankruptcy Act)由破产法院任命的官员,其主要职责是根据联邦破产法的规定主持破产程序。1973年后改成为"破产法官"。1978年《破产法典》(Bankruptcy Code)将之予以取消,其职能由破产法院的法官行使。(1978年《破产法典》对1898年《破产法》进行了实质性修改,自1979年10月1日起,破产案件适用该法。)
鉴于本文摘自1969年《纽约大学法律评论》,本文中破产程序适用的应当为1898年《破产法》,因而此处译为破产审断人。——译者注

师席。破产审断人转向首席债权人(拥有最大份额债权者)的律师,并宣布他现在将听取债权人委员会成员的提名,该委员会将监督商店的运作,直到它完全破产或与无担保债权人达成和解协议。"你提名的是谁?"他问到。

在这场明显受到操纵的选举中,这位首席债权人毛遂自荐并推荐了其他几个人。

"还有其他提名吗?"依据应当遵循的专业破产程序,破产审断人问道。

我想要么现在做,要么永远不做,任何一个带来问题的讨论,都好过没有讨论,于是我站起来宣布,"我提名杰克·格林伯格(Jack Greenberg)。"

法庭里的反应就像电影中婚礼上的观众一样,神秘的陌生人跑进教堂,反对誓言。所有的目光都转向了我。律师席上的律师转来转去,想看看是谁说的。破产审断人向前探身,指着我说:"你是谁?杰克·格林伯格又是谁?"

我一边慢慢地挤进过道向前走去,一边解释道,杰克·格林伯格和我是 NAACP 法律辩护基金管理机构的首席法律顾问和助理律师,我们代表的消费者是优质家具公司的债权人,他们在州法院因遭受销售欺诈而对优质家具公司提出的惩罚性损害赔偿要求悬而未决。破产审断人被我不寻常的举动难住了,他犹豫了一会儿之后,在没有给出任何令人信服的理由情况下就否决了。但显然,他对否决这件事感到很遗憾,于是他转向优质家具公司的律师,要求了解这起涉嫌欺诈的案件。

然而,优质家具公司的破产律师不是该公司的诉讼律师,他不得不承认,他对州法院的案件一无所知。这让破产审断人非常生气。

破产审断人无法从优质家具公司那里获得任何信息,随后转向我询问这些案件的情况,这个问题我并没有完全试图回避。

"法官大人,"我说,"这些案件正在有条不紊地进行,原告们正在依法进行庭前披露程序,这些程序因您做出的让所有州法院相关案件的诉讼中止的决定而突然被打断了,我在此提出撤销该决定之申请。"

律师席上引起了一阵骚动,优质家具公司的律师猛地站了起来,声称这样做会损害破产财产,损害债权人,等等,但他并没有进行明确说明。但破产审断人宣布批准我的申请,首席债权人声称他是法律辩护基金管理机构的缴款人因而不会反对。"有一天,"裁判对优质家具公司的律师说,"这些人将调查哈莱姆的所有信用行为,不是吗?""是的,他们有权这样做。"优质家具公司的律师不好意思地说。

当然,法律中的任何内容都不是那么简单:破产审断人指示我以书面形式提出动议,应回呈日期为9月17日,而他直到9月30日才签署命令,为此我需要整整两个月的时间才能继续接上8月9日我被告知的破产程序。即便如此,这也只是因为我的庭前披露被撤销了。我将不得不申请进一步去州法院的救济(我可能不被批准)来跟上州法院的审判日程。

9月

9月初,我享受了3周的假期。回来后我发现,与之前充满竞争力的工作时期相比,在离开的这段时间内,我有了更多的感触。

首先，法院已批准我的申请，要求刘易斯出示他的其他顾客的姓名和住址。不幸的是，该决定并没有附带任何法官判决意见书，因此其作为先例的价值大打折扣。并且，正如我所预料的那样，即便是决定的即时影响也是轻微的。在我休假期间，另一位NORI的律师（根据裁定）询问刘易斯关于他的商业记录，但刘易斯坚持表示，"我从来没有保留任何账簿"以及"我丢弃了我所拥有的大部分东西（记录），因为我对这项业务不再有任何兴趣……我该怎么处理这些东西？……当然对我来说这些都是垃圾……"

……最令人惊讶的是，我想阅览可靠信用公司（Dependable Credit）全部合同的申请获得批准。不幸的是，尽管双方都把这个问题框定在申请的框架内，以检验是否存在持续性显失公平的民事侵权行为，但法院对我有利的简短命令和它曾经对我做出的任何不利命令一样含糊不清：

> 要求在审判前更改询问通知的保护令之申请被驳回，被告连同原告通知中所列的记录，被指示于 1968 年 9 月 26 日上午 10 时在本法院第 Ⅱ 部分（法庭就单方申请部分）的特别期限出庭接受询问，届时可从主持该特别程序的法官处获得关于记录可否被接受的裁决。

很难理解这个命令的含义。首先，法院似乎认为我在寻求庭审前的审查，而信贷公司拒绝了。实际上，我只是要求一些书面文件的副本。更令人费解的是，法院把什么留给了特别开庭期法官来独立裁决？当然，在阅读了我们关于侵权诉讼理由是否存在的起诉状之后,不可能把这个相当复杂和重要的问题交给另一位法官,由他在没有提交辩论摘要[1]的情况下当场根据5分钟的口头辩论做出决定。然而,法院确实准许法官依单方请求做出了一些决定,并且在其决定中避免提及潜在问题。

不可避免地,我的对手和我在电话里就命令的含义发生了争执。但由于我赢得了这项申请,我处于一个更有利的地位,并且我能够说服可靠信用公司的律师,法院必须被推定为采取了合理的行动,因此它必须以我为受益人解决侵权问题,并让可靠信用公司的人只能够以特权而不是以相关性为由拒绝披露特定的合同。

在接受这一解释后,我的对手宣布他将在1月份的上诉分庭审判期内对判决提出上诉,鉴于上诉将给我第二次机会就侵权救济的存在获得权威性意见,所以我很乐意在上诉决定做出前暂缓披露……

10月

现在,这一年快结束了,我的行动越来越集中在所有事件导火索的案子上了——艾伦先生的冰箱。10月7日,我向斯通先生发送了一份新签署的联邦法院命令的副本,该命令允许我对优质家具公司的管理者进行询问。我请他选择一个于他方便的日期,这样他就不会以我选择了一个不可能的日期为借口提出申请。一周后我并没有得到回复,于是给他打了电话,他说没有问过他

---

[1] 此处 brief,律师辩论意见书;辩论摘要。指律师向法庭提交的表明其对案件的观点的书面辩论文件。通常包括对案件事实的概述、相关法律及关于对案件事实如何适用法律以支持律师主张的争论。——译者注

当事人确定好预约的事,但他会在下个星期进行确认。当然,下个星期,当我再次打电话时,他说他要到下个星期才有时间联系他的当事人。我别无选择,只好自己定个日期,给他发了一份通知,要求在10月31日对优质家具公司总裁和财务主管进行询问,并要求如果他们有刘易斯的其他购买冰箱的顾客的名单,一并带来。

像往常一样,直到最后关头,斯通回应我的是其所提出的保护令申请(3周后可回呈),声称我无权对两名管理者进行询问,除非我能证明管理者并不具备专业知识素养,并且找到制作的不适当和不相关的清单文件,比如其他冰箱客户的名单。我指出我们已经讨论过客户名单的问题了,并且此案涉及的相关法律问题已得到解决,于我而言十分有利。

11月

我大概是这么想的。在没有进一步解释的情况下,法院11月允许询问继续进行(正如斯通再次要求在法院大楼进行询问的那样),但认为我要求查看客户名单的要求"不适当"。因为我认为优质家具公司无论如何都不会产生这样的名单,所以我不想在上诉中浪费6个月的时间……

12月

……在苏珊·费里曼(Susan Freiman)这位年轻、才华横溢、有破产法天赋的法律援助律师的催促下,我在另一个预定日期回到联邦法院,就优质家具公司的案件举行听证会,重新提出将一名受骗的消费者代表置于优质家具公司债权人委员会的申请。

当我再次站在观众席上发言时,法庭上的观众都惊呆了,因为我要把哈莱姆法律援助协会办事处的院长夏勒尔·巴拉克(Shyleur Barrack)也加入进来。债权人律师和优质家具公司的律师都强烈反对。"我们的债权人委员会关注的是真正的债权人的债权主张,以及那些对优质家具公司享有返还预付款或给付货物的债权主张。我们才不关心消费者的要求。"

"这正是他所要做的,"破产审断人说到,"既然你不关心消费者的利益,那他就在委员会中增加一个愿意这样做的人。我的工作是确保债权人委员会具备尽可能广泛的代表范围。"

"那好吧,"债权人的律师说,"您不能批准他的申请在于其当事人并没有提交索赔证明。在当前程序中,任何人都不是债权人,除非他们已经向本法院提出了索赔。"

破产审断人甚至没有问我是否提交了证明。他说:"我们很快就会知道他们有没有。"他从书桌下面拿出一部电话,给办事员打了个电话,让书记员把文件提交给他,然后休庭10分钟。

在房间的后面,债权人的律师和优质家具公司的律师喋喋不休地虚张声势。与此同时,费里曼小姐和我得意地交换了一下眼色。因为,在几个月前,在不知道我们为什么这样做的情况下,我们代表艾伦、布纳维兹(Buenavidez)和一位从正在被预算财务公司起诉的自理查德·刘易斯那里购买了一台冰箱的法律援助客户,提交了索赔证明,并对优质家具公司提出了索赔。

当案件再次开庭,破产审断人指出,我方当事人在《破产法》第十一章中规定的债权人之列,债权人和债务人的律师都没有异议。破产审断人批准了我的申请,于是和以前一样,反对者"为了和平"撤回了他们的反对意见。

那天下午,在评估我们所能取得的赔偿数额时,发现债权人委员会每一个代表的投票权与其索赔的美元价值成正比。由于我们的惩罚性赔偿金额超过了10万美元,我们成为最大的债权人,并且经营着这家商店。

接下来的一周,我们共同参加了债权人委员会会议:巴拉克(Barrack)是其中一名成员,费里曼小姐和我是他的特别顾问。各债权人的律师们听到了我们在法庭上取得的一些成功,但仍然对我们在他们中间的实际存在感到震惊;他们从未见过这样的事情,根本不知道我们是怎么回事。"你们正在做白日梦。"其中一个人对费里曼小姐说。

"说不定最后能有一罐金子呢。"她回击道。

但是,当优质家具公司的律师到达时,我们立即明白我们参加了最后一次债权人会议,并见证了一个有133年历史的小帝国的终结。优质家具公司的所有者根本无法与债权人达成协议,他们宁愿接受破产裁决。为了债权人的利益,这家商店将被关闭并开始拍卖。

但消费者代表仍须发挥他们的作用。当听到债权人决定不立即关闭这家商店,而是在圣诞节前获得破产裁决生效时,我们十分惊愕。圣诞节的销售将会使他们最终分割的财产膨胀;销售商品的合同将很快被分配到现金预算中。然而,没有人提到这样一个事实,即每次销售都会涉及对消费者的明示和暗示保证,但这些保证毫无意义,因为优质家具公司将破产,而预算财务公司将声称其为真正的购买者。

3天后,在法庭上,债权人和优质家具公司共同申请破产裁决,以便在圣诞节前生效。法庭后面再一次躁动起来。"在您签署命令之前,法官阁下,"费里曼小姐用细小的声音说道,"我认为有些事情您应该知道。"

"是什么呢?"法官大人问。她告诉法官大人,根据《统一商法典》的有关规定,保修期为4年,或者一直到圣诞节,以其中较早的时间为准。

"你是在建议我马上把商店关掉吗?"法官问道。

"我想是的。"她说。

"同意。"法官大人答道。于是法官命令优质家具公司的律师立即给商店打电话,让管理人员安排员工离职并关门停售。

优质家具公司的律师和债权人的情绪完全失控了。他们挥舞着手臂,要求费里曼小姐告诉他们她是谁,以及她认为自己代表谁。"她不代表任何潜在买家,她没有资格提出申请,"一名律师喊道,"我甚至怀疑她就不是律师。"

但是费里曼小姐确实不能代表任何一个潜在的买家,只好默默地站在那里,当房间里再次恢复平静后,破产审断人平静地说:"我想在座诸位将不得不接受她是社区的代表这一事实。"

三、结语

我参与了破产程序,这是本年度最令人兴奋甚至是最幽默的时刻之一。这件事让我幡然醒悟,因为我了解了测试案例的耗时和成本,但最重要的是因为我认为济贫律师和司法机构——至少在北美——应尽快成为法律改革的合作伙伴。同时,我了解到,较低级别的州法院——改革所真正应当依赖之处——对法律改革既不友好也不敌视。相反,他们完全不关心。

近年来,由于贫困人口的问题已经从种族歧视的问题转变为不平衡或经济权力的问题,对贫困人口来说非常重要的法律问题已经从宪法问题转向国家法律规定的权利问题。随着消费者权益保护法、房东与租客关系、家庭关系成为法律改革的重点,州法院的"试验"诉讼变得越来越重要。然而,就纽约现有的惯例和程序而言,要求州法院在面对一个新问题时迅速解决几乎是不可能的……

(菲利普·G. 施拉格[Philip G. Schrag])

第二编

法学院

第七章　法学教育目的[1]

编者注：以下摘录总结了一项由美国法学院协会赞助的法学院的研究结果。本研究根据十项资源指标对法学院进行分析：(1)全职教师总数；(2)每名全职教师的学生人数；(3)全职教师的最高工资；(4)全职教师的中位数工资；(5)图书馆藏书量；(6)往年增加的图书数量；(7)运营总预算；(8)每名学生的运营支出；(9)平均授课时数；(10)参与LSAT[2]的学生的平均LSAT分数。然后，根据这些指标的得分，该研究将法学院按照"A""B""C""D"排列起来。

关于法学院的目标，院长访谈的主要调查结果如下：

首先，法学院院长提出的目标，依据复杂度划分为5个等级。每个后续级别的目标都涵盖了前面所有不太复杂级别的目标。

---

[1] 选自查尔斯·D.凯尔索(Charles D. Kelso)、M.简·凯尔索(M. Jane Kelso)《美国法学院协会非全日制法学教育研究　最终报告(1972年5月)》，美国法学院协会，1972。本文经许可转载。

[2] LSAT，即 Law School Admission Test(法学院入学考试)的缩写。该考试是美国法学院申请入学的参考条件之一。——译者注

资源越有限的学院,会更趋向于拟定低复杂度的目标。从最简单的等级开始,这些目标是:

a. 教授的法律基础知识;
b. 培训从业人员;
c. 培养律师领导者;
d. 全面发展学生的法学技能,包括在与律师工作相关的领域从事教学工作;
e. 法学技能的提升,或为其奠定基础,并增强法律知识及其与社会的关系。

上述 5 种分类可以重铸为同一尺度。然后从最复杂的开始,步骤如下:

(1)对"从业者-加强"的教育,强调"加强"(一般是通过某种形式的研究、公共服务或专业培训);
(2)训练"加强"以及实践中间的平衡;
(3)强调对于实践的培训,在课程中加入一些"加强";
(4)培训标准的从业者;
(5)提升实践所必要的技能,无论是普遍技能还是专业技能。

其次,法学院校所陈述的目标,相对于学校的特质,如日间学校和夜间学校的不同,则是与资源组合更加紧密地关联着。
第三,学院院长对于法学院目标的看法及态度,是与其学院的资源水平密切相关的。这是法学教育所面临的最严重的问题,还有,日校生和夜校生该如何做比较。

在提供能够解释并支持上述结论的细节之前,先呈现几个与统计数据相关的小花絮……

第一个花絮是和一个"A"级日夜兼并的学院的院长的面谈。他是一名典型的法学院院长,高分毕业,通过法律考试,实习了几年,表现优异,发表了大量论文,曾活跃在 ABA 和 AALS[1] 的事务中,在两所以上学校任教,有超过 20 年的法律教育经验。在他看来,法律教育应该倾向于理论教育而不是实践教育,尽管其目标应该是通过培养决策者来推进法律和社会。

这名院长所在学校的教员包括许多学者在内几乎都是全职的。教员们在拓展课程改革的参与上很积极。

该校的课程特色是社会结果调查,致力于探寻案例背后的事实模式和法庭上所陈述事实之间的联系。

我们收集的数据表明,夜校生和日校生的成绩,包括 LSAT 的成绩差距并不大。这证明这两类学生都是有能力的。

而在院长看来,日校生在对他所认为有意义的事情上更有优势:每日准备、挖掘难题、研究,和保持警醒。他认为夜校生唯一的优势是能够进行讨论,以及可以联系到其他相关的学科,如商业、科学和会计。根据他的判断,就业会严重影响夜校学生的表现,因为会产生疲劳、时间不足以及重点偏失等问题。这些在他的话语中有所反映:

---

[1] ABA,即 American Bar Association(美国律师协会)的缩写;AALS,即 Association of American Law Schools(美国法学院协会)的缩写,是一个以志愿者联盟为组织形式的独立行业协会,成员均为美国各高校法律学院。——译者注

采访者：法律教育的目标应该是什么，在未来的几年里会与律师的角色密切有关吗？

院长：我们应该为我们的学生提供社会方面的培训，因为我们的毕业生将与一些大人物在重要的、复杂的决策上打交道。这是一种政治领域律师向政策制定领域律师的转变。

采访者：正如您所看到的，法律教育面临的最重要的问题是什么？

院长：我们应该开始考虑长远的问题，并打破常规。没有比律师成为政策制定者更重要的问题了。然而，目前的律师们并不这样认为。

两个"A"级日校的校长更多地把关注放在法学院的教育方面，而不是学院本身作为知识的创造者或社会催化剂的作用。一个顶尖"A"级学校的院长说："律师必须做好从事越来越多工作的准备，因为社会的复杂性越来越大。法律教育的重点在于数量问题：如何满足接受法律教育的人数需求，以及如何找到足够数量的合格教师来教育学生。"

一所"A"级相对低的日校，也是该州唯一的法学院，其院长说："我们正在进入一个专业化的时代，但是于律师而言成为全才极为重要。因此，没有理由改变我们的基本目标和课程。无论律师的职业生涯最终如何，他都必须在合同法、侵权行为法、公法和财产法方面接受广泛且基础的教育。法律教育面临的最严重的问题是如何招到合适的教师来教授应该教授的东西。"

一个规模较小且建校时间相对较短的"B"级日校，其院长也认为有必要让他的学生做好担当任何角色的准备,他也意识到了这种角色上的扩张是必要的。然而,他却一直无法扩大学生的数量,直到有了新的设备。他说:"法律专业的毕业生应该能够在最传统的意义上从事法律工作,但也应该拥有开阔的职业观念。"

没有一所"C"级或"D"级法学院的院长说他的学校的目标是满足法律专业教育全部阶段的需求。

来自"A"级日校的两名院长提出,法律教育的目标应该是,培养能成为社区领袖的从业者。两名院长都表示这意味着需要改变,这种改变确实会发生,然而这种改变发生的原因是毕业生的职业变化,而不是源于学生或教师的研究或实践经验。

> 如果毕业生只是处理商业事务的工匠和技术人员,而对其他一切都不感兴趣的话,那么,法学院的毕业生将无法很好地应对如今的复杂问题。我担心的是,如果律师不是领导者的话,他会变成什么样。
>
> 律师们需要接受培训,以便在民权和国际法等问题上更多地作为领导者参与社会事务。

另外4所"B"级日校的校长也以同样的方式表达了这一观点:

> 我们的主要工作是以提供愿意参与公共事务或愿意为企业起到辅助作用的毕业生的方式,来提高专业性的质量。

> 我们的目标是使学生从法律中学到东西,因为懂法律的人是最有能力成为社会领袖和国家领袖的人。
>
> 法律教育的两个最重要的目标,是吸引并保护有创造力的年轻人,并让他们做好成为社会领袖的准备。他们需要认识到,在实践领域以外,还存在不同领域内公认的责任重大的领导职位。
>
> 法律教育是一种关于行使权力的培训,而这种培训必须包括对行使权力的所应承担责任的意识。在这所学校,我们非常重视传统的法律分析,这种分析很轻易转移到主题可能不是法律素材的情况。

大多数"C"级院校的校长都认为实践并非法律教育目标的重点。其中,有2所"C"级学院的院长强调了领导能力培养对法律教育的重要性。其中一所相对大型的"C"级学校的院长说:"法学院应该培养出能够发挥领导作用的从业人员。"

另一位夜校院长说:"法学院必须让课程跟目前的社会热点保持联系,并激励学生为社会做出贡献。"……

大多数的"B"级以及"C"级学校认为培养学生成为实践者才是法律教育的目标。"A"级学校中只有一位院长认为培养实践型人才才应是法律教育的目标,这所学校兼备日校与夜校课程。其校长说:"在私人执业以外的领域,也会逐渐增加对律师的需求。但是,法学院应该适应最高的艺术——执业者的艺术。"

大多数"B"级和"C"级院校的院长的发言都与此相呼应:

> 在这所学校,我们有双重目标:教授法律知识以及律师

的应用技能。然而这就要求学校积极参与解决社区的问题,并寻求更高级的,可以提供监督作用的实践经验。……

一个法学院不能忽视所谓"低级工作"的培训,因为这种"低级工作"将会是1/3的律师的选择。我们希望他们能够成为政策制定者。但是将一所学校太多的资源投入到关涉当前问题的政策上,风险真的是太高了,你的学生们在未来并不会研究现在所面临的问题。

无论日间课程还是夜间课程,都应回应公共服务对于律师的需求,如何进行更多法律的实践,以及一些跨学科的学科方面,如亲属法、刑法、国际法……

律师工作的理论和实践两方面的教学,法学院都不能忽视。

法学院应该满足各个层次的优秀律师的需求,比如热爱法律并愿意为其奉献的人,或毕业后希望持续学习法律并将其作为兴趣的人。在某种程度上,法律培训是在比如律师道德、诚信、爱国主义、没有生活恐惧、愿意面对法律问题等方面上的精神培训。

法学院必须坚持着一种足够广泛的哲学方法,来创造出专业人才,同时提供必要的专业培训,而不只是为"法律"这座工厂制造齿轮。

一所"C"级夜校的院长说:"我们希望毕业生不仅要从事法律工作,而且要推动这个专业前进与发展。"

一些未经批准的学校,全部都是夜校,而且资源水平处于"D"级,这些学校的院长也表达了他们培训执业者的目标:

> 我们试图培养出能够成为执业者的学生,我们聘用的教师都在执业,能够在教学中运用他们的日常知识。
>
> 学校会培训学生基本的法律实践能力,这种基本能力,即使在专业领域的律师事务所也是需要的。……

其他资源较少的"B"级多部门法学院的院长,在表达他们的基本观点时措辞并不是那么地雄心勃勃:

> 法律教育的主要问题是如何获得足够多的好学生,再让法学院向他们讲授法律、法律制度和法律方法的本质。
>
> 预测未来不是法学院的工作。我们现在正在做我们应该做的事:对学生进行培训,包括理论,以及不需要经验也可以学会的部分。
>
> 法学院应教授学生法学的哲学、背景、发展以及理论,并开设"实践"的选修课程。"……

一些"C"级多部门院校的院长也有类似方式的发言:

> 法学院必须在培训中结合学术兴趣和专业兴趣。
>
> 法学院应该尝试深入研究学科领域而不仅仅是调查课程,我们应该有更多的研讨会。在法学院可以进行一些实践的灌输,但理论还是最重要的,其次才是实践。
>
> 我们必须训练律师面对任何法律问题的能力。最需要的是推理和分析能力,并非所有法学院都需要提供政策方面

的培训,对比起来学生们应该学习基础知识,并知道什么对于他们来说是最重要的。……

对于未经批准的"D"级夜校的院长来说,教授法律基础的意义有些不同:

> 我们的目标是提供法律培训,因为法律培训即使没有完成,也有助于商业,或者帮助人们成为更好的公民,提高他们的生活水平,并在他们的家庭中产生普遍影响,例如让他们多关心孩子的教育。……
>
> 学生不仅需要在案例中进行培训,还需要在法律的因果逻辑关系中得到训练。我们招聘年轻人作为教师,因为年长的男性教师倾向于教授规则,他们对法律的发展不感兴趣。
>
> 我们必须培训律师,让他们了解我们的法律制度是以案件增长的规则为基础的,必须强调案例分析,并了解适用规则的原因。
>
> 法律越来越复杂。律师倾向于专攻,然而,当他们还是学生的时候,并不能真正地了解他们在专攻些什么。因此,法律教育必须是普遍的,比如在一所本地学校,那么你就应该给出普通法规,并解释当地规则是如何与之相关的,这样对学生来讲会好理解很多。

读者们可能已经注意到,大部分拥有较多资源的学校将法律视为处理社会问题的方式之一,这说明这种学校和其毕业生对法律法规技能的发展有极大的影响,而资源较少的学校则更倾向于将法律视为学生将要执行的规则体系。

如果这些观点反映在学校的课程和课堂中,可能会影响学生的职业兴趣和能力。因此,法学院的申请者在申请时可以比较各个学校的毕业生在做什么,以及学校倾向于提供什么……

(美国法学院协会)

第八章　法学院和法学专业学生[1]

一、法学院和职业的选择：对1972届学生的研究

法学院招生的拒绝率相对较高，这便意味着大部分的学生并不会将法律作为他们的首选，然而这也意味着学生们确实认真地考虑了他们最终的选择。同样，虽然职业选择因学生和学校不同而有所差异，但法学院毕业后做什么是所有学生都必须面临的问题。我们试图以这两点为中心进行了研究。

（一）法学院的选择

在6所法学院的样本中，835名学生接受了采访，回答在他们决定就读某所法学院的过程中，预先给出的哪些选择原因起到了

---

[1] 选自《弗吉尼亚法律评论》(59 *Virginia Law Review* 551 [1973])，1973年第59卷，第551页。本文讨论了斯蒂文斯教授对波士顿学院、康涅狄格大学、爱荷华大学、密歇根大学、斯坦福大学和耶鲁大学6所法学院学生意见的调查结果。通过对爱荷华大学、宾夕法尼亚大学、南加州大学和耶鲁大学4所法学院的校友进行问卷调查获得了校友的意见。

一定的作用……

其中影响学生们的决定因素可以被归为特定几项。无论选取哪一个法学院的受访者，都会提到法学院的质量、地理位置、在该学院所在地进行执业的意愿以及学院的声望。同样重要的还有经济因素、毕业后的就业机会以及学院对于社会科学的定位这3个选项。家庭传统以及学院对于实践的定位这2个选项几乎没有人选择。

（二）学院之间的比较

不同的法学院采用不同的方式吸引学生。"质量"对于大多数学生来说是一个突出因素，尤其是对于那些进入波士顿学院和耶鲁大学、斯坦福大学和密歇根大学这3所"全国性"法学院的学生而言，更加关注到这一点……同时这些学院的"声望"都非常高。目前对于质量以及声望的概念，似乎更基于学院整体的声誉，而不是其特定的知识。例如，在调查中只有小部分的学生承认他们被某些教授所吸引。在受教师声誉影响最大的耶鲁大学里，也只有26%的学生表示他们被某些教授或教授团体所吸引。在这方面，"全国性"学校和"地区性"学校之间没有总体的区别。例如，与斯坦福大学或密歇根大学的学生相比，对于爱荷华大学的学生来说，教师声誉更重要。

在报考某个法学院的决定上，地理位置似乎有两种影响方式，分别为：能够让学生暂时享受当地的法学院，最著名的有斯坦福大学和波士顿学院，以及能够让学生最终安顿下来的法学院，最著名的有康涅狄格大学和波士顿学院。对于一些学生来说，这些因素可能是相关的。但地理位置作为动机最有趣的方面是，除耶鲁大学和密歇根大学之外，其余所有的法学院中有超过一半的学生对在当地实践有浓厚的兴趣。

对于那些上公立学校的人来说，经济动机似乎特别重要。在康涅狄格大学的日校有75%的受访者提到了"便宜的学费"非常重要，爱荷华大学有64%，康涅狄格大学夜校有45%，密歇根大学为26%。而在另外3所我们样本中的私立学校，只有一个特立独行的人，毫无疑问是出于诙谐的幽默感，提出"便宜的学费"作为选择学校的理由。

就业率对于国立大学的学生而言比对私立学校的学生更重要。57%的康涅狄格大学夜校学生的回答便是如此，大部分学生希望有全职或兼职工作。康涅狄格大学日校学生有21%，爱荷华大学有17%，密歇根大学有11%，波士顿大学有10%，耶鲁大学和斯坦福大学均有7%，将外部就业机会视为一项重要的动力。

经济援助也会吸引学生，无论公立还是私立。爱荷华大学排名第一，有超过1/4的学生回答经济援助是他们选择学校的一个重要因素。耶鲁排名第二，斯坦福排名第三。后面的学校可能只是通过提供财政援助计划来弥补他们更高的学费和缺乏的就业机会。

对于大部分受访者来说，选择某所学校的决定并非是"完全自由"，而是遭到首选学校拒绝后而做的决定。波士顿学院有32%，康涅狄格大学日校有22%，康涅狄格大学夜校有8%，爱荷华大学有14%，密歇根大学有26%，斯坦福大学有21%的学生都曾被他们的首选学校拒绝掉，耶鲁大学则没有。因此必须根据这些被拒率来考虑学校的选择，无法上首选学校无疑会迫使学生们重新调整对学校的选择。

几乎 3/4 的耶鲁大学学生都反馈,学校的社会科学声誉、法学研究的理论导向是他们选择学校的重要因素……然而其他学校却很少有学生受到这些因素的影响。

另一方面,对于进入波士顿学院、康涅狄格大学日校和爱荷华大学的学生而言,课程的专业定位非常重要,而这点在其他地方却几乎可以忽略不计。总的来说,除去在社会科学声誉方面相当重视的耶鲁大学,当学生选择法学院时,课程类型是一个相对没有分量的考虑因素……

(三) 法学院和法律职业生涯

……绝大多数法学院学生都有足够的时间专注于法律专业,并计划在法学院毕业时参加律师资格考试。在回答这个问题的 831 名学生中,只有 0.2% 的学生表示他们绝对不会参加律师考试,92.5% 的人表示他们一定会参加律师考试。剩余学生都是还没有做出决定的。仅耶鲁大学和爱荷华大学两所学校"未定"回答的比例高于平均值。受访者普遍认为,进入法律专业领域是法律教育的目标。

就专业领域为论点的反馈非常广泛……

当被要求详细阐述"你如何看待你未来职业生涯的大部分时间",从提前准备好的一些工作的选项中选择一种类型的工作时,我们的绝大多数受访者都认为自己的大部分职业生涯会作为律师度过,无论是在传统还是非传统的法律领域。

1972 届中,每 6 名学生就会有一名表示希望在其法学院所在州内的小型律师事务所里进行私人执业。然而,有这种"传统"

职业抱负的学生在学校中的分布非常不均匀,在这方面,"地区性"和"全国性"学校之间没有分界线。例如,斯坦福大学 1/5 的学生计划在加利福尼亚州当地的小型律师事务所执业。然而总体来讲,在所有的法学学生中,20.6%的学生表示,他们预计会将大部分职业生涯都花在某个地域的某个"小型"律师事务所里。

1/4 多一点的受访者希望可以进入大型律师事务所执业。这里出现了一个特别有趣的统计数据:在所有的法学学生中,只有 2.8%的初入学学生回答工作首选为"华尔街"律师事务所。以耶鲁大学为例,近年来高达 35%的毕业生被著名的华尔街律师事务所聘用,然而只有 9 名学生(4.4%)曾表示他们希望去华尔街。这份统计数据可能会产生误导,因为学生显然不愿意让别人知道他们把去华尔街作为进入法学院的理由。

受访者中意图私人执业的学生总共占 46.3%。第二普遍的职业抱负是与法律改革有关的工作。几乎 1/4(24.6%)的人计划他们的职业为公设辩护人、法律援助、民权或公民自由工作,以及类似于律师公社这种激进的法律活动。其中有近一半的学生希望从事民权或公民自由的工作。虽然这个问题的详细结果,包括有关联邦政府工作或法律教学的询问,已在前面讨论过,但当时得出的一个答案尚待进一步分析。

我们问学生们,在毕业后的 10 年,他们希望能赚多少钱。正如预期的那样,回复率低于大多数其他问题。一些学生表示,他们无法估算自己未来的收入;另一些人则认为这个问题不恰当并拒绝回答。其中有一个可爱的回答:

> 我想要么一年赚不到 3 000 美元,要么赚到 100 多万美

元,因为无论哪种极端情况,钱都不重要。你问这个问题是打算干啥?这是60年代,不是50年代。

尽管有这样的顾虑,835名受访学生中仍有775人估计了他们未来的收入。

所有学校的预期收入中值为每年2万~2.9万美元。耶鲁大学和斯坦福大学高收入预期的学生比例最高。在1972届中,斯坦福大学有70%的学生,耶鲁大学有60%的学生希望到1982年,他们的收入能达到7万美元左右。密歇根大学排名第三,有42%的人期望收入达到7万美元左右。同时,密歇根大学的学生在最低收入的期望上表现突出。密歇根大学有12.7%的学生表示在1982年收入可能达不到1万美元。

当然,学生的收入期望可能反映的是学生自身的经济背景,而并不是他的实际职业期望。收入预期未能反映出,在耶鲁大学的学生中,希望从事法律改革或法律服务活动的比例最大,而在爱荷华大学和密歇根大学的学生职业抱负更为传统。有趣的是,尽管耶鲁大学和斯坦福大学的学生群体最为激进,但同时他们也有最高的收入期望。

二、职业化过程:第一学期 课堂体验

(一)耶鲁大学的第一学期职业化过程

我们关于职业化所进行的最细节的研究,是对耶鲁大学的第一学期法学学生的采访。本研究的目的为从法学学生对教学方

法的目的的感知、对这些方法的反应、他们对法学院的智力满足程度和情感反应，以及法学院所引导的具体行为模式等方面，来分析法学学生的第一学期体验。

（二）教学方法和目的

耶鲁大学法学院学生第一学期有 4 门必修课：宪法、民事诉讼法、合同法和侵权法。其中一门课由 15~18 名学生组成，并有一些写作的课题。其余 3 门课都是由 75~90 名学生组成。

……我们主要感兴趣的是学生们对法学院的目的和性质的看法，以及他们多大程度上认为法学院是一种职业培训，还是更广泛的教育经历。为了探究这些问题，我们问他们认为法律教育的目的在于"技能"的传授，还是"基础性知识优势"的转换。我们没有定义术语。此外，我们还询问了他们对法律教育内容的建议。

在接受采访的 50 名学生中，只有 4 人对耶鲁大学在技能与基础之间取得的平衡感到满意。31 名受访者认为，与基础内容相比，技能更被强调，甚至是过于强调了。还有 6 名学生认为耶鲁大学教学方法的目的是学习法律的基础内容。

受访者对基础内容和技能的划分是模糊的。大多数人认为技能的概念是一种思维模式，或者说一种意识："学习如何以某种方式思考。"在试图描述一种思维方法的过程中，也出现了类似的粗略概念："像律师一样思考""交易技巧""逻辑推理""学理解释""法律与其他学科之间的界限的定义""概念的操纵"等大量的特征被提出……

只有在涉及有形的和技术性的"技能"时，受访者才开始更具

体或更精确地定义"技能":

> 你被教导要用具体的规则来思考:这些规则是如何形成的,如何运用这些规则,它们意味着什么。课堂上的公开演讲,在某种角度上也是一门课程。你被教导如何抛开潜意识专注地思考,如何利用图书馆的资源,如何写一份法律备忘录。并不是直接简明地告诉你合同法是什么,而是用一些接近合同的方法来让你明白合同法可能是什么。

学生在第一学期无法准确描述他们所声称已经学过的"技能",对此可以做出一种假设。法学院并没有有效地实现传授"像律师一样思考"这一目标,因为教员们本身也无法识别出这些技能。结果就是,受访者相信了他们确实是在学习技能,因为这里毕竟是法学院。另外,回答的质量可能只表明,对定义问题的口头回答从本质上不精确。这也说明,上了10周的法学院,学生们还没有牢固地掌握所学的一些概念。

正如我们注意到的,只有6名学生断言说教学方法的目的主要是传授内容,然而,对"基础"的描述并没有比对"技能"的描述精确到哪去。有一种典型的回复:"基础"就是"在一个学期内尽可能多地接触法律研究的广泛领域"。总之,我们发现学生对法律教育的目的并没有明确的定义。

(三) 教学方法与知识满意度

在实际采取的教学形式方面存在着更大的一致性。当问及法学院所采用的主要教学方法时,38名被访问者中有30人的回答是苏格拉底教学法[1],他们认为这是一种思维模式。而当要求详细说明时,他们强调两个特点:其目的,即对抽象思想的一种关注;以及其方法,即为一种面向案例的对话的使用。没有人专门用这些术语来描述所谓的教学方法,但是所有的回答都强调了这两个特征,他们对于这两点不同的侧重,可能是他们对于第一学期教学方法的个人经历的投射。

对于那些特别关注思考过程的人来说,所谓的苏格拉底教学法,意味着一种最常被称为"批判性思维"的技巧的发展。受访者指出了材料的初步分离和后续的结合,思维中谬论的识别,以及由某些假设产生的影响的发现。

这些观点与那些强调苏格拉底教学法为一种课堂教学的受访者的观点截然不同,他们认为:课堂教学是一种交流,是学生和老师之间的一应一回。强调课堂教学方面的学生,也有两倍的可能性注意到教师的主导课堂作用,无论是他提出问题,还是他做出判断性的回应。

鉴于存在着对案例课和苏格拉底教学法的强烈批评……也许令人惊讶的是,只有1/3的受访者轻视这种方法。在50名受访者中,则有14人最担忧它可能会贬低学生身份或是令学生受到屈辱。9名受访者还回答了这种方法可能造成的混乱,其他9

---

[1] 所谓"苏格拉底教学方法",是指在与学生谈话的过程中,并不直截了当地把学生所应知道的知识告诉他,而是通过讨论问答甚至辩论方式来揭露对方认识中的矛盾,逐步引导学生自己最后得出正确答案的方法。(金炳华:《哲学大辞典》,上海辞书出版社,2001年)"苏格拉底教学方法"自始至终是以师生问答的形式进行的,所以又叫"问答法"。它为启发式教学奠定了基础。苏格拉底倡导的问答法对后世影响很大,直到今天,问答法仍然是一种重要的教学方法。——译者注

人则声称它忽略了法律的基础，5名学生说苏格拉底教学法会引发不相干的讨论，3名学生抱怨它会流于儿戏，还有2名学生说它会造成少数人垄断声音的现象。

只有6名受访者对苏格拉底教学法给出了满意的评价。他们纷纷强调它的娱乐性和活泼性。一位受访者指出了苏格拉底教学法的高度个人主义特征，无论是从它所允许的精湛技艺，还是从它所引导的个人反应来看：

> 在一节课上，我并没有觉得老师让我尴尬，也没有觉得我没读过这本书是件坏事。不过，我能感受到我让他失望了。我认为这是一种非常私人的关系，他应该是想和每名同学都建立这种关系……我从来没听过他为了一个答案而贬低任何人，不管这个答案错得多离谱。他总是先说"很好"，就像标准机制一样，"很好，你说出了答案，但是，我认为你错了"。或者，"现在，让我们这样来看"。因此，在那个班的人感觉他们必须诚实，而且是非常诚实，因为他对他们非常诚实。而且有几次他因为误解了别人，或者只是他在某一个问题上误导了别人，他都会道歉。他真的非常公平……

受访者对苏格拉底教学法没有表现出简单或模糊的概念，这种不确定性可能反映了很多种在任意一个机构都能实行的教学解决方案，以及任何一种教学方法在不同的实践者手中呈现出截然不同的面貌的可能性。有10名学生认为，特色教学方法仅在形式上与苏格拉底教学法相似：

第八章 法学院和法学专业学生

> 苏格拉底教学法是一种工具,可以从环境的关键因素中挑选出真理的核心,但这里所讨论的并不是这种方法。

此外还有:

> 我发现我对老师的普遍印象是,他们并没有非常明确地了解为什么他们在教学,或他们在教什么,或他们的教学会有什么价值。我认为他们的信心以及自信的散发并不是一种欺骗,但总感觉隐隐约约有些做作,我不喜欢。

那些谴责苏格拉底教学法不确定性的学生经常提出,在法学院的教学中,讲座应该得到更广泛的应用,尤其是在那些似乎漫无目的的大课上。8名受访者认为,讲座可以使讨论更富有结构感,这样便回应了"在苏格拉底式的课堂结束时,你是否学到了什么东西?"的批判,并使教师能够直接描绘法律的现状。

即使认识到了讲座教学法的优点,但其优势是不值一提的,因此没有受访者建议用它来取代苏格拉底教学法。学生们渴望从教授那里得到更明确的陈述,而且不希望自己的热情反而被熄灭。他们担心,无论是讲座还是苏格拉底教学法,教授统治这种现象都会使讨论过于僵化,而且会限制问题的范围和其解决方法。因此,他们同时也要求更有条理地表达基础内容,并对教师在课堂上的过分干预抱有敌意。

对法学院传统教学方法的最后一个具体的反对意见是,它未能鼓励创造性。这一说法是由5位受访者提出的。正如一位同学所说:

> 我看到过很多次,有的刚开始学法律的同学会在课程与外界问题、社会问题或更大的哲学问题的联系上有一些很有趣的观点。但他们经常会被无视,或者被否认……可以看得出来我们的思维会被塑造成更精确、更墨守成规的样子。

也许这种失去创造力的感觉在后来的学期中消失了;但是在法学院学习10周后的反应非常重要。

最后,50名学生中有7名虽然无法追查他们不满的根源,但他们对课堂的知识氛围产生了相当大的不满。他们认为这种教学方法"带来了嘈杂和空虚",疏远了师生之间的距离,而且需要的"情感投入"太少了。另一方面,发现法学院比大学更能满足学生智力需求的9名学生中,有6名学生将其归因于他们在法学院课堂上所表现出的更强烈的目的性。他们将这种目的性与学生更广泛和更热情的参与以及教师更高的教学标准联系起来。

总而言之,学生对教学体验的反应是多种多样的,即使是对教学方法持否定或不确定态度的受访者也是如此。这种多样性在一定程度上反映出了不同的讲师会让学生有不同的经历,当然,学生的性格不同,反应也会不同。但如果这些差异能完全解释这些反应,那将是令人惊讶的。相反,苏格拉底教学法的辩论技巧以及学生对法律实质的观点似乎没有有效地结合在一起。

(四)情绪反应

40名受访者指出,法学院的教学方法给自己或他人造成了课堂焦虑。20名学生报告称,他们的个人焦虑程度很高,这使得课堂气氛充满敌意和争斗。许多人用丰富多彩的隐喻来表达他们的感情。他们把引导人描述为"可怕的初审法院法官""调查官"或"猛击的对手"。所有表现出紧张的学生都认为,他们能察觉到教师的敌意,并会受到某种程度的恐吓。其中14名学生将这种紧张情绪归因于自己的敏感。一些人指出他们会"病态地害怕在课堂上被点名"。尤其是在更大的课堂中"害怕在许多你不认识的人面前被暴露为一个弱智"。另一些人则表现出一种较为温和的焦虑,只是回答道"有些尴尬"。这些受访者即使在没有引导人的情况下,也不愿意让自己受到同龄人的轻视和嘲笑。

另一方面,有20名受访者表示,他们很少或几乎没有在课堂上感到过紧张,其中11人将这归因于分层不严重的评分系统减少了竞争心理。也有其他的稍微不那么起决定性作用的原因:随着学生逐渐习惯了教学技巧,自信取代了焦虑;学生开始意识到其他同学也处于同样的处境;意识到课堂上的恐怖元素对于培养律师"好斗"技能是必要的;以及意识到教授们的敌意并没有自己以为的那么严重。

第二种最常被提及的回复,是课堂上的热情程度或无聊程度。在讨论这个问题的12名学生中,有9名承认自己对法学院的教学方式感到厌倦。这种反应基本上是由以下4个方面所影响:工作的重复性,教学方法的一些缺陷,法学院本身在有趣经历方面与大学和其他地方相比稍显逊色的倾向性,还有一种无法解释的"乏味"。然而只有少数受访者认为法学院枯燥乏味。

情绪反应似乎包括挫折感,这种情绪虽然与无聊或焦虑有关,但更多的却是被单独提及的。10名学生断言,法学院是一段"令人不安"的经历,课堂讨论模糊不清且没有结论,大多数班级规模庞大,一些学生感受到了随之而来的隐身感。正如一位受访者所言：

> 我想每个人一开始都有点不知所措。你就像是被扔进了游泳池，被迫游泳。这让人无所适从，却又只能随波逐流。你只是把自己投入整个环境中，并试图找到出路。

另一位受访者更清晰地指出：

> 它就像一个拥有自己的小结构和幻想以及一切的世界，你必须进入它，完全忽略现实并在这个世界发挥作用。过了一段时间，你就会觉得再也受不了了，你只能像喝药一样按照剂量服用。就像我有一个朋友正在谈论他是如何决定自己成为一名电影制片人，一个电影导演；几周后，除了想如何导演电影，他什么也想不出来。他说他在大学里从来没有这样做过。现在他在法学院，他开始对这些着迷了。否则他会开始读普鲁斯特（Marcel Proust）[1]的小说什么的。

（五）逃课和课堂回避

为了对教学质量有更准确的观察，我们要求受访者估计他们大概去多少次讲堂，并解释为什么不去上课。4/5 的人回答说他

---

[1] 马塞尔·普鲁斯特（1871—1922），20 世纪法国最伟大的小说家之一，意识流文学的先驱与大师，也是 20 世纪世界文学史上最伟大的小说家之一。作品有：《欢乐与时日》《追忆逝水年华》《让·桑德伊》《驳圣伯夫》等。——译者注

们经常上课。那些不经常去上课的人所解释的原因,都会和以前对法学院的批评有关。他们特别指出,他们的课程缺乏实质内容,脱离实际,或由少数人主导。

因此,学生一边诋毁着教学质量,但一边还是会照常上课。事实上,有很大比例的学生,尽管缺乏知识上的满足,还是会经常上课。这个比例包括许多出于习惯或担心"可能会错过某些东西"而参加的人,尽管他们没做任何准备。另一些人则认为,通过上课可以获得少量无法通过其他途径获得的非常有用的信息。"经常去上课"的人中对讲堂表现出真正热情的人还是很少,只有 1 名学生对讲堂的出勤表现出了真正积极的态度。

鉴于这些态度,我们试图调查据学生们说为"应付"案例方法而发展起来的技巧,并以此调查法学院的知识的准确性。我们询问受访者,他们是否注意到同龄人中有一种避免个人参与课堂的倾向,如果有,则确定其发生率并试图解释这种倾向。受访者描述了他们观察到的各种回避策略,在某些情况下,他们自己也使用了这些策略。最独特的回避行为包括给教授写个便条,要求除非学生主动提出,否则不要点名;或是当教授要求学生回答时,以学生不同意整个教学技术为由拒绝回答。更典型的策略是,等教授点名一位同学,而这位同学的名字按字母顺序与他相近,然后在课间休息时离开教室,或者被点名时做出高度含糊其辞的陈述,根本不回答,或者回答"我没有准备好"。一名学生这样描述这个过程:

> 事实上,我认为我的回答可能算是非常典型的。3 个大课中的 2 位讲师都知道我是谁,我一直都坐在一个固定的座位,如果我没准备,就像有一次我被点名的时候,我只是说:

"很抱歉,我还没读那个案例,我没准备。"然后他就会跳过我继续点名下一个人,通常这就是没做准备的人的反应。而第3个大课的老师就会说:"我不管你做没做准备,站起来,回答问题。"所以我每次都坐在不同的座位上,这样他就不会知道我是谁。有一天,我被点名了,但是我没有应答。他一次点了大约10个人,没有一个人回应,但他们都在讲堂里。

所有的受访者都曾观察到过一些回避策略,到目前为止最常见的是回答是"没做准备"。这个回答适用于这两种情况,一种是学生真的没有做准备,另一种是学生事先做了准备但不愿回答。第二常见的策略是被点名时保持沉默。

不幸的是,这些回避方法往往掩盖了不愿意参与的真正原因。回避可能不仅源于学生准备不足,还可能源于学生的个人性格和感知到的课堂氛围。我们的大多数受访对象都同情他们的同学使用回避策略。事实上,大多数受访者认为,当前通行的教学方法不仅阻碍了学生的参与,而且还迫使学生设计回避策略,以使他们的个人学习机制能够和平运作。[1]

5名受访者表示,只有对做了准备但因个人原因不愿意参与

---

[1] 一位受访者如此总结这种情况:"在大学氛围里,你被激励进行了大量写作,做很多独立课业,不断地努力,尤其是在课堂里,没错你就是被激励才那样做的。然后你来到这里,'啪'一下被扔到一个大班级里,在这里当你打算说什么的时候就像是在冒险,毕竟关于法律你知之甚少,所以在知识层面上你就是在冒险,我说的不是身体上的冒险,而且甚至真的有人会打断你。然后大家会怎么做?我观察了很久,越来越发现我是对的,大家会慢慢地学会不说话,学会闭嘴,非常多的人都是这个反应,因为他们知道,说话会让他们尴尬到死,像是掉脑袋。"

课堂的学生,才会赞同其进行回避行为。另一小部分受访者表示,可以赞同但无法容忍回避行为。还有 4 名受访者认为成功的课堂表现是成为一名律师的必要表现,因此,这种表现应该被当作课程的一部分……

(六) 第一学期的期望落差

在学生们反思法学院的宗旨时,许多之前讨论过的主题再次出现。近 1/4 的受访者表示,他们的预期与他们对法律研究重点的调查结果存在显著差异。大多数人惊讶地发现,学校的主要重点是专业培训。他们对这一启示的反应各不相同。一位受访者说:

> ……我来这里的心理动机是,想要利用它作为一个机会来扩展我的博雅教育,这样一来在未来我可能更吃香,前提是如果我,你知道的,决定成为一名律师的话……但是这个地方有点像一个贸易学校,我越来越觉得我的这个理由在这里不太成立……

另一位受访者,后来才慢慢有些许满意,他表示:

> ……我觉得事实上有更多的问题。我想在此之前,我对处理广泛的社会政策是有个大致印象的……后来我逐渐认识到,如果不首先了解法院案件的基础,这种对广泛的社会政策进行理解是不可能的,就像要盖楼房你要先打好地基一样……

因此,尽管据称耶鲁大学以"教授法律的精神而非最好的法律"而闻名,但根据大部分受访对象的回馈,这种主流的教学观点是贸易学院才应该有的教学观点。只有 4 名受访者,承认了他们对于这种"法律学院"的方法抱有期望。

(七) 1970 届学生进入法学院的动机及第一学期的反应

为了找出至少几个会影响学生对法学院的兴趣以及参与的因素,我们希望将学生们第一学期的兴趣和参与,与学生当初进入法学院的动机联系起来……

……这些动机的分类来源于我们已经探索的一些基本的动机。第一类是法律学生的个人经历,如受老师或朋友的影响;第二类是与法学院框架内经历的时间有关,如对科目的兴趣;第三类是指从法学院毕业开始的时间框架,如专业培训。关于参与度,我们在第一学期使用的 3 个衡量指标分别是:对法学院学习的兴趣程度、用在法学院学习的时间以及参与法学或其他课程非正式讨论会的频率。

……第一学期是否具备激励性与学生在未来对法律这个科目产生的兴趣高度相关,并会影响学生是否会学习法律。在剩下的激励因素中,专业培训这个因素,在对学科的兴趣、经济回报和独立性之间徘徊。

这些结果似乎表明,激励因素对于法学院框架内的时间描述得越明显,第一学期法律教育内容的兴趣度的关联度也随之增高。与法学院毕业后所期望的活动有关的因素,如经济收益、独立性、处理他人事务、职业声望等,与第一学期的兴趣没有正向关联。介于两者之间的是对职业培训的渴望,就其所涉及的时间范围而言,这可以被视为是一种中间的过渡。简而言之,上法学院的好处越直接,第一学期的兴趣就越大。冒着过于简单化的风险,那些把法学院视为一种手段的人似乎没有将其视为一种目的的人那么热情。

三、法学院的观念变迁

(一)对法学院的一般反应

我们向1960届和1970届的学生提出了一系列问题,据此探究他们对法学院的反应。当然,1972届只在进入法学院时曾接受过调研。我们首先向1960届询问他们是否觉得法学院很被需要。所有学校中持肯定观点的人数比例都略低于一半,南加州大学有49%,爱荷华大学有44%,宾夕法尼亚大学和耶鲁大学均为38%。更进一步,当问到更具体的问题"相比大学,你们花在学习上的时间是增多了还是减少了"时,1960届的学生回应说法学院比大学耗时更多。在1960届学生的回复中,爱荷华大学的90%的学生、宾夕法尼亚大学的81%的学生、南加州大学的79%的学生、和耶鲁大学的58%的学生,对这项调查表示肯定。

相比1970届学生的回复,在耶鲁大学,1970届有47%的学生认为法学院比大学更加困难。而10年前,64%的人认为法学院更加困难。尽管耶鲁大学的变化比其他大多数受访学校都要大,但总体数据显示,1970届的学生认为,无论是在区域性法学院还是全国性法学院的困难程度都要低于1960届的学生所经历的学习难度。

132　　在比较法学院和大学的教学质量时，我们再次发现对法学院教育的认可度在下降。在 1960 年的调查中，每一所学校都有 60%~72% 的受访者表示，法学院的教学比他们在大学里的经历要好。到 1970 年，没有一所学校的这一比例高于 60%，而在耶鲁大学，只有不到 50% 的受访者认为法学院的教学质量更好。此外，在每一所学校，认为法学院教学质量低于大学教学质量的比例都有所上升。

在课程的选择方面也有明显的差别。在每一所学校，1970 年的律师资格考试被认为是比 1960 年更不重要的课程选择因素。在耶鲁大学，大多数人认为准备律师考试"没有意义"。在 1970 届的受访者中，他们也普遍更坚持地认为，对某一学科的真正兴趣左右着他们对课程的选择。在 1960 年，上述 4 所大学均有 51%~77% 的受访者表示，对学科的兴趣非常重要，而到了 1970 年，比例上涨到了 70%~84%。

近些年的学生似乎不仅仅把教学质量看得更重要，而且更享受与教师之间更为融洽的关系：目前有很大比例的学生感到他们与教师之间有着"温暖、自由和非正式"的关系。在这个方面，耶鲁大学是除外的，有研究表明师生关系在 1960 年最为密切，而在 1970 年最不密切。这可能与耶鲁大学 2 学年的"政治"事件有关。然而，与此同时，学校里越来越多的学生对教师比较冷漠或有敌意，由此看来，越来越严重的两极化正在发生：越来越多的学生与教师相处得非常好，同时有越来越多的学生非常不喜欢他们。

在过去的 10 年中，学生之间的关系似乎也发生了变化。我们询问了不同组的法律系学生，他们认为自己的同学竞争能力如何……在宾夕法尼亚大学和耶鲁大学,1960 届学生中认为学校具有竞争力的比例高于 1970 届。在爱荷华大学和南加州大学,只有 1970 届的学生觉得法学院更具竞争力。

同样,当被问及"法学院是否比大学更具竞争力"时,耶鲁大学和宾夕法尼亚大学只有少数学生给出肯定的回答。而爱荷华大学和南加州大学则有相当多的人认为法学院的氛围比大学更具竞争性。总之,相比于 1970 届,1960 届有更多的人认为法学院课程更有刺激性,也更困难,而在爱荷华大学和南加州大学,法学院的学生则是认为法学院的气氛变得更具竞争力了。

最后,以工作以外的方式所进行的**学术参与**为参数,我们对比了 1960 届到 1970 届的学生对法学院课业的投入度。关于兼职与全职之间问题的研究,美国法律教育的历史上一直都有。根据我们最初的资料,这个问题还没有被解决。先除去耶鲁大学,1960 年我们的样本法学院中有大部分的学生参与过兼职或全职的工作。到了 1970 年,在爱荷华大学、宾夕法尼亚大学、南加州大学,每周工作超过 20 个小时的学生的人数均有减少,虽然只有在宾夕法尼亚大学这个指数低于了 50%。1970 年,耶鲁大学有 2/3 的法学学生在外面都有工作,与之相比在 10 年前,1960 年这个指数在差不多 50%。法学院仿佛成了一个"兼职工作的象征",随着这个现象分布得越发广泛,对美国法律教育长期影响的严重性也逐渐增加。

(二) 校友对法学院的看法

当我们考察校友对教育过程在职业化方面的回忆时,未回答的问题逐渐变多。许多校友觉得法学院的氛围很重要。他们还强调了"教师在课堂上"的表现,以及对于"课程的理解"在学生们的法律教育上也很重要。教师们在研讨会上的贡献得到的重视虽少,但仍然相当可观。然而,很明显,在耶鲁大学和宾夕法尼亚大学,研讨会的重要性要明显高于地方学校。在我们的校友样本中,65%的耶鲁大学受访者和45%的宾夕法尼亚大学受访者认为研讨会的作用非常重要,而爱荷华大学和南加州大学的比例分别为14%和8%。每所学校都有1/3~1/2的受访者认为与教师的关系很重要。另一方面,这4所学校中每所都有2/3~3/4的校友报告说,学生组织对他们的法律教育没有任何贡献。

当被要求考虑那些对他们的法律教育存在"有害"影响的方面时,更多的受访者认为"大班级"高于一切其他因素。1960届毕业生中,近1/3的人认为上大班是"有害"的,其中各个大学有高有低,最高的是南加州大学,比例为38%;最低的耶鲁大学,比例为19%。有趣的是,关于"有害"这一点,1960届毕业生既没有提苏格拉底教学法,也没有提学生之间的竞争。在耶鲁大学的样本里,37%的学生认为他们的法学教育中最重要的是苏格拉底教学法;而据哈佛大学研究,这个比例甚至为47%。没有一所学校有高于10%的校友认为苏格拉底教学法是"有害"的。这样看来,尽管1970届校友们对大课堂并不满意,但他们显然没有对苏格拉底教学法产生的心理影响表现出敌意。

……校友们表示,他们对自己接受的法律教育基本满意。

然而,当被问及一个改编自《哈佛校友研究》(*Harvard Alumni Study*)的问题,即他们是否为如今的法学院为学生所做的工作感到满意时,校友们犹豫不决。我们通过考察校友对法律教育课程改革的建议,进一步探讨了这一问题。总的来说,两个最受欢迎的改进建议是更加注重实际的法律问题和提供课程以外的培训。有趣的是,每所学校的毕业生中只有很小一部分人建议减少跨学科的方法,以及减少对实践问题的关注,或者不做任何改变或改进。

最后,我们向样本中的校友询问了他们对母校的总体感受。大多数校友都为自己的学校感到骄傲,尤其耶鲁大学毕业生所唤起的感情更是明显,而这与1970年耶鲁大学毕业生的观点形成了鲜明对比。我们只能抱着好奇心,去揣测在以后的未来里这些观点是否也会像红酒一般,随着时间的推移而变得越发醇香呢……

四、法学院的目的

当被问及他们的学校实际上对实体法教学的重视程度时,这两个年级有很大差别。例如在南加州大学,1960届81%的学生认为这所学校"非常重视"实体法;而1970届仅有13%。爱荷华大学也呈现出显著的下降趋势,耶鲁大学和宾夕法尼亚大学1960届的学生所给出的答案本身就不高,而回复在1970届更是进一步呈下降趋势。最近毕业的学生中越来越多的人认为他们的学校不重视"黑体字"法律[1],这可能进一步证明学校之间的相似性越来越大。

1970届的学生认为实体法教学不如以前。到1970年,尽管

---

[1] 一种非正式用语,用来表示被法院普遍接受的或体现在某一特定司法管辖区的制定法中的基本的法律原则。——译者注

每所大学的学生都认为重点应该放在实体法律上面,然而付诸实践的就只有南加州大学,其大多数学生真正地认为实体法教学得到了"高度的重视"。同样,1970届的毕业生认为法学院对程序问题的重视程度远不如前。除南加州大学外,1970届学生中,认为程序性理论和规则应当被淡化的比例比1960届要高。尽管如此,在所有学校中,2届学生中的大多数都认为有必要给予比现有更多的关注。

关于法律研究和法律写作的精通性问题,4所学校中有3所反映重视程度有所下降。只有南加州大学的回复清楚地表明,这10年来对法律研究和法律写作的重视有所增加。在爱荷华大学、宾夕法尼亚大学以及耶鲁大学,都有证据表明,对法律写作和研究的重视程度有所下降。数据再次表明,法律教育理念落后于那些准备日益充分的学生,这些学生在大学里已经习惯了大量的写作和研究项目。这一说法已经得到了支持,无论哪所学校的2届毕业生中,都有高比例的学生认为,关于法律的写作以及研究,学校们应该比目前所报道的再多给予一些"重点关注"。此外,除了南加州大学的法律研究和耶鲁大学的法律写作之外,认为应该把重点关注放在这些方面的学生比例在1960届至1970届期间有所上升。

在20世纪60年代,"人际交往技巧"开始流行起来。然而,1960届和1970届的2届学生都表明,没有一所学校把"重点关注"放在培养学生的"沟通能力"或"谈判能力"上。尽管法学院的全部课程没有反映出对这种技能培训的重视,但每所学校的校友都对其表现出了相当大的热情。此外,1/4~1/2的受访者认为,这些方面在未来会被"重点关注",抱有这种想法的人在各届学生中逐渐上升。

与这类技能密切相关的能力还有"调查案件事实的能力"和"口头辩护的能力"。在1960届和1970届中,只有不到10%的学生认为这两种因素中的其中一个受到了"重点关注"。然而,所有学校的2届学生都认为,在理想化的法律教育里,这些能力应该会受到更多的重视。这些反馈虽然没有明确的模式,但结合在一起会含蓄地展现出一条建议,那就是法学院应该教授更多的"实践"技能。

在20世纪四五十年代,对教授社会政策目标的关注成为改革者的口号。可是,除了耶鲁大学,1960届的学生并不认为他们的学校十分重视"运用法律手段来实现政策目标"。到1970年这届学生进入法学院时,所有学校都显示出学生中声称非常重视这些问题的比例显著增加。尽管如此,在所有的学校里,仍然有一种感觉,认为应该有更多关于社会政策目标的教学。可以说,人们对社会政策作为一门研究课题的兴趣日益浓厚,这反映出法学院被人们视为了一种研究生院,尤其是那些认为法学院是影响社会变革的权力基础的人。

在我们挑选出来进行研究的法律技能中,最具争议的恐怕是"选择要实现的社会目标"的能力。这些发现很有趣,在1960届,只有耶鲁大学有高于10%的校友认为这项能力受到了重视;而到了1970届,耶鲁大学的这一比例有所下降,这或许能反映出教师团队的观点或构成发生了变化。与此同时,爱荷华大学和南加州大学对这项技能的重视程度迅速提高,而宾夕法尼亚大学只是稍稍有所提高。总的来说,每所学校的2届学生都认为,"选择要实现的社会目标"能力应该受到更多的重视。

尽管美国在法律教育上的贡献是巨大的,但外国观察人士普遍对美国在法律哲学和法学理论上的贡献持怀疑态度。我们的研究数据表明,美国的法学院确实不是很重视法学理论,甚至其他三项研究也表明这种不重视情况在不断加重。而这种情形下有一个例外,也就是南加州大学,在其长达10年的课程改革中,法学理论得到了特别的重视……

一般来说,法律伦理的教育在地方学校比在国家学校受到更大的重视。因此,南加州大学给人一种"国家大学"的印象,因为它显然不太重视法律伦理的教育。南加州大学的1960届的学生中,74%的学生都认为法律伦理受到了极大程度或一定程度的重视;而到1970年,这个数字下降到了13%。

然而每个学校的学生都认为法律伦理标准是应该得到强调的,但这一观念在这10年中似乎有所减弱。例如,在宾夕法尼亚大学的1960届学生中,10%的学生认为法律伦理受到了极大的重视,并有38%的学生认为法律伦理应该受到重视。而在1970届学生中,数据则分别变成了2%与18%。

(罗伯特·史蒂文斯[Robert Stevens])

第九章　学生选择课程的因素[1]

我感兴趣的是耶鲁大学法学院的学生是如何选择他们的课程的,以及为什么接受或者拒绝他们的课程,以及他们感觉到了什么变化。接下来是结合受访学生的观点进行的梳理,不仅仅是作者的看法,其中也包括一些不是通过正式采访所得到的反馈。

作为最初的类型划分,学生们将自己定位为以下3种类别中的一种(当然存在着一定的重合):"企业类型""知识类型"以及"法律类型",最后一种类型包含了绝大多数人。

"企业类型"的学生把自己看作是在为大型公司进行必要的管理功能的培训,而这通常分为两种情况。第一种情况是打算在某个大公司工作的,要么跳过学徒期直接开始正式工作,要么在度过1~2年的学徒期之后再正式开始,职位可以是这个公司的法律部门,也可以是这个公司的法律顾问,但无论是什么职位他们希望最终被升职为管理者。而另外一种情况的学生,并不认为规模够大的公司就可以,他们更希望进入那种比起法律建议或咨

---

[1] 这是一篇尚未发表的论文,作者理查德·林权缇是科罗拉多律师协会(Colorado Bar)的成员,同时是耶鲁大学法学院1974届的学生。

询更注重企业实践管理的公司(华尔街或类似的公司)。看得出来,这两种人都有可能最终为一家公司工作,而这两种人的共同特点是,他们更喜欢的是管理,而不是法律事务。

"知识类型"的学生是为了一种学术追求而进入法学院的,对这种学生来说,这跟进入艺术学院或者科学学院没区别。一般情况下,这类学生会希望从事教学工作,而不一定是法律方面的工作,或者是一些与法律的实际应用有间接关系的、以社会为导向的职业。尽管这类学生从很多方面来讲可以说是与"企业类型"完全相反的对照物,但在某一个点上这两类学生反而有些相似,那就是法律的学习对他们来说,这是一种让他们进入生活中其他领域的工具或途径。换句话说,他们无意成为一名执业律师。

第三种"法律类型"的学生包括所有剩下的学生,他们进入法学院的目的是成为律师。他们对他们想要什么样的实践没有固定的概念,但他们可能会排除某些领域,如刑法或国内法。这类学生即使是那些被吸引到"华尔街"的人,也和第一类"企业类型"的学生是不同的,因为他们知道自己的职位与管理的职位有很大的不同。社会意识以及法律职业承诺是不同的,这些以及其他无数的因素影响着课程选择的过程。但这类学生具备最出挑的核心思想和动机。

我们的采访没有什么拓展性,也不具有真正的代表性,所以必须重申我们目前假设的性质。在进行了 3 次采访(2 名一年级学生和 1 名二年级学生)后,我脑海中就出现了"管理类型"这一概念,这种类型我一开始并没有考虑。但他们的谈话方式对我来说是全新的,我试着思考是什么让他们与其他受访者和我自己的经历不同。其中 2 个学生似乎很适合这种类型,而第 3 个人有意识地拒绝了它。

一个二年级的女学生,对于如何制定她的课程有非常明确的理解。她比其他任何学生都强调讲师的性格,但她也说了,只有在同一学科的教师之间做比较,才会发现性格是最重要的。此外,她非常重视成绩,当讨论下一个学期的时候,她特别排除了一门课程,因为据说这门课的教授给的分数很低;而她之所以选择了某门课程,很大程度上是因为据说这门课的教授给的分数很高。她解释说,评分很重要,这不仅是因为"公平"(分数本身代表了个人表现),也因为她不明白为什么要冒风险考低分。

她选择的课程更偏向企业领域(相比其他法律领域和非法律领域)。事实上,她认为她的选择中要么是企业法,要么是类似刑法的非企业法,而这些与"社会学"课程毫无关联,但在她看来这根本不重要。她更是表明,下学期她会选择保险法,来"广泛化"她下学期的课程(企业重组、反垄断、企业收购和外企税收)。她并不介意这种已经脱离法律的课程情形,也不在乎什么方法(例如,讲座或是苏格拉底式教学),她也不反感"思考",事实上,她会根据她的观察,夸赞某位讲师,或者批评某位讲师。

除此之外还有两点,她和"企业类型"的学生在选择课程时都很少考虑律师资格考试(但其实他们具备学习能力);还有,她和"企业类型"的学生似乎都异常(以平均标准衡量)专注于课程,而且都会避免参加活动,因为他们为课堂准备投入了太多精力。

尽管不是那么清晰,但一个一年级的学生表达了与她非常类似的态度,事实上,有人可能会说他完全没有方向:他来法学院仅仅是因为他一直想上法学院;他不确定自己想做什么,尽管他认为他会教书(非法律专业)。他说自己来这里是"为了思想",

并且特别想上麦克道格尔教授[1]的课。他第一个学期的经历似乎比大多数人都要痛苦,他和他的小组老师相处得一点也不好,他说他差点就从法学院退学了。在第二学期,他选择了自认为是"理论"的课程,除此之外他还选择了商务课,因为在第一学期的学习引起了他对自己的"处理生活实践方面的能力"的好奇心。

当我在4月中旬再次与他交谈时,他的整个选课做法已经发生了巨大的变化。他告诉我,他之前一直对理论和"思想"感兴趣,但后来他发现他对理论完全不感兴趣,第一学期之后选择的理论课程因为某些原因令人十分不愉快;最后他说,商务课是他选过的最好的课。"我以前从没想过我会有商业头脑,但现在我发现我有,我很高兴。"然后他的反应是,他打算下学期只选择"商务"课程(他甚至还在考虑转到哈佛商学院)。他主动提出,若将法律研究一分为二的话,那就是理论("胡扯""教师准备""成绩单上全是不好的东西")和实践("公司")。他还是谈论"思想",但只和"真正的"企业和管理工作有关。("我仍然可以接受麦克道格尔教授,但只能说我理解过他。")

另一名具有经济学背景的一年级学生,与前两名学生不同,他为了进入法学院而放弃了一个商业机会。他仍然不确定自己想做什么,也不确定是什么让自己决定来法学院,但现在他来到了这里,他对课程选择有两个基本目标。一是选一些"有趣的"

---

[1] 麦克道格尔(Mynes Smith McDougal),美国国际法学家,现代综合法学中法律政策学的创始人之一,耶鲁大学教授。主要著作有《未来的法律学派:从法律实证主义到世界共同体的政策科学》(1943)、《法律在世界政治学中的作用》(1949)、《为政策的目的进行的法比较研究》(1956),以及同H. 拉斯韦尔合著的《法律教育和公共政策法》。——译者注

课程,悠闲娱乐一点,这种情况下讲师和悠闲的节奏可能比课程本身更重要。(然而这都是出于舒适度的考虑,他避免选择早课以及星期五晚些时候的课。)二是选一些(但不是全部)基础的课程,这样当他决定从事法律工作的时候,就会有这些基础课程作为支撑。他不反对偶尔参加一些"哲学性"而非法律性质的课程。他既不喜欢分数的压力,也不喜欢面谈,但他承认,最近他发现,可以预见这些东西可能很快就会变得重要起来。("我现在觉得,一些大学荣誉学位课程没什么坏处。它们在以后会有所帮助。")

正如我所说过的,大多数学生的目标基本上都是法律职业。他们对法律职业有不同程度的投入,然而他们甚至对于是什么构成了这个"投入"也不清楚。人们带着不同的背景和期望来到法学院,有不少人是一直都打算进入法律行业的。但若要人们三心二意地投入到"律师"课程中的话,看起来也花不了多少时间。

第一学期对学生有很大的影响。对许多学生来说,这让他们失去方向感;对另外一些学生来说,这是一种重新定位;对其他学生(但绝不是所有学生)来说,这是一种创伤。他们的职业概念非常模糊;几乎所有的受访者都表示需要立即学习法律专业的课程。学生接触到大量的法律领域,而相应地,这些领域对细节处理能力的要求是全新的,许多人觉得自己没有能力处理这些问题。在第一学期快结束的时候,他们感到时间带来的巨大压力,当他们选择第二学期的课程时,他们已经为第三和第四个学期预设了其他课程。此外,当学生们作为一个小组参与到这一过程中,就形成了一个非常相似的印象——(这些课程)如果不是关于律师做什么,那么就是关于律师应该知道什么。

当然，这其中更复杂和重要的是，即使是在4个学期之后，学生的职业目标也并没有很好地形成。与第二学期的学生不同，第四学期的学生可能选择了律所实践而不是政府工作，或者选择了中型律所而不是大型律所(所有这些都是暂时的)，但他可能会对自己想做什么表示不确定。部分原因是学生们认识到某一领域的实践可能与在法学院的该领域研究并不相同；部分原因也是对专业化或无聊的恐惧。"让选择更开放"的主题不断出现。学生选择各种各样的"实用"课程就多半出于这个原因；他们不会选择专注于某个领域，还有其他原因，因为这样做(在他们自己和未来的雇主看来)似乎是在选择职业模式。

对就业、简历和面试的考虑也有助于形成对"选择"的态度。几名在一家律所实习的二年级学生在他们的第一个暑假，经常谈他们自己有能力处理以前在课程中从未涉猎的法律领域。一名学生的律师事务所合伙人告诉他，除了一些基本的知识外，在法学院学什么并不重要。学生们还提到了面谈，在面试中，他们被告知某一领域的实践不同于相关学科的课程。然而，人们认为对广泛的法律知识基础的需求并没有减少，也许是因为他们不信任或害怕律所和面试官。还有一种可能是，学生从一些他们有更多直接接触的教师那里得到了不同的"信号"。

在另一个层面上，学生似乎将课程分为"理论"和"实践"两类，而后者更符合他们对自己应该做什么的想象。即使是通常为日常课程做好充分准备的学生也很少愿意花太多时间"思考"，如理论化。这似乎并不意味着他们缺乏社会意识，因为课外讨论法律"应该怎么样"的情况并不少见，但许多学生认为课堂是一个不适合深入研究此类问题的地方。这在第二年更加明显，《法律杂志》、模拟法庭或立法服务等途径被用于帮助"政策咨询"。追求某些特定知识兴趣(如历史)的学生,很可能与法学院的课程脱节。当法学院开设这类兴趣课程时,学生们认为这些课程与众不同,他们可以接受,但与他们作为律师的训练无关。一致的课程主题,是对"在我们的社会中没有使用这个政策"的敌意和反对"旨在提高相关意识和发现问题"的课程;他们认为后者在很大程度上是不必要的,因为他们认为自己已经意识到了,且因为他们正在寻求答案,而不是更多的问题——有关方法和"法律"的问题,也不是困难。他们还指出,无论如何,没有一门课程不会引发问题,但"'律师'课程"至少会在"一定背景下"提出问题。

这样的学生常常被认为很好胜。我们不愿对这一立场进行争论,只是这一点有待商榷。特别是到了第二年,学生们知道了同学们的成绩和成就,但我们没有感觉到由此产生的太多敌意。一方面,学生们似乎从一个事实中得到安慰,即一个大多数人得到"令人欣慰的"中等成绩。其次,学生们可以通过其他途径(在期刊上发表小论文、参加活动)来满足他们"脱颖而出"的需求。另一方面,学生们并没有表现出不合作的态度;他们分享笔记(只要他们不认为自己是"夹带"他人通过一门课程——对学生而言更重要的是道德而非竞争),一起学习考试,且通常是建设性而不是破坏性的,例如,作为期刊委员会来决定是否让其他同学的笔记"发表"。即使是在模拟法庭比赛中,也有思想和案例的分享,以保证比赛或口头辩论(顺利进行)。

对于大多数学生来说,第一学期的前两三个月对于"法律"方向的发展至关重要。虽然最初阶段的面访往往集中探讨苏格拉底教学法的缺点——骚扰、纠缠不休、自我游戏等——通常在三四十分钟之后,面访的重点就转移到这样一个事实上,即学生接触到的法律概念、术语和学说对他来说都是陌生的。每门课程都让学生接触到大量的特定课程以外的法律知识,而且只有当一个人理解了他人,这门课程才被真正理解了。学生们意识到,如果想要得到符合新兴产业的法律能力,就需要学习很多东西,这让他们高度意识到自己的学习时间是有限的。因此,一名学生在进入法学院之前,可能已阅读课程清单并对《法律与现代化》《法理学》或《奴隶制法》课程感兴趣,那么他们现在就需要均衡地学习各项课程,而非他对《财产法》《税法》和《统一商法典》的单一了解。

实际上,这并不意味着一个以法律专业为导向的学生不会在某些时候选修"理论"课程,而只是意味着他会迅速地从不同的角度来看待整个课程。有一些有趣的课程,就像奢侈品一样是真实存在的;然而还有一些有趣的课程,能够帮助一个人成为律师。在后一类中,有些是不好的,但总的来说,这些课程被视为简单有趣和有用的。

学生们发现,很难说清楚他们如何知道某些课程是"有用的"或"必要的"。一般来说,小组、班级、学校形成了共识。部分原因在于学生们接触了入门课程,还有部分原因在于同行意见。通常在选课的时候,和你交谈的人会告诉你,要成为一名律师,你需要了解一些必要的知识,而只有在法学院,才是学习这种知识的好时机。即便在法学院以外有一些不同的想法,但通常也不会改变这种氛围。第一年暑假在律师事务所工作的学生被告知,他们可以在法学院学习任何他们想学的课程,却不会给他们获得一份工作或从事法律业务的能力带来明显帮助或阻碍。其他学生在求职面试中被告知，法学院的特定课程并不能真正让你为实践做好准备，例如，证券课程对证券工作没有必要。因而，学生不能接受他们可以或应该选修几乎所有课程的结论。他们希望在他们的课程中接触到实践，无论这种课程与实践相比有多么不完美。几乎所有人都觉得，只要他们还在法学院，就有义务学习法律课程——通常被定义为强调实践法律概念的发展，而不是探究社会或政策发展的问题。

尽管学生们的社会意识通常很快就会形成，而且这个过程还会持续进行，但对一些学生来说，他们自身的社会化比其他学院的学生更循序渐进。有2个大一年级的学生就是很好的例子，他们都拥有社会科学的学位。在他们入学的时候，他们都不太确定在法学院毕业后要做什么，但2人都明确考虑过成为律师的可能性；一个犹豫不决是否进入律师事务所，另一个则没有考虑。现在，2人都希望自己能在律师事务所工作，尽管他们都没有拒绝其他可能性。通过他们过去的行为以及言辞可以明显看出，两者都是具有社会意识的人。但是比较他们的思考模式和态度很有意思（他们分别名为查克和迈克）。

在查克第二学期的5门课程中，他认为只有一门是与法律实践直接相关的课程，甚至刑法这门课程也是必修课。但在第二学期，查克已经开始觉得有必要集中精力填补他"法律"教育的空白。回想起来，他觉得自己对法律实践的兴趣超过了当时的预期。第二学期的课程让他不满意；他认为课程提出了更多的问题，而不是提供一些最终的答案。因此，他未来的计划是学习"必要的基础方法"。事实上，他下学期计划修的课程包括《税法Ⅰ》《劳动法》《行政程序》和《高级研究方法》（针对他所从事的一个与实践相关的实证项目)。

然而,值得一提的是,尽管思想发生了变化,他的理想没有改变。他认为,职业具有明确的内在满足模式——它们可能是道德上的回报,也可能不是——但他也看到了自己在法律职业中所希望得到的潜力。因此,他现在会考虑为某些律师事务所工作,因为有机会做公益工作,也因为他喜欢"同事关系"。与一年前的想法相反,他现在发现一门课程和一种明确的职业模式之间没有必然的对应关系;正如他所说,"一个人可以在学习税法的同时,仍然为一个道德上不大令人满意的大企业工作",然而,学习一系列法律社会学课程可能会让他无法获得一个令人满意的法律职业——"为人们做事"。

相比之下,迈克的社会化速度更快。在面访过程中,有三个相互关联的主题得到了讨论。他觉得他的毕业实习是一段很好的经历,使他对各种社会问题产生了兴趣。但在为论文做实地调查的过程中,他也意识到理解问题和解决问题的能力之间的差距。当他在一个黑人城市社区工作,观看"工作中的联邦项目"时,他想到了法学院(学到的知识)。他注意到社区的问题以及沟通的匮乏。

他说,第一个学期让他意识到有大量的"法律"需要学习,并且要专注于方法的研究,而不是提出问题。("社会学教给了我所需要的政策方向的知识。我可以明确地表达政策的问题,但现在我需要的是技能。")与此相关的是第一学期出现的一个挑战,即要在进入法学院之前考察他对"硬法"的理解。这似乎比在个别课程中他计算如何帮助贫困社区更难。结果,他选择了业务部门I,发现它太笼统,他现在认为有必要对公司和股东征税。同时,他表示想要避开熟悉的事物,获取新的技能;因此,他选择参加律师工会,而不是法律服务,以便获得出庭的机会。

第三个主题与他职业目标的改变有关。现在,他更明确地期望自己能在律师事务所工作(作为从事对社会有益工作的载体),他认为自己的研究生生涯会是障碍,因为律师事务所会以老师的身份看待他。因此,他得出结论,有必要通过添加一些更早参加的实践课程经历来完善自己的简历。另一方面,我们建议他写得更详细精确,因为他将提前参加"艰难"的法律课程(如业务部门I)。他可能会发现自己在法律培训方面还有更多的空白,他可能会觉得有必要在接下来的学期中填补这些空白。

几乎所有的学生都表示,在选择课程时,导师可能是一个非常重要的考虑因素。在对所有可想到的因素进行排名时,教师通常仅排在课程内容之后(有时排在第一位)。但通过面谈的提炼,可以看出这一因素的模糊性。教师可以成功地"着色"("coloring")学生在一个领域内的兴趣,但似乎有太多的其他考虑妨碍学生排除他别的"选项"。同时,出于为个人、专业的原因而没有充分准备材料和(或)课程本身,老师的失败可能让学生逃避某些法律领域——至少直到学生觉得他可以区分他的厌恶是由于自身原因还是教师。然而,几乎所有学生都对某位老师教授的一系列实践课程表达了敌意,但由于律师考试材料的重要性,这些课程的招生人数一直都很高。在"软法"或"非实践课程"中,教师的负面影响很难评估,因为这些负面反应往往与对于课程或领域本身的挫折或失望密切相关。

还有一个层面我们可以看出学生对教师的反应。我们最初认为受到欢迎的选择是因为老师非常"有趣";他(公认地)给低分很少或高分很多;他的演讲风格和课堂气氛;他对某一课程内容的智力投入;以及他的总体声誉(可能在法学院之外)。虽然几乎所有的学生都认为,在选择某门课程时,教师可能是一个非常重要的考虑因素,但这一因素对学生课程的总体影响似乎非常有限。因此,有趣的是,探究教师的那些特点实际上影响着特定课程的选择。

有一个幽默风趣的老师确实是一种福利,但有一名学生提出,他从来没有仅仅或主要出于有趣而选择一门课程。学生并没有太多考虑接受一个导师的引导或选择一个简单的荣誉课程带来的前景,但事实上,一个很少给学生低分或挂科的老师对于某些学生可能是重要的,特别是当课程的收益或效用很少时。学生们似乎更倾向于避开那些他们觉得给分太低的,而非很少给低分的老师。

大多数学生非常注重教学风格和课堂气氛。尽管学生与教师的兼容性似乎无法用是否有用来描述,但从学生的角度来看,他们似乎能强烈地感觉到一门课程是否教得好。第一学期的经历经常被描述为课堂上的敌意或痛苦,但随着所学课程的增加,学生们开始更多地谈论大多数教师试图使用苏格拉底教学法的无意义性。我们得到的印象是这两种想法是相关的。第一学期经历的挫折——一种他们觉得无法处理的新的被提问和回答问题的方式,以及让他们意识到有多少与"法"相关的学习——二者造成了一道鸿沟,这道鸿沟最终被混合型的、实践导向的课程所填补。这进而导致了学生们开始寻找愿意提供"答案"的教师。一位一年级的学生表示,他需要一位能够提出"更清晰的概念界定"的老师,但他反对某位经常提出"随意的""天马行空的"问题的老师。另一名一年级学生说,他不喜欢压力,更喜欢"填鸭式教学",不过他不介意与更"学术"的导师进行深入探讨(但他只愿意与这类导师中的其中几个进行探讨)。

然而,二年级学生通常不太愿意让自己受制于任何特定的教学方法。虽然有些人提到了"填鸭式教学"或"固化法律",但他们往往说的是"沟通"或"一种清晰的理解感",这无法进一步阐明这个主题。当然,我们不知道一年级和二年级学生之间的这种差异是否与我们采访的人、不同课堂的类型或二年级学生更广泛的经验有关。但一年级的学生只经历过一次考试,并且采访范围限定在这学期的一部分上(大约3/4的时间),在这段时间里,他们很有可能会因为难以掌握全部课程而产生挫败感。反观二年级学生,他们经历了三次考试,当他们第一次被迫将课程视为一个整体的时候,他们会发现大多数课程的内容都是井然有序的。他们不是根据一个容易分辨的方法来评价老师,而是倾向于强调这个或那个老师"做的笔记很好",这可能是"填鸭式教学"的结果,也可能不是。

因此,总体而言,教师的特点并不是影响课程选择的最基本因素。但是一旦学生决定某一门课程或某一类型的课程必须上,那么,老师是谁以及学生如何评价他,往往会决定学生会在什么时候上这门课。因为一年级的学生持有更多的黑白分明的观念,他们似乎更愿意把"教师"作为首要考虑因素。此外,当多个教师在同一时间或在连续的学期里教授同一门课程时,他们是否能为这一学科提供广泛的、不同的方法是非常重要的。

评分制度往往对课程的选择有决定性的影响,它与学生个人的好胜心和成功欲是息息相关的。对于二年级的学生,如果选修的荣誉课程不超过一到两个,那么分数对他们而言就是不被认可的。对认可的需求在一定程度上受到课堂经验的影响,尤其是在前几个学期。在课堂上,有一两个学生自愿回答问题,且他们更有可能被老师不定期地点名——他们似乎总是准备好回答问题,可能还会开玩笑。一个班级是如此之大,老师在通常情况下几乎没有可能或很少点到一些学生,而有时这些学生努力学习,想要拿到的成绩不只是通过,却仍然仅仅只能拿到通过,他们就会产生在人群中被遗忘的危机感。

有过这种经历的学生,他感觉到自己需要得到关注或者他的学习需要得到认可,就会寻找获得认可的途径。他可以直接参加研讨会,在那里他可以发挥更重要的作用。为了在求职面试中脱颖而出,他可能会参加各种各样的应用型课程。他也可以参加课外活动。

我们发现,在选课过程中,无法确定个人成绩起着怎样的作用。通常学生自己也不确定他们是在遵循年级、导师还是课程。对于大部分的学生而言,如果他们选了同一老师的两三门课,并且每门课都成绩优异,那么他们中有更多的人会以同样的频率上同一名老师的课,而且每次都能通过考试。似乎更合理的假设是,总体成绩影响着一个人的课程和活动,但大体上而言,任何单一成绩的影响都不会很大。

(理查德・林权缇[Richard Linquanti])

第三编

就业市场

第十章 市场概况
——律师过剩了吗?法律服务行业:结构与前景[1]

一、概述

从 1960 年秋季到 1972 年秋季,法学院的入学人数增加了一倍多。1972—1973 年的法学院毕业生人数约占 1972 年全国律师总人数的 30%,而 1960 年至 1961 年的法学院学生人数仅占所有律师人数的 15%。法律媒体和美国律师协会对潜在律师浪潮可能会对律师的收入和每位律师提供的法律服务数量的需求产生何种影响表示震惊。在经济学家看来,他们担心的似乎是关于全部或部分律师的收入都在下降,或者该领域的失业率在上升,这将迫使一些受过法律培训的人去寻找其他工作。

为确定大量新律师涌入法律行业是否确实会减少收入或促使成功执业者从事其他领域的工作,有必要:(1)审视法律服务行业的结构——第二节的第(一)(二)部分;(2)确定律师收入的

---

[1] 选自《法律教育期刊》,1973 年,第 26 卷,第 1 页。

决定因素——第二节的第（三）（四）（五）部分；（3）根据这些发现，尝试预测目前和潜在的律师人数增加是否会减少部分或所有律师的未来平均收入，如果是这样，收入是否会减少到迫使一些执业人员离开法律服务领域去从事报酬更高的工作（第三节和第四节）的程度。

二、法律服务业的结构

（一）加入

1. 教育的准备。进入法律行业的第一个门槛，也是一个相当大的门槛，就是大学学位。即使大学没有毕业也可以进入法学院的这条路正在迅速消失。1951年，只有16%的美国律师协会认可的法学院要求四年大学教育，而在1972年，这一比例为85%。

上法学院是第二个门槛。很少有州仅仅基于校外实习就允许一个人参加律师资格考试，而这是律师取得执业资格的第一步。首先，申请人必须被法学院录取，他被录取的学校的质量取决于他本科学校的声誉和他本科成绩的好坏，以及几乎所有法学院都要求的法学院入学考试的分数。当然，在任何一年，每所学校能为新进年级提供的名额有限；较好的学校往往会因为超过容纳量而拒绝许多完全合格的申请者。学校是否获得认证可能成为入学的障碍，因为在1972年，有33个州要求法律教育必须在美国律师协会批准的学校里进行。

从法学院毕业已经成为第三个门槛。如今，在大多数州甚至要求申请人参加律师资格考试之前,必须拥有法律学位。

尽管美国律师协会统一了各种标准,但法学院的情况并不相同。"国家"学校、"地方"学校和"市立"学校在一般质量、学生组成和学生期望方面差别很大,第二节第(四)部分对此做了更充分的讨论。按照法学院入学考试的衡量标准,越好的学校招收的学生法律素质越高,大学成绩也越好。

学生可以进行全日制或非全日制法律院校学习。1972年秋季,在美国律协认可的法律学校中,有79%的学生是全日制的。自1959年以来,这一比例一直在增长,当时比例为70%。虽然大多数法学院的学生都在美国律协认可的学校,而且都是全日制学生,但那些未经认可的院校绝大多数是非全日制学生(通常为夜校生)。全日制学生需要3年的时间才能获得基本的法律学位,即法律博士(J. D.)。非全日制学生通常需要四年或更长的时间才能取得法律学位。除了极少数例外,"国家"法学院并没有设立非全日制法律博士学位。

1949年二战后直到20世纪50年代中期,法学院入学人数持续下降。直到1960年,人数才慢慢增长。自1960年以来,人数已经显著增加(除了1968年,取消了对研究生的暂缓征兵,从而减少了入学人数)。人数增长是戏剧性的。入学人数增加了一倍多,从1960年的43 695人上升到1972年的105 245人。尽管20世纪60年代(除了1968—1969年)的百分比平稳增长,但戏剧性的增长于1970年开始了。1970年秋天,法学院入学总人数为86 028人,1971年秋大有95 943人,1972年秋天达到了105 245人。入学人数的急剧上升让一些法律从业者感到担忧。

一旦进入法学院,获得法律博士学位的道路就不太平坦了。

从 1965 年到 1970 年,从进入法学院到获得法律博士学位为止,学生的流失率约为 37%。大多数辍学是在第一学年到第二学年之间。这一概率呈下降趋势,因为 1966 年入学者就读率比之以往更高。合理的解释可能是,申请者的流动性促使学校更有选择性。

2. 进入法律行业。进入法律行业几乎都要通过州律师考试委员会的考试。有几个州确实允许某些州内法学院的毕业生不通过考试而凭文凭进入法律行业。1971 年,通过考试和文凭特权获得律师资格的总人数为 20 510 人。在美国的 51 个司法管辖区中,律师只能在其中一个司法管辖区执业。然而,大多数州承认,如律师已在另一个州执业 3~6 年,其可"经申请"无须审查。而新入职者必须符合居留条件,经过法律培训,并提供良好品格证明。

并不是所有参加考试的人一次就能通过。1971 年,在 51 个司法管辖区参加单独考试的考生中,平均通过率为 72%,第一次参考者通过率为 80%,而二次参考者的通过率仅为 44%。律师资格考试是一种职业能力的测试,而不是进入行业的壁垒。虽然有些州限制了律师资格考试的次数,但大多数州没有,据一位权威人士估计,累计通过率约为 90%。测试的质量参差不齐,分级不均匀,合格标准多半是灵活的。总而言之,批评人士声称,这些考试不一定是对法学院培训的准确测试。

随着 20 世纪 60 年代法学院学生和毕业生总数的增加,全国律师资格考试的平均通过率从 1959 年的 60% 上升到 1971 年的 72%。

（二）律师分布

1. 律师行业。律师可以在政府部门工作，也可以在私人企业工作；可以进行个体执业，也可以在律师事务所工作（作为合伙人或受聘律师），还可以在私人（通常是公司）雇主那里工作。私人雇用的总人数从 1948 年占律师总人数的 92% 下降至 1970 年的 85%。在私人雇用中，个体执业者、合伙人或受聘律师占人数最多。私人执业者的比例从 1948 年的 89% 下降至 1970 年的 73%。尽管自 1948 年以来个体执业者的人数在不断增加，但其所占比例却从 1948 年的 61% 下降至 1970 年的 37%。律所合伙人的数量大幅增加，他们在律师总就业中所占的比例从 24% 升至 29%。受聘律师通常是大城市律师事务所的领薪雇员，从 1948 年至 1970 年，他们的人数增加了 2 倍，相应比例也从占律师总职位的 4% 增加到 8%。他们在大城市的相对收入甚至更大。

个人执业者的相对衰落和合伙律师事务所蓬勃发展的原因在于行业需求让律师联合起来，使每个人都能专业化，从而提供客户所需的服务。这些组织几乎总是采取合伙形式，因为很少有州允许成立专业公司，即使有这种公司，也很少有律师事务所包含在内。尽管合伙制并不新鲜，甚至亚伯拉罕·林肯（Abraham Lincoln）也有合伙人，但直到 1900 年左右，才有了多达 6 个合作人的合伙制律所。通过这种分工，每位律师各专其业，每个人和整体的生产积极性以及由此带来的收入都会提高。"商业世界的日益复杂，监管机构和规章制度的迅速发展，以及个人多方面的问题，都不利于个体执业群体的繁荣。"尽管官方对于法律职业既不承认也不规范专业化(专利律师除外)[1],但这个领域,至少在大公司中,是高度专业化的,而且正变得越来越专业化。

虽然美国的律师事务所一般由3名律师组成,但这个范围更广。美国律师协会的一项研究显示,约50%的受访者在律师人数为2~5人的事务所工作,20%的受访者在6~10人的律师事务所工作,15%的受访者在11~20人的律师事务所工作。1971年,美国最大的25家律师事务所中,最大的律师事务所(共有240名律师)有109名合伙人和131名受聘律师,最小的律师事务所(共有110名律师)有68名合伙人和42名受聘律师。就合伙人与受聘律师的比例而言,在这25家最大的律师事务所中,只有2家(一家在芝加哥,一家在费城)的合伙人数量超过了1971年的合伙人和受聘律师数量。全国各地的律师事务所似乎更多地将纽约市合伙人与受聘律师的比例作为一个模型;在位于纽约市的美国25家最大的律师事务所中,有13家在1971年合伙人所占平均比例是33%,而这13家律所中只有一家拥有超过36%的合伙人。后文第二节第(五)部分将说明这一点,对于大型律师事务所来说,合伙人比例高是最有利可图的结构。

拥有数名成员的律师事务所的另一个优势是它可能是一个持续经营的机构。一些律所已经拥有了延续两代甚至是祖孙三代的成员关系。但这家律所的寿命不一定那么长。并且其成员的更换不仅因为死亡,还因为其他地方有更好的机会,或者是因为对安排的不满。新成员可能来自外部,或者(更常见的是在大型律师事务所)来自受聘律师的行列。这样的律师事务所通常对

---

[1] 编者按:现在有几个州正式承认某些特定的专业。

他们的员工有"非升即走"的政策。

作为律师的雇主,私营企业和其他公司变得越来越重要。1948—1970年间,私人企业雇用的律师数量增加了7倍,占律师总数的3%~12%。在私营领域,律师行业吸引了最多的律师,在1970年占所有律师的10%。这10%中约有一半在金融、保险和房地产公司,1/4在制造业。

从1948年至1970年,政府雇用律师的比例从12%上升至14%。政府服务由行政和立法部门主导,其中联邦政府是最大的雇主,其次是州政府,然后是市或县政府。联邦政府和州政府的就业数据都在上升,而市和县的就业数据在全国范围内都在下降。1970年,虽然行政部门和立法部门占法律就业的11%,但只有3%的人在司法部门工作。法官人数最多的是市法院和县法院,其次是州法院,最后是联邦法院。虽然司法人员的就业总量绝对上升,但相对于其他部门却下降了。

2. 地理位置。从1951年至1970年,美国律师的总数增长了60%,这一增长速度超过了美国总人口的增长速度。然而这并不令人惊讶,在第二次世界大战后,美国的经济增长相当稳定,因此有猜测认为律师的人数会上升。律师的供应急剧增加,在1966年至1970年期间增加了12%。

由于与经济活动的密切联系,律师在各州的分布并不均衡。最大数字出现在纽约州、加利福尼亚州、伊利诺伊州、得克萨斯州、俄亥俄州以及哥伦比亚特区等"工业"州。美国律师总数的一半左右都位于这6个司法管辖区。在各州,法律从业人口在地理上集中在大型工业、城市中心。放眼全国,1970年40%的律师在50万以上人口的城市工作,62%的律师在10万以上人口的城市工作。对于某些州的城市来说,城市人口集中度高,律师所占比例自然会更高。纽约市是全美律师人数最多的城市,拥有全美62%的律师。芝加哥拥有伊利诺伊州65%的律师数量。值得注意的是,1971年全美最大的25家律师事务所的分布是这样的:纽约有13家,芝加哥有3家,休斯敦有3家,洛杉矶有2家,同时克利夫兰、费城、旧金山和华盛顿各有1家。

律师人数的增长率也因城市和州而异。人口在5万以下的城市从业人员在流失,而人口在50万以上的城市从业人员在增加。在各州中,1963年至1970年间,律师人数增长最快的州是阿拉斯加州,增幅为51%,其次是夏威夷州、内华达州、亚利桑那州、加利福尼亚州和得克萨斯州,所有这些州的律师人数增幅都超过了20%。怀俄明州的律师增长率最低,为3%,西弗吉尼亚州和密苏里州也低于4%。从1963年至1970年,美国各州律师的平均增长率为12%。尽管有6个州总人口有所减少,但没有一个州的律师人数减少。

律师在特定执业情况中所占比例随城市规模的不同而有所不同。私人从业人员的比例并不会因城市规模的不同而有太大的差异,但正如人们可能预期的那样,大城市的私人律师雇用比例高,而那些最大的城市这一比例又会更高。在大城市,法官在律师总人数中所占的比例比在小城市中所占的比例要小。政府的行政部门和立法部门的就业情况似乎正在向大城市转移,这一事实的原因或许可以从联邦机构雇主那里得到解释。

有时当我们观察特定的城市,会发现一些有趣的变化。在大城市中,波士顿的私人执业率最高为83%。华盛顿在私人执业中占最小的比例,正如人们预期的那样,只有34%的私人执业律师几乎平均分配给了个体执业者和合伙人。布鲁克林的个体执业比例最高,为68%。

按城市规模划分的律师执业情况分布也发生了一些变化。在大城市中,尽管绝对数量有所增加,私人从业者的相对数量还是从1948年的90%减少至1970年的70%。个体律师在大城市的相对数量正在下降,而合伙律师的数量却在增加。最显著的变化是受聘律师的绝对数量,从1948年至1970年增加了近4倍,相当于大城市律师就业总数的6%~10%。

3. *流动性*。律师不像一些专业人士那样灵活。律师只能在其获准执业的州内从业。在未获执业批准的州内从事律师工作的惩罚可能包括拒付酬劳甚至刑事起诉。缺乏流动性不仅会影响律师在固定地点亲自为几个州的客户提供服务的能力,还会影响将其住所和业务从一个州永久转移到另一个州的权利。几乎所有州都允许州外或"外来律师"出现在特定案件中,但要求他与案件中的当地律师联系。由于只有6个州没有居留要求,而且有几个州甚至在申请前就要求申请人具备真实的居留资格,所以,在这种情况下,州外的律师很可能无法满足该州的居留要求,即使他"经申请"有资格获得执业资格。"经申请"获准是前面第二节第(一)部分的第1点中讨论的程序。这通常是一种互惠的安排。然而,有些州要求对所有律师进行审查,无论他们以前的经验有多丰富。对律师流动的限制于年轻的律师而言可能是最困难的,他必须在其所希望执业的每个州参加并通过律师考试,因为如果他在一个州的执业时间不够长,就没有资格申请进入另一个州。此外,年轻的律师往往也最渴望流动性的工作,他越来越多地在一个不是他永久定居的州从事临时工作进而累积工作经验。尽管有这些障碍,但全国的趋势依然准许更多的"外来"律师。这个数字从1968年的931人跃升至1969年的1272人。

(三)法律服务需求分析

今天对法律服务的需求主要是制度经济活动所发挥的一个功能。这取决于市场上的公司数量、零售额以及零售和服务机构的数量和规模。虽然对法律服务的某些形式的需求与人口有明显的关系,例如人身伤害诉讼或遗嘱检验,但社会公共机构和那些必须处理这些问题的人对法律服务的需求越来越大。这项工作大部分都是高度专业化的,因此不是个体从业者的领域,更不适合于企业和政府领域的合伙人和受聘律师。

与企业和政府构成的市场相比,由非机构客户组成的市场在各方面都要差一些。由于律师不得发布广告或招揽客户,因此潜在客户可能对费用和服务方面的选择缺乏了解。个人和小型企业通常甚至不了解他们的服务需求。而公司对法律服务的需求是持续的,这些服务费用往往是一个重要的预算项目;因此,这些买家在获得法律服务的决策中可能会更有见地,也更加理性。

虽然法律服务需求的很大一部分可能是不可替代的无弹性需求,但对于法律服务的全部范围而言并非如此,尤其是针对个人的法律服务。银行和保险代理商提供了遗产规划。房地产经纪人与律师在进行土地交易服务上也存在竞争。社会科学家已进入家庭关系和青少年犯罪领域。会计师竞争税务工作。非律师在行政裁判所前争夺着客户。只有大学学历的"律师助理"在大型律师事务所的律师监督下越来越多地从事非研究工作。因此律师经常抱怨这些外行人无证执业。但是法律服务需求仍在继续增长。

(四) 法学院与执业类型之间的关系

一个人所就读院校的水平,以及(在较小程度上)在该学校的学业表现,决定了向每个法学院毕业生开放的执业类型和执业地点。

在私人执业群体中,"最聪明、最有才华的律师主要集中在大型律所,特别是大型私人律师事务所,而这一行业每年吸收的顶尖法学院毕业生比例很高"。除了高级联邦法院的1年或2年司法职务(其中一些可能是毕业生最负盛名的第一份工作)之外,下一个最理想的就业机会是成为知名律师事务所的受聘律师。从学校毕业的年轻律师一开始并不是优秀的从业者。作为受聘律师的5~10年学徒期会提供在职培训,这大大增强了他的法律专业知识。然后他可以在其所在律师事务所获得合伙资格或者可以把这种经验带到一个行业的法律职位上去。但只有大城市的大型律师事务所才能为这样的工作提供大量的机会。这并不意味着较小学校的优秀毕业生不能成为受聘律师,但一般的毕业生可能几乎没有机会。虽然"国立"法学院的毕业生更多选择在由几名律师组成的律师事务所作为受聘律师(并且在其后的职业生涯中成为合伙人)工作,但"市立"法学院的毕业生更倾向于个体执业。虽然企业似乎更喜欢国立学校的毕业生,但这两类学校都不会将更多的毕业生送入政府服务。因此,就读的法学院确实极大地影响了一个人的就业机会。

律师所在的法学院也会影响他的地域流动性。来自"国立"法学院的律师(正如其名称所示)是最具流动性的,能够在几乎任何城市找到工作。"本地"学校的毕业生可能无法在学校所在的城市、州或地区之外获得很大的承认。"市立"学校主要位于大城市,他们的毕业生更容易留在这些城市。

(五)律师收入及其决定因素

长期以来,按照收入分配来衡量,法律行业是公认的最具风险的职业之一。换言之,律师的经济回报非常不平衡。1968年,也就是获取这些数据的最近年份,收入倒数7%或者说超过5 000名的合伙人各自从法律工作中获得的收入不到10 000美元,占法律职业总体收入的18%。前5%的合伙人每人能赚500 000美元或更多,占法律职业总体收入的35%。个体律师的收入分配更加不均衡。1968年,收入最低的19%的律师占个体律师总收入的5%,每位律师的收入都低于10 000美元。个体律师中前8%的收入占总收入的25%,收入超过10万美元每人。虽然这两个类别的一些律师从法律工作中能赚取超过50万美元,但只有33名个体从业者属于这一类别。而对于3 390名合伙人,这种广泛的分散使得未经训练的新手很难预测可能获得的回报。

由于律师收入差异很大,研究人员试图发现这些收入与经验所表明的会影响收入的其他因素之间的关系。律师之间在收入能力方面存在显著差异,这取决于(1)他们的实践类型,(2)客户的性质,(3)他们是否专业,(4)律师事务所或业务的规模以及(5)他们就读的法学院的质量和他们在那所学校的记录。同样重要的是(6)律师的年龄,其所执业的年数以及是否全职工作,以及(7)所执业的城市、州、区域的大小也很重要。

律师平均收入的主要决定因素是实践类型,无论他是私人执业律师、私人执业律师事务所的合伙人或受聘律师,还是政府或企业的受薪律师。私人执业律师事务所的合伙人一直是所有律师中平均净收入最高的人。企业中的授薪律师和私人执业律师事务所的受聘律师紧随其后。在企业和私人执业律师事务所的律师中,企业越大,其平均净收入就越高,这将在后面讨论。政府中的受薪律师在律师行业中收入略低。个体私人执业者平均收入最低。由于数量相对较少或支持性数据不足,这里不考虑法官、民选政府官员、法律教师和其他细微类别律师的工资。

律师收入的第二个重要决定因素是客户的性质。除了少数例外,从个人(而不是企业)客户获得的收入百分比越小,律师的总收入就越高。大型企业客户被许多专业的顶级律师吸引并愿意向大型法律合伙人支付高额费用。毫无疑问,这些律师,无论是合伙人还是受聘律师,以及大公司法律部门,平均收入均高于个体律师、小型企业的受薪律师以及小型律师事务所的合伙人和受聘律师。

规模和专业化是律师事务所合伙人获得高收入的两个关键因素。大型律师事务所合伙人每小时向客户收取高达 125 美元或更高的费用,因为该专家已经在该领域工作了很多年,并且很少花费时间在咨询方面了。但是,从合伙人的收入中扣除必要开销和受聘律师工资后,以每小时 100 美元的中等工作量,每年 1 500 个可计费小时进行计算,合伙人带回家的收入远低于 15 万美元。然而,即使许多合伙人以较低的费率收费,多数合伙人每年的收入也能超过 10 万美元。填补这一差距的额外收入来自这样一个事实,即一家大型律师事务所的受聘律师(通常是合伙人人数的 2 倍)带来的收益大约是支付给他们的薪资的 3 倍。传统的"三分法则"规定,受聘律师至少带来是其薪资 3 倍的收益,其他 2/3 分别为合伙人的开销和收入。受聘律师的时间通常高达 70 美元每小时,虽然他的每个可计费小时的起薪通常为 10~15 美元(例如,1 500 小时×10 美元=每年 15 000 美元)。

法学院之间的关系和特定学校的毕业生的执业类型倾向在第二节第(四)部分中进行了探讨。通过了解某些类型的实践所产生的金钱回报情况(刚刚经过检验),人们可以预测出作为某一法学院毕业生的律师,其预期平均财务情况。来自最好法学院的最优秀学生通常会迁移到拥有最有才华和最专业律师的最大、最好的律师事务所,这些律师事务所位于最大的城市,并吸引人数最多、最多金的客户。这些律师事务所的受聘律师获得相对最高的工资(并期待取得合伙资格);这些律所的合伙人在法律专业中获得最高收入。尽管最聪明的律师可能会获得更高的收入,而不管他们是否就读过最好的学校,但至少对普通律师来说毕业于名声不显的学校似乎是一个障碍。

显然,和大多数职业一样,在法律职业里年龄大小和收入高低呈正相关。以大多数职业为例,一般职业的特点是具备长期的收入能力,直到老年才终止;对于律师来说,收入在 50 到 60 岁时达到顶峰,然后逐渐减少。这一广泛的最高收益高峰可能对新入行者具有吸引力。然而,也有人指出,年龄只是和相对收入分布之间存在正相关关系,这反映了并非所有律师在多年的实践中都能同样成功地提高他们的收入能力。显然,全职从业者从法律实践中获得的收入将超过那些只花费部分时间从事法律工作的人。

律师收入差异的另一个重要原因可能是他们所在社区的规

模。从最小的社区到最大的社区,平均收入可能会增长。1971年,国内25家最大的律师事务所,每个律师事务所都拥有超过125名律师,位于全国人口中排名第1、2、3、4、6、7、12和13的标准大都市统计区(最小的休斯敦在1970年有SMSA人口1 985 000名)[1]。商事企业雇用的大多数律师都在大都市区。并且我们有充分的理由相信许多拥有公司客户的法律专家和律师也位于大城市。

如前面第二节第(三)部分所述,商业和金融活动的数量,特别是企业收入,不仅与律师的地域分布密切相关,而且与其收入的地理分布密切相关。因此,律师的收入因州和城市而异。1968年,伊利诺伊州的个体从业者是个体从业群体中收入最高的,平均收入为15 354美元,远高于全国平均收入11 217美元。同年的个体从业者中收入最低的是南卡罗来纳州,平均收入为5 307美元。至于合伙人,美国合伙律师在1968年的平均收入为26 395美元。范围从弗吉尼亚州的平均35 095美元的高收入到肯塔基州的平均13 689美元的低收入。律师的平均收入也因主要城市而异。在20个SMSA的个体从业者收入样本中,旧金山-奥克兰大都市区(San Francisco-Oakland SMSA)的律师在1967年的平均收入为14 692美元,远高于全国平均水平。明尼阿波利斯-圣保

---

[1] SMSA(Standard Metropolitan Statistical Area),即标准大都市统计区。20世纪以来,美国政府(主要是美国人口普查局)每隔10年会对大都市统计标准进行全面修订,其称谓先后经历了标准大都市区(SMA, 1949)、标准大都市统计区(SMSA, 1959)、大都市统计区(SMA, 1983)和大都市区(MA, 1990),大都市统计区的界定和标准是随着经济社会的发展、人口聚集程度的变化而发生变化的。20世纪60年代和70年代,美国政府为了统计的需要采用的是SMSA,其中60年代和70年代的SMSA标准又有所不同。——译者注

罗地区（Minneapolis-St. Paul）的平均收入最低，为6 382美元，远低于全国平均水平。

由于各州之间和实践类型之间的收入不同，人们预期法律从业人口会从相对收入较低的地区转移到收入高于平均水平的地区。对1963年收入高于和低于全国平均水平的州的调查显示，到1968年，律师似乎对收入较高的地区的反应更强烈，而不是低于平均水平的。然而，法律职业收入是许多变量的结果，仅仅一个州的高于平均水平的收入本身并不是人才流动的好理由。即便如此，律师显然也会对经济因素做出回应。他们倾向于从小型城市转向大型城市，从个体执业转向合伙或其他高薪工作安排，而现有的律师事务所在合伙人和受聘律师数量方面的规模都在扩大。由于就读法学院的声望影响着收入情况，如下文第三节第（一）部分所述，申请就读国立院校的学生数量飙升，但这些学校没有按比例扩大招生名额，因而限制了这种进入高收入职位方式的有效性。可以得出这样的结论：收入是一种重要但并非唯一的力量，它使律师在不同地域和不同执业类型中得到分配。

（六）退出

大多数法学院毕业生都被准许进入法律行业，并且大部分（但不是全部）都在执业或某种程度上从事与其法律教育相关的事务。并非所有律师都会在整个职业生涯中直接运用到他们接受过的培训。有些人会为了商业和其他追求而离开法律界。由于行为不当，一个人也可能被驱逐出法律行业或暂停执业一段时间。

三、前景

（一）教育准备

从1960年秋季至1972年秋季,法学院的学生人数增加了141%。在这一增长中,24%来自1960年以来获得认证的学校,10%来自"最不具有选择性"的学校,21%来自"市立"学校,以及55%来自只有地方声誉的学校,而"国立"学校的入学率仅为4%,剩下的41%进入了中等选择性和声誉的学校。因此,我们可以看到,不同质量的学校在法律教育热潮中参与度并不相同。

虽然入学人数在20世纪60年代稳步上升,但自1968年以来已经有了大幅增加。在1968年至1972年的5年期间,第一年入学人数增加了45%,总入学人数增加了54%。尽管1972年第一年入学率下降幅度非常小,但越来越多的人参加了法学院入学考试,对于就读法学院的热情持续高涨。所有法学院几乎没有空缺席位。尽管第一年的席位数量和法学院的数量增加了,但是进入法学院也变得更加困难。

对于这种对法律兴趣日益浓厚的现象,人们已经分析了许多不同的原因。学生的理想主义和对改变社会结构的兴趣经常被提及。另一方面,一些潜在的法学院学生曾被误导,相信许多国家法学院毕业生正在从事公共利益工作,正在争先恐后地进入法律行业争取获得利润丰厚的工作机会,但他们认为,这些工作现在等同于乞讨。更多的女性看到了从事法律职业的机会。法学院现在正在寻求少数群体。替代职业的就业条件没有以前那么有吸引力,例如,有科学或工程培训经历的学生认为这些领域过于饱合而转向法律。退伍军人要么中断、推迟,要么形成对法律培训的兴趣,这样也造成了一次性的数量增加。这些理由无疑是有一定的道理的,但也许最重要的影响是现在有一大群处于就读法学院年龄的人。如果这确实是最重要的变数,纵使入学困难,申请入学的人数可能也会继续增加。

过去10年对获批的法律教育的需求显著增加,部分原因是建立了新学校,但主要是扩大现有的课程。新法学院进入法学院市场并不容易,但也并非进入无门。自1960年以来,26所法学院获得了美国律协认证或临时认证。其中20所是自1965年以来取得的这一地位。这些学校现在占所有法学院学生总数的14%。由于新学校尚且名声不显,法律领域现在并不认可他们的毕业生与优秀学校的毕业生相同。

在过去10年中,所有法学院的入学人数都有所增加。在1960年至1972年期间,"国立"学校的增幅最小,为36%。这些学校培养的律师占目前每年律师供应量的9%。"市立"院校每年培养的律师人数为全国总数的22%,其入学率为118%。"选择性较低"的院校培养了8%的律师,并增加了286%的入学率。因此,显而易见的是,声名较低的学校(包括新成立的学校)经历了快速增长,现在几乎培养了全国每年一半的律师。在这种背景下了解律师的传统职业模式,这一事实的含义在第二节第(三)(四)部分中变得清晰。

(二) 进入法律行业

鉴于法学院的学生流失率没有增加,最近甚至有所下降,以及过去10年来律师资格考试的平均通过率一直在上升的事实,可以估计出未来几年里进入市场的新律师人数。1973年、1974年和1975年的春天,所授予的法律博士学位分别估计为26 000个、27 000个和26 500个,并且每年对法律界的新入学人数估计为27 000~29 000名。按此计算,到1975年,将增加81 000~87 000名新律师,增加了近25%。但并非所有这些律师都能找到同样具有吸引力的专业机会。

(三) 法律服务需求和律师分配

据美国劳工部估计,直到1980年,传统法律职业模式每年将为14 500名新人提供就业岗位,或者估计每年供应量的一半左右。法学院毕业生似乎坚持传统就业。

正如之前在第二节第(二)部分第1点中所讨论的那样,在这个行业中,随着对法律人才的绝对和相对的使用,律师事务所的合伙关系有增多的趋势。伙伴关系本身也在不断扩大。私营企业雇用了越来越多的律师。只要国家经济健康,需求就会继续上升。虽然政府雇用律师的人数只略有增加,但政府在公民生活和活动中所起的作用似乎没有可能减少。事实上,有迹象表明,政府将出台更多的监管措施,这应该会增加公共和私营部门律师的就业数量或者"扩大就业"。

此外,由于律师的供应量正在增加,律师行业似乎不会留下过去可由非律师填补的空白。环境法、消费者法和职业安全法等新领域被认为是增加了法律就业的可能性。也有人建议增加公共管理、穷人和犯罪等领域的工作。这些建议似乎取决于公众认为律师不能为所有社会经济阶层提供有效的法律服务,同时公众

170　愿意支持改进和扩大法律服务的意愿。而 20 世纪 70 年代初纳税人的情绪似乎表明，在不久的将来，这一领域不太可能迅速扩张。

如果实行预付法律服务制度，对律师的需求将会增加，部分原因在于许多潜在的参与者尚不知道他们需要法律代表。另一方面，项目和立法很可能会降低对法律服务的需求，比如无过错离婚和无过错汽车保险立法。

律师的地域分布也受到了批评。后一种论点的根据是，在小城镇对律师的需求越来越大。如前文第二节第（二）部分第 2 点所述，律师聚集在大城市已成为一种趋势。如果他们是经济人，而收入数据似乎也表明他们就是经济人，那么小城市的需求对律师的吸引是微乎其微的。除非法律服务行业的结构发生重大变化，否则律师不会大量涌入小城镇执业。

（四）收益

如前文第二节第（五）部分所述，法律职业是有风险的。在金字塔的顶端，收入是很高的，但是一般的律师——虽然通常比大学毕业生挣得多——收入并不高。因此，投资法律教育可能会吸引风险承担者。

一位即将毕业的大学生面临着不确定的未来，除非他在一所知名学校名列前茅。所谓的"顶尖毕业生"只占法学院毕业生总数的不到 10%。一些 1972 年的法学院毕业生将从私人执业开始，他们的薪资只有顶尖毕业生最高薪资或"现行薪资"的 50%~75%。随着法学院声望的下降，"顶尖"毕业生和一些较差的毕业生从法学院毕业后，收入差距越来越大。

所谓的"法律薪酬革命",可能产生了一种对法律薪酬过于乐观的看法——法律薪酬实际上只有顶尖法律毕业生才能获得。纽约克雷文斯律师事务所宣布,1968届毕业生的起薪为1.5万美元,比此前最高的律师事务所的起薪高出43%。这一消息由《纽约时报》和《华尔街日报》报道,很快传遍了全国。其结果是,所有私人雇用的顶尖毕业生的起薪大幅增加。

初任律师的薪水之所以会大幅上涨,可能是因为律师的薪水与初任律师的价值或边际产值不相符。不仅是纽约的律师事务所,而且全国的主要律师事务所都在跟进这次加薪,这一事实将使人们得出这样的结论:这就是原因所在。另一种解释可能是,针对这个特定市场的法学院毕业生供不应求。

据报道,在接下来的几年里,工资将一直上涨。在1970年末,纽约面向初任律师的薪酬被提高到了1.6万美元。在接下来的2年里,纽约的工资增长率保持稳定,在1973年达到1.8万美元。其他州的律师事务所也提升了工资的上涨率,但这仍低于纽约的增长率。这一数据可能只是为了追赶纽约,而不是自身收益的真正变化。

四、总结与结论

进入法律行业前需要接受19年的教育。由于律师在培训、执业情况和委托人方面并不相同,他们的收入差别很大,因此进入律师行业是一种冒险。律师的人数一直在增长。事实上,最近它的增长速度远远超过了人们对传统法律服务的需求。虽然大多数律师都是单独执业,但高收入的回报属于合伙制律所和公司法务部门。作为对这些收入模式的回应,已经有从个人执业转向高薪执业的趋势。律师似乎也对收入的地域差异做出了回应。由于律师的流动性受到限制,一些客户不清楚价格、质量,甚至可能没有意识到他们需要法律服务,这一职业受到市场缺陷的困扰。

律师的收入取决于其执业地点、执业经验和执业年限,但主要取决于其执业类型和客户类型。后者很大程度上受到他接受法律培训的法学院类型的影响。"国立"院校的顶尖毕业生,或顶尖院校的毕业生,毕业后或在法官手下干了一两年之后,就能在知名律师事务所成为真正律师。作为一名受雇律师,这种学徒制不仅会带来利润丰厚的合作性质职位,而且会为这些少数幸运儿提供更多的培训,提高其工作效率,从而提高他们的终身收入。名不见经传的院校毕业生最初处于劣势。极个别人也许能克服这个障碍。在这个竞争最为激烈的行业中,中下等生似乎会受到双重阻碍。首先,他在法学院接受的训练被认为是,而且很可能是劣等的。第二,他没有机会接受那种为受雇律师提供的进一步培训。他最初的收入和他一生的收入都比不上他那些比较幸运的同行。

因此,必然得出这样的结论:那些在"新"学校、"市立"学校和"选择性较低"的学校就读的学生很可能无法找到工作,从而使他们在法律教育上的投资失去价值。由于法律服务行业是一个细分的市场,大量低声望毕业生的出现并不会降低更好法学院毕业生的收入。对顶尖法律人才的需求并不会把较为不知名机构的人才供给计入其供给曲线。事实上,如果排名靠前的院校入学人数适度扩大,对法律服务的需求可能有所上升,进而使得相关收入(即顶级年轻法律人才的收入)有所增加。尽管有人告诫说,所有法律专业的毕业生都应该从事有回报的职业,但在不久的将来,如果要满足不断增长的供给,需求的增长幅度似乎是跟不上的。人不应该成为"劳动理论"的俘虏。对律师的需求正在增长,但在未来几年,它似乎不太可能以足够快的速度扩张,需求正在刺激供应。如果需要刺激这种上升的供应趋势,就必须重新调整职业结构,以满足当前那些得不到充分服务对象的需求。在不久的将来,社会似乎不太可能如此改变其优先事项,以至于律师将因满足这些需求而获得足够的补偿。因此,在不久的将来,多达一半的毕业生可能不得不在传统法律培训不是必备先决条件的领域就业。

约翰·C. 约克(John C. York)
罗丝玛丽·D. 黑尔(Rosemary D. Hale)

第十一章　职业范围
——职业模式[1]

一、专业化模式

尽管律师协会越来越重视专业律师资格认证问题,但直到正式流程建立之前,职业领域内的专业化模式仍然相当松散。

在大多数情况下,专业律师是由"上门的客户"创造的,而不是由个别律师的具体计划创造的。目前这一普遍模式的两个例外是在税收和专利法领域。在税收领域,越来越多的人拥有会计专业的本科学位和税收领域的高级学位。公共会计师事务所的实践经验用不了太久就将成为过去的标志。

在专利领域,技术本科学位几乎是必不可少的。此外,本科工作种类,例如电子或化学,将决定所进行的专利实践的种类。

---

[1] 选自《去向何处?——律师职业生涯规划手册》(*Where Do I Go from Here? A Career Planning Manual for Lawyers*),弗朗西斯·厄特利(美国律师协会成员)编写,1973。

第十一章　职业范围

专业律师是为了满足客户的特殊需求而设立的,而且在没有认证的情况下,有意进入某个专业的计划会变得更加困难,所以正式化培训项目相对较少,甚至这些项目也不能自动进入所需的领域。相反,在很大程度上,专业知识是随着对律师们的特定客户或客户们日常生活中出现的某些法律问题的日益深入而发展起来的。目前正在进行的涉及专业分工问题的研究认识到了这一特殊因素。

另外两个与专业化有关的因素也变得很明显。第一个因素,即使在专业领域内,案件也往往集中在一个特定的领域。对于专利律师来说,这种专注来自他所拥有的特定技术专长。然而,即使是在背景可能更为普遍的领域,如税法领域,人们通常也会发现专业知识集中在特定领域,如公司税收、房地产税等。

立法和司法判决的日益复杂影响了法律的各个方面,这使得特定领域集中化日益加剧,进而使得完全掌握一个如今被定义为专业领域的领域变得更加困难。

这一整体模式的一个有趣的例外似乎正在受到法律界的考虑。这是自一般实践中得出的专业概念。人们越来越认识到,普通公民的广泛法律需求可能需要特定类型的专业知识——这是一项关于个人问题特别关注的法律领域的工作知识。对许多律师来说,这一潜在的发展很可能被证明是对他们自己的需求和利益最合适的回答。

与法律专业化有关的第二种现象出现的原因很简单,因为目前的专业是由"进门的客户"创造的。事实上,新专业的出现是为了满足新的需求。例如,几年前,曾有人预言,许多律师会发现自己正在发展环境法领域的专业。然而,客户的新型需求在一夜之间就迫使一些律师（并非以任何非自愿形式）开始深入探究这个特定领域。这就是法律实践的挑战之一，即客户的需求不会一成不变，随之而来的是法律行业对这些需求不断变化的回应。

执业的性质在很大程度上决定了一个律师可能发展的专业类型。例如，在许多小型律所里，律师们根据各自的能力和偏好，通过相互协商来分配法律工作。因此，一个可以处理审判工作，另一个负责继承税务工作，还有一个房地产工作，等等。尽管这种安排可能是非正式的，但最终的结果是事务所的每一位律师都成了其所在领域的专家。

较大的律师事务所会进行高度专业化的分工，新加入律师事务所的律师通常会在不同的领域轮换，直到最后根据事务所的需要和个人的能力被最终分配到某一个部门。同样的模式也经常出现在公司法律部门。

无论是地方、州还是联邦一级的政府，在此工作的律师往往会出现一种更具体的专业化特征。这里的专门知识来自有关部门或机构的性质。例如，一名在证券交易委员会工作的律师很自然地把他的精力集中在该机构的关注点上，从而对这一特定领域的法律问题有深入的了解。

虽然目前的专业化模式更多是偶然发生的，而不是具体的规划，但未来专业认证领域的发展很可能大大改变这一局面。目前的研究表明，教育要求将在认证中扮演越来越重要的角色，如果某一专业是你职业规划中不可或缺的一部分，那么你肯定会想要跟上这一发展……

二、个体执业

如果提及美国的传统法律实践形式,个体执业当之无愧。尽管在过去 20 年里,其在法律行业中的比例下降了 1/3,但个人执业律师仍然是当今法律行业中最大的单一执业类型。

这种法律执业形式的优点在于其具有极大的独立性。即使单独执业者雇用了许多律师,但所有的判断和决定都完全掌握在其一人手中,不需要考虑其他合伙人的意见。

个体执业律师主要的抱怨在于其感觉自己是个"万事通",并且很难在不完全休业的情况下安排假期。

近一半的个体执业者处于人口超过 50 万的城市。在杰罗姆·卡林(Jerome Carlin)的经典著作《独立律师》(*Lawyers On Their Own*)中,有大量证据表明,许多大都会的个体从业者都经历着经济困难,他们肩负着发展一整个客户群使得其足以在大城市中生存并发展事业的全部重任。这可能是在大城市中有如此多的个人执业者与民族和种族群体相关的一个主要原因。

第二大个体执业群体(约占总数的 1/5)位于人口不足 2.5 万人的社区。州和地方律师协会的经济调查显示,这一群体的总体收入水平可能比城市要高得多。这些调查还表明,在较小的社区中个体执业者享有足够业务群,主要是因为普通人口与个体律师的比例要高得多,而且社区的规模越小,律师及其提供的专业服务的知名度就越高。

人们常问这样一个问题:一个法学院毕业生立即独立从事个体执业是否可行。毫无疑问,经济原因是如今很少有人这样做的主要原因。他们不仅要考虑对办公室设备和图书馆的初步投资,而且还有后续支付租金、电话和秘书助理的费用,并且尽管手续费很低但仍然要进行承保。通常,法学院毕业生会直接选择个体执业的一个可能性因素是其配偶具有职业收入。

三、律师事务所

律师们的共事方式是如此多种多样,以至于很难给"律师事务所"下一个涵盖所有领域的定义。然而,这里的目的不是讨论这些主要由经济学决定的各种工作方式,而是给"律师事务所"(law firm)一词做出尽可能广泛的定义,并根据所涉律师群体的规模审视各种可能性。

即使是今天最大的律师事务所也是从小规模起步的。然而,如果你试图获得"小"的定义,便会遇到一些困难。在本手册中,这个术语被任意地应用于律师人数少于5人的事务所。

当两名或两名以上的律师认为他们的工作志趣和经济情况具备合作的可行性时,通常会建立小公司。虽然已经努力安排有意建立伙伴关系的律师之间的正式接触,但大部分商议仍然基于个人关系。

但是,在事务所的初步成立之后,还可以根据事务所工作量情况在合伙人一级增加人员,这需要增加经验丰富的律师或将受聘律师晋升为合伙人。

根据最新可获得的统计数据,全国大约有15 000家由2名或3名律师组成的事务所。然而,小型律师事务所和大型律师事务所似乎都受到客户需求的压力,这种压力迫使许多律所扩大规

第十一章 职业范围

模……因此,不断新增的最小型律师事务所是必要的,这样可以弥补那些因规模扩大而不再"小型"的律所带来的空缺。

小型律师事务所提供了一种紧密的专业交流的可能性,这种交流可以带来极大的刺激和回报。而且由于某些间接费用是分摊的,每个人的负担比单独执业时要轻。此外,律师协会允许每个人承担与其能力最相适应的法律工作类型,而这往往是一种非常真实的满足感来源。

然而,小型律师事务所内部的密切联系往往是导致其解散的各种问题的根源。除非合作伙伴发现他们有共同的目标和非常实际的工作志趣,否则这种合伙很快就会变得不相容。

随着小型律师事务所发展成为规模越来越大的律师集团,其中一些的律师人数超过了100人,包括合伙人和受聘律师,其结构和组织变得越来越精细。律师事务所越大,就越有可能由各部门开展专门业务。仅就规模而言,大多数律师致力于某一特定法律问题的某一方面工作,从而积累大量的专业经验,但这其中的大多数人可能并不一定知道所产生的全部后果。

对许多律师来说,问题的复杂性和他们的工作所发展的专业程度是这类执业的主要吸引力。对另一些律师来说,由于律师组织规模太大,以至于不允许其在正在进行的专业交流中与其他部门的律师密切接触,而且在跟进阶段时缺乏同客户的个人接触,这是这种做法的消极方面。

对于这些人来说,通常一个令人满意的答案是中等规模的事务所。虽然本手册中的这一分类涵盖了5~50名律师的范围,但一般而言,这些事务所的特点是包含合伙人和受聘律师在内的全体律师之间有更密切的联系,并且有可能更早地与客户进行密切联系。然而,正如中型律师事务所的律师数量差异如此之大,高效经济地完成事务所工作所需的组织程度也有很大差异。

和个体及大型律师事务所相比较而言,中等规模律师事务所有其优势,亦有其局限性。或许其特别之处在于,每个律师事务所都是个性化的,这归因于客户对服务的需求和合作伙伴按这些需求而制定的最适宜的工作安排。

有一件事是显而易见的。私人律师事务所提供的广泛的执业可能性,为全国近75%的律师提供了令人满意的职业生涯。

四、职业法人

职业法人是私人执业形式的最新发展。其发展的最初原因是潜在的税收节约。无论如何,其结构本身就为经济高效地向公众提供法律服务提供了拓展新路径的可能性。对于许多对私人执业感兴趣的律师来说,这是一个值得密切关注的领域,因为它很可能是他们理想的执业工具。

五、企业法务部

由律师安置信息服务处进行的研究表明,目前大约只有1/10的公司雇用法律顾问,这是你能得到的最广泛适用于所有企业法务部的结论。法务部的规模从一个人到几百人不等。其所履行的法律职能同公司本身提供的产品和服务一样广泛。

然而,大多数内部法务部提供一种相当独特的服务,由于没有更好的措辞,我们将其称为"预防性法律"。与公司事务的各个方面及其管理部门密切联系,使法务部的成员能够预见潜在的法律问题,并提出备选的行动方案。那些负责为法务部编制预算的人经常抱怨说,法务部在这方面的效率是如此之高,以致管理部门从来没有完整看到过这些服务的价值,原因在于问题很少真的出现。然而,公司雇用的律师人数的持续增长,似乎证明预防性法律实践的重要性并没有被忽视。

吸引律师从事公司法务工作的主要原因有两个。首先,完全熟悉单一客户的法律问题,并有机会每天深入处理这些问题,从而获得专业满足感。其次是不需要吸引和留住一些年复一年可能带来收入变化无常的客户。在过去,公司提供的附加福利也是一个吸引人的特点,但随着越来越多的律师事务所扩大他们在这一领域的项目,这已成为一个越来越不重要的因素。

企业内部律师个人职业发展的潜在问题之一是部门的金字塔结构。可能有一些年轻的初级律师,通过几个梯级逐渐上升到首席法务官。因此,许多非常称职的公司律师发现,仅仅依靠公司的结构不可能获得额外的晋升,而不是自己真的缺乏履行所涉法律服务的能力。这与私人律师事务所形成了鲜明的对比,在私人律师事务所中,合伙制结构在认定事务所的律师潜能时有很大的灵活性。

作为一个群体,作为公司法律顾问的律师和联邦政府的律师很可能被视为"国家"律师。由于公司客户的广泛商业利益往往属于联邦立法和监管的范围,因此,在特定的州,律师资格通常不是他们履行法律职责的主要因素。因此,这些律师可以在不降低他们所提供服务的效力的情况下,依据客户所在地在全国范围内重新安置。

公司律师往往对进入行政和管理职位表示极大的兴趣。从现有的资料来看,这种可能性似乎在很大程度上取决于个体的私人属性,而不是将法律培训和经验本身应用于管理问题。这在大公司比在小公司似乎更为显现。然而,在人寿保险公司和公共事业部门担任公司管理人员的律师,比在工业和商业组织中担任公司管理人员的律师要多。这似乎是由于公司盈利能力的决定性因素造成的,这些因素在很大程度上取决于前一种组织的法律问题。然而,幸运的是,企业似乎越来越重视律师为管理团队带来的专业知识,而不是仅仅重视其业务管理员能力。

六、政府

"政府"一词本身就涵盖了广泛的实践情况。为了方便起见,最好一次考虑一个问题。

联邦政府在大多数机构和部门招募律师将遵循一个相当具体的模式。法学院毕业生将被以较低的薪酬水平择选录用,然后随着任期和经验的增加而提高。这种晋升方式有时不能充分满足该机构或部门的所有法律需要,因此可能会不时地聘请高级律师来填补这些空缺。然而,按照一般惯例而言,在14级(GS14)或15级(GS15)[1]以上的大多数职位将通过政治任命。

由于在联邦政府担任律师(除了听证官们)不在公务员制度委员会管辖范围内,所以每个机构或部门都实行独立招聘。这使

---

[1] GS, abbr. General Schedule,即(美国联邦政府职员薪酬表)总表。——译者注

第十一章　职业范围

得政府内外的律师很难了解可能存在的机会。因此,一个特定机构或部门内的律师倾向于留在这些岗位上,而不是转移到其他领域。此外,每个机构和部门的做法往往是因其新需求而"强造"专家,这样强制要求个人变更执业领域的方式通常只会增加困难。

大约50%的联邦政府律师在华盛顿,其余的分布在全国各地的各个地区办事处。由于联邦政府律师法律工作的性质,他们认为没有必要成为他们可能所在州的律师,因此在这个程度上,联邦律师有着相当大的流动性。

除了与各公认的部门和机构合作的机会外,还有大量律师受聘担任参议员、众议员及其委员会的立法顾问等职位。然而,就任命而言,这些职位往往比各机构和部门的机会更具政治性。

从广义上讲,州政府律师采取与联邦政府类似的模式。然而,在许多州,与执政党的政治关系将是任命的一个主要因素。当然,目前获得某一州律师资格将是首要考虑的问题。此外,机会远远超出了政府的既定部门和机构的范围,而且在特定项目或特别立法方面越来越多地使用律师担任顾问和咨询的角色。

地方政府的机会因涉及社区的规模而异。在大都市,这种模式将类似于州政府的模式,但在小型社区,政府服务可能是由独立执业的律师进行兼职。

政治从属关系和任期与职能之间的关联的考量程度是政府职位的主要考虑因素。在某些情况下,政治因素是微不足道的,而在另一些情况下,政治则是任命的一个重要决定因素。这在很大程度上和律师个人及其品味和能力之间成正相关。

七、司法机会

在法官是被任命的情况下,任何律师都很难将实现这种任命作为一个具体的职业目标。另一方面,在法官是由选举产生的前提下,谋求这样一个职位需要个人做出明确的承诺。在这两种情况下,全国各级法官总人数占律师总人数的 3.2%,这比例实在谈不上有多惊人。

然而今时今日,这个国家法院的司法辅助人员人数有所增加。他们的职能基本上是帮助法官履行其具体职责。由于这是一个较新的发展,可以预见的是,将有越来越多的法律从业人员参与司法行政及对其新兴的创新性服务的使用。现在可以得到的特殊训练无疑将成为进入这一领域的必要条件。

八、潜在发展领域

目前,法律专业正在考虑的一个主要的新兴实践领域被广泛地定义为"群体法律服务"。为了满足我国大部分人口对法律服务的需要,各种不同的方法都正在尝试中。虽然现在说哪种模式(如果有的话)将占据主导地位还为时过早,但这无疑是许多律师感兴趣的领域。然而,有一个因素似乎相当明确。简单地说,所提供的服务将是为我们社会中的个人提供的,因此,执业本身的性质将类似于为公众服务的其他律师,无论这些服务可能以何种形式提供。

这只是为满足日益增长的法律服务需求而出现的执业发展

模式的一个例子。若想预测在未来 20 年内将发展新的执业形式以满足日益扩大的法律服务需求,其实并不需要特别的远见。例如,各种类型的公益律师事务所的出现是为了满足客户的需求,而这些需求在旧有的执业形式中是不容易满足的。一夜之间,成倍增长的问题促使学区雇用法律顾问。

尽管大量的律师适应了传统的执业形式,但是职业规划者希望对这些新的执业可能性保持警惕。最初的实验可能只涉及美国的少数律师,但只要提供的答案符合公众需求,就可以预期可能性的扩大。

九、准法律职位

法律界早就意识到,每年都有大量律师以及那些受过法学院训练的人从事非专门性法律执业领域,但也都是在其法律背景和经验占据明确优势的领域。在某些方面,商业和执法是产生机会的两个最常见领域。

然而,有一点需要注意。无论选择该领域就业的理由是什么,随着时间的推移,在不涉及严重经济挫折的情况下,重返诉讼领域是最困难的。立法和法院判例发展得如此之快,除非在日常工作中经常与之接触,否则律师的知识很快就会过时。这意味着律师必须重新开始他的法律职业生涯,基本上是与法学院毕业生竞争。

十、转换执业领域

与一般认知不同,转换执业领域并不总是简单或可行的。这有两个原因。第一种基于前面提到的事实,即每种类型的法律实务服务于特定客户群体的法律需求。因此,曾经为个人服务的律师不能迅速为满足公司的需要转变其服务。专注于某一特定政府机构问题的律师不可能一夜之间掌握个人多方面的法律需要。

无论多么娴熟的律师,也不论其如何将精力集中在法律继续教育上,事实仍旧是,与一名通过满足客户群服务需求而不断获取日常经验积累的律师相比,他们很难在其执业领域进行同等薪酬水平的竞争。

当然,在律师执业领域中,这样的转换每天都在发生。然而,职业规划者应该认识到,这种互换性不是一个自然而然的问题,而是该职业一般模式的例外之一,需要额外的努力和主动性来克服。

不同类型事务所的组织结构是从一个执业领域转移到另一个执业领域的第二个阻碍因素,特别是针对有经验的律师。简要回顾与各事务所有关的一些主要因素可能有所帮助。

在私人律师事务所,很难在合伙人一级增加一名有经验的律师,除非他的经验和背景使该事务所的所有成员都能认识到增加律师的必要性。否则,办公室里希望和期待晋升为合伙人的同事很可能会感到他们的机会受到严重限制,从而严重影响士气。

在公司法务部门,金字塔结构存在一定的困难。即使在最大的部门,也只有一名高级法律顾问,在其之下的职责呈下降梯队形式。因此,将有经验的律师合乎逻辑地纳入这一模式,将牢固地依赖于所提供的专业知识和先前所履行的责任程度。

对于那些不以政治任命为主要因素的政府办公室,通常采用聘用法学院毕业生的招聘模式,然后随着时间和经验的推移而晋升,这样一来就限制了经验丰富的律师进入这一执业领域的机会。不仅限制了可用的机会数量,也限制了与提供经验相称的薪酬等级的分配。当这种空缺出现时,他们通常需要具备机构或部门所关心的特定领域的专门知识,以便获得较高的评级。

除了这些影响执业领域间转换的一般因素之外,当然还有许多可能进入特定情况的辅助因素。例如,如果一个公司律师能够把他的公司雇主发展成为律师事务所的新客户,那么他可以相对容易地转到私人执业领域。

与经验丰富的律师从一个执业领域转到另一个执业领域所面临的困难相比,有一个时期可以以最大的灵活性完成这种转变,即已经具备3~5年经验的阶段。

在那个时候,已经获得了基本的法律执业技能,但是薪酬水平并不是由某一特定领域的深入专业知识所致。因此,在法律职业生涯的这一近似点上,在不造成赔偿损失的情况下,在法律执业领域进行实际转换的可能性是最大的。

(弗朗西斯·厄特利[Frances Utley])

第十二章 律师薪酬

一、法律职业薪资大幅增长

能源危机的威胁和对经济发展放缓的预测并没有使私人律师事务所、企业法律部门和政府机构提供给 1974 年毕业生的薪酬有所下降……

（一）私人律师事务所

在私人法律执业领域中，私人律师事务所提供给 1974 年毕业生的薪酬中间值比 1973 年的提升了 8.7%。表一提供了一些典型的学校在这 2 年内的比较。

表一　私人律师事务所提供的法学院毕业生薪酬情况　单位：美元

毕业院校	年份	最低薪酬	平均薪酬	最高薪酬
康奈尔大学	1973	9 000	16 000	20 000
	1974	9 000	16 000	20 000

续 表

毕业院校	年份	最低薪酬	平均薪酬	最高薪酬
乔治城大学	1973	12 000	15 500	18 000
	1974	13 500	16 000	18 500
哈佛大学	1973	10 000	—	18 000
	1974	12 000	—	20 000
印第安纳大学	1973	9 000	12 200	16 000
印第安纳波利斯分校	1974	9 500	13 800	16 500
俄亥俄州立大学	1973	7 500	11 500	17 500
	1974	8 000	12 000	18 000
坦普尔大学	1973	8 500	13 000	16 000
	1974	9 500	13 500	18 500
加州大学洛杉矶分校	1973	12 000	13 500	15 000
	1974	12 000	14 000	16 000
堪萨斯大学	1973	7 200	12 000	15 000
	1974	7 800	12 500	16 000
迈阿密大学	1973	10 000	13 500	17 000
	1974	10 500	14 000	18 000
明尼苏达大学	1973	8 400	12 960	16 200
	1974	10 200	14 500	18 500
维拉诺瓦大学	1973	9 500	12 250	15 600
	1974	10 500	13 000	17 500
威克弗里斯特大学	1973	8 500	10 000	17 000
	1974	8 500	10 500	17 000

据报道,私人律师事务所提供的最高工资水平比1973年的对应薪酬高出6.4%。

最低工资水平反映出平均水平比1973年报告的数字增长10.1%。

康奈尔法学院副院长阿尔伯特·C.内梅斯(Albert C. Neimeth)在报告中称:"1973—1974年的年度招聘要求显示,主要律所的薪金出现了上涨的趋势,纽约华尔街律师事务所的平均起薪为 1.8 万美元,到 1974 年 6 月可能达到 1.9 万美元。波士顿、芝加哥、克利夫兰和华盛顿等城市的大型律师事务所都表示,他们的工资比 1972—1973 年度提高了 1 000 美元到 2 000 美元。"

斯坦福大学法学院法律就业主任苏珊娜·克洛斯女士(Ms. Suzanne Close)证实了她的观察。她认为:"我们可以看到对于一个三年级法学生而言,其工资是上涨的。洛杉矶目前为 1.7 万美元,纽约为 1.9 万美元,旧金山为 1.5 万美元,西雅图为 1.35 万至 1.4 万美元。当然,当一个学生学习成绩优异、拥有额外的学位或者有一些适用的工作经验时,这些工资也有例外。"

宾夕法尼亚大学法学院就业指导主任海伦娜·F. 克拉克女士(Ms. Helena F. Clark)认为,目前法学院毕业的少数民族裔学生和女学生的工资与报道提供的其他毕业生的薪金水平相等。

杜克大学高级就业助理玛格丽特·桑德斯女士(Ms. Margaret Sanders)说:"那种认为成绩好的学生得到较高薪水,成绩较差的学生得到较低薪水的思想是错误的。杜克大学的学生和其他法学院的毕业生的工资更多地取决于国家地区差异和就业类型,而并不是严格取决于成绩。"

(二) 公司法务部

更多有能力培养新兴律师的大型企业法律部门正在直接从校园招聘法学院应届毕业生。表二展现了公司法律部门向选定的法学院毕业生提供的薪酬。

公司法律部门在1974年提出的工资中位数为13 857美元,比1973年提供给学生的中位数增加了8%。

维拉诺瓦学院副院长克里斯汀·怀特·威斯纳女士(Ms. Christine White Wiesner)认为:"即将毕业的具有非常专业的技术背景的法学院学生通常应当在公司法务部门获得最高的薪酬。"专利法就是这样一个领域的例子,在这个领域中,作为律师,先前的技术教育和培训是取得令人满意的工作业绩的先决条件。

表二　公司提供的法学院毕业生薪酬情况　　　　　单元:美元

毕业院校	年份	最低薪酬	平均薪酬	最高薪酬
乔治城大学	1973	13 500	15 000	16 000
	1974	14 000	15 500	22 000
印第安纳大学	1973	8 000	13 200	16 000
印第安纳波利斯分校	1974	11 000	13 000	15 000
俄亥俄州立大学	1973	10 000	11 000	16 000
	1974	10 500	12 000	16 500
堪萨斯大学	1973	10 000	12 300	20 000
	1974	11 000	13 000	20 000
迈阿密大学	1973	10 500	13 000	17 500
	1974	12 000	14 000	17 500
明尼苏达大学	1973	8 400	12 000	16 000
	1974	13 500	14 500	14 500
维拉诺瓦大学	1973	12 000	15 000	19 000
	1974	12 500	15 000	19 000

虽然法律专业毕业生的起薪有上涨趋势,但是法律系提供的较高起薪将进一步缩小公司聘用的较低层和高层律师的薪酬差距。除非公司法律部门对这一事态发展足够敏感,否则公司律师严重不满的情绪可能会相当普遍。

(三) 联邦政府

表三显示了据报道接受联邦政府职位的三年级学生得到的基本薪酬。

在相关福利和生态、商业、审判和面向消费者的法律领域提供的经验的帮助下，政府职员入门级工资不断提高，帮助政府竞争到那些原本可能选择私人律师事务所执业的更受欢迎的学生。

表三　联邦政府提供的法学院毕业生薪酬情况　　　单位：美元

毕业院校	年份	最低薪酬	平均薪酬	最高薪酬
乔治城大学	1973	12 200	14 600	17 500
	1974	12 600	15 200	18 100
哈佛大学	1973	9 520	13 996	19 700
	1974	9 969	14 671	20 677
印第安纳大学印第安纳波利斯分校	1973	10 000	13 300	16 800
	1974	10 000	13 300	17 500
法官、辩护律师、检察官学院	1973	11 046	—	17 305
	1974	12 167	—	19 072
俄亥俄州立大学	1973	9 500	11 500	13 500
	1974	10 000	12 000	14 700
加州大学洛杉矶分校	1973	13 000	13 500	13 900
	1974	14 400	14 000	14 600
堪萨斯大学	1973	9 000	12 000	14 500
	1974	9 500	12 300	15 000
迈阿密大学	1973	10 000	14 900	16 900
	1974	10 500	14 900	17 400

（丹尼尔·J. 坎托[Daniel J. Cantor]）

（乔尔·A. 罗斯[Joel A. Rose]）

二、初任律师薪酬水平相关因素[1]

从法学院毕业生的最低工资开始算起,今年(1971年)这个数字似乎是8000美元,在此基础上,你可以根据具体的招聘情况添加相应的金额。

- 如果在美国东北部、中西部或加利福尼亚州出现职位空缺,最低工资则为1000美元。

(如果职位空缺出在纽约市,最低工资则增加1000美元。)

- 如果职位空缺出现在市区,最低工资就增加1000美元;如果是大城市的职位,最低工资就增加2000美元。
- 如果这家公司的规模在中型到大型之间,则最低工资需要再增加1000美元。
- 如果招聘考虑到毕业生就读的学校,那么需要在最低薪金上再加1000美元。
- 如果需要考虑到成绩等因素,包括法律评论或COIF(律师等级),则需要增加1000美元。
- 如果考虑到任何限制性因素,从性格类型到本科专业培训或者外语技能,都需要在最低工资上加上1000美元。

---

[1] 来自美国律师协会律师安置信息服务部经理弗朗西斯·厄特利在1971年写的一封未发表的信。

虽然这个公式显然不是绝对的,但我们发现,它的效果出奇地好,几乎所有的雇主都能接受。对于雇主来说,这是特别有用的,因为他已经好几年没有招聘毕业生了,而且他发现这有助于决定他必须做出什么调整来寻找他能负担得起的年轻律师。

(弗朗西斯·厄特利)

第四编

职业及其伦理

第十三章　法律职业组织和执业准入

一、美国法律职业[1]

法律职业组织

州、地区和国家协会

美国的法律职业充满了各种各样的组织。在地方一级,无论城市规模如何,几乎都有律师协会,并且很多社区都有不止一个。总体而言,全国共有1 700个地方性律师协会,个别协会的成员不足12人;而诸如纽约律师协会和芝加哥律师协会这样的律师协会则拥有上千名成员。最为有名的地方律师协会是纽约市律师协会,其总部位于纽约市西44街区,是美国最杰出的法律图书馆之一。

每个州都有一个律师协会。大约1/3的州协会都是自愿加入的组织,而剩下的则是"整合"或"统一"的,并且这一数量仍

---

[1] 选自《美国法律职业》(第二版)(*The Legal Profession in the United States*)(Second Edition),美国律师基金会,1970。

在持续增长。(这意味着所有获准在该州执业的律师都必须是律师协会的会员。)在过去的20年里,无论是自愿的还是整合的,州律师协会的成员数量和参与数量都有了显著的增长。越来越多的州律师协会正在逐步实现一体化,其余大多数志愿协会的成员不仅包括各州的绝大多数律师,而且几乎包括了各州中所有公认的行业领军者。

所有州律师协会和大多数地方律师协会属于综合性会员组织,它们由从事各种法律实务的律师组成。但也有很多地方律师协会是基于特殊利益或关联而组成的。以芝加哥为例,存在着芝加哥专利法协会、劳工赔偿律师协会、第七联邦巡回法院律师协会、天主教律师协会、库克县律师协会(黑人律师组织)、美籍立陶宛裔律师协会等。

除美国律师协会等这样的一般性会员组织外,也存在着一系列近似的国家级特定利益组织。例如美国司法学会(致力于改进法院的司法管理)、联邦律师协会(主要由受雇于国家政府或主要在美国政府机构从事执业的律师组成)、美国庭审律师学院(一个庭审律师组织)、美国庭审律师协会(主要是由代理人身伤害原告的庭审律师组成)、女性律师协会、美国海商法学会、美国国际法学会、国际法学会、国家律师协会(一个黑人律师组织)等。

州和地方律师协会通常由会员选举的董事会管理。主席和其他官员通常任期为一年,在一些协会中,由会员选举产生,另外一些则由董事会选举产生。律师协会的业务一般通过常设委员会和特别委员会进行。一个典型的州律师协会有司法行政、纪律申诉、继续法律教育、法律援助等常设委员会,以及一系列特定诉讼标的范畴的委员会,如公司法、家庭法和遗嘱检验法。地方律师协会的组成与此相近。

美国律师协会

美国律师协会是最主要的全国性律师组织。该组织面向任何在自己的专业领域占有一席之地的律师开放。目前约有20万名成员,几乎涵盖了整个律师行业的一半,以及从事私人法律业务律师的2/3。

从某些方面来看,美国律师协会是由州和地方律师协会组成的联邦。代表会议是其中心机构,由州律师协会和大多数大型地方协会的代表组成;各州一名代表,由该州的美国律师协会的各个成员选举产生("州代表");以及来自法律行业中各个重要特定组织的代表们,包括美国法学会(一个主要从事法律研究并负责著名法律重构的自愿会员组织)、联邦律师协会、军法顾问协会(军事律师)、美国司法学会、全国律师资格考官联谊会等诸如此类的组织。代表会议的其他成员则依职权产生,包括美国司法部部长和副部长、美国法院行政办公室主任、美国副总检察长、首席大法官会议的主席(各州最高法院首席法官协会)等。

代表会议每年召开两次,对美国律师协会的政策具有立法权。"州代表"提名协会的主席以及其他主要官员。他们还提名理事会成员,理事会是该协会的执行委员会。近年来,主席的提名已经等同于选举。主席的任期为1年,与协会的所有成员一样,并无酬劳。

与各州的律师协会一样,美国律师协会也是通过常设委员会和特别委员会来开展工作的。一般而言,这些委员会与州律师协会的委员会相似。此外,美国律师协会还以分会形式存在很多分支群体,由专长于各特定法律领域的律师组成。比如,行政法分会、反垄断法分会、刑事法律分会、个人基本权利和责任分会以及税收分会。分会的成员数量从几百到数千不等,并且为律师们提供组织和论坛,让其可以参与自己特别关注的领域。

执业许可

法律执业许可由各州规定。实际上,各州在没有进一步正式手续的情况下,许可证具有在该州从事各种法律实践的许可效力。个别州会要求将学徒经历作为执业许可的条件,但这些州和其他州都不承认专业资格的正式等级。

在大多数州,执业许可采取的形式是在州最高法院进行执业,同时最高法院还可授权律师在所有较小的法庭进行执业。制定和实施执业许可标准通常是州最高法院的责任,但在大多数司法管辖区,对申请人的考核行政权委托给律师资格审查委员会,该委员会负责准备和管理律师资格考试。

在大多数州,律师资格申请人必须完成至少 3 年的大学正规教育。(由于大多数法学院都要求大学学位才能入学,因此在法学院接受法学教育的律师们实际上本就必须具有大学学位。)此外,律师资格申请人通常必须在州属法律院校完成 3 年的法律课程学习,证明其具有良好的道德品行,并顺利通过由律师资格考试主考官设置的律师资格考试。典型的法律资格考试采用笔试形式,通常会持续 2~3 天的时间并由 20~30 个考题组成。这些考题以问题形式出现,要求申请人分析所列出的问题案例,并给出建设性解决方案并列明可适用的法律。许多州的律师资格考试受到批评,原因在于其过于重视法律程式的重复,而忽略了仔细且透彻的分析,但是考试的复杂程度在最近几年里有了很大的改善。无论如何,美国律师考试不会比其他地区的专业考试更难。在大多数州,在任何特定时间参加律师资格考试的人中都有约68%能够通过考试。而累计通过率(包含了再次参考者)有可能超过90%,即大约9/10的申请人最终能通过律师资格考试。

跨地域执业许可

按照惯例,获得州律师资格是通过正式申请获得在该州联邦地区法院进行执业资格的充分条件。一名律师如获准在一个州内执业,并已执业5年,经申请获准后就可在美国最高法院出庭。一州的律师可以在另一州的法院就某一特定案件出庭,但在其他情况下无权在其被许可的州以外执业。同一律师可以在多个州执业。许多州都有互惠安排,当在一州已经获准执业的律师将其住所迁居至另一州时,能够毫不费力地在当地获准执业。大多数州明确规定,美国以外的普通法国家的律师可以获准执业,但来自大陆法系国家的律师通常需要在美国完成法学院学业,才有资格获准执业。

职业纪律

职业规范和纪律分属各州管辖。美国律师协会颁布了在大多数州当作典范的职业道德准则。(这些准则最近已被重新制定的道德标准声明所取代,即《律师职业责任法典》。)尽管如此,职业行为的法律强制性规制来自各州,并在术语和解释方面有所不同。各州在某些细节上有很大的差异,特别是在法庭上应有的礼仪程度、对"招揽"客户的适当限制以及在收费方面的做法。然而,总的来说,存在着趋向统一的趋势,而这种趋势无疑会因美国律师协会对职业道德问题日益增加的关注而进一步加深。

一般而言,纪律处分只适用于严重的失职行为,例如处理客户财物失当,以及公然违反职业礼仪规则。较轻的失礼行为很少引起正式的纪律处分,尽管有些非正式的纪律处分是以表达不赞成的形式出现的,但也有其自身的实际处罚。无论倾向于宽大处理的智慧如何,美国法律界的松散组织及其成员复杂的社会多样性似乎毫无疑问地解释了这一点。

当涉及纪律处分程序时,通常以向有管辖权的律师协会或法院提出申诉开始。由州或地方律师协会的申诉委员会进行初步的非正式调查。大多数投诉都是在这一阶段得以解决,或通过争议调解,或以毫无根据为由驳回指控来解决。如果指控的后果更严重,则在律师委员会内部举行正式听证会,证据收集,并建议处分。制裁措施包括谴责、律师执业资格临时撤销或取消律师执业资格。委员会的建议提交给相应的法院,通常是州最高法院,该法院被授权实施制裁。如果法院同意该项建议,且该建议通常但并非不可行,则会实施制裁。每年纪律处分程序的数量没有确切的信息,但与律师人数相比无疑是微不足道的。尽管人们越来越重视律师的纪律问题,包括美国律师协会特别委员会最近对该项问题的研究,但每年被解职和被迫辞职的人数可能仍不到150人……

(美国律师基金会)

二、美国法律执业最低标准

本表载有 1970 年 9 月 1 日上报的教育居住要求的资料。如有任何更改,可致函最高上诉法院书记官或律师委员会秘书处,以取得全部资料。

第十三章 法律职业组织和执业准入

	之前所需的最低通识教育量		法律学习期间的确定和分配			居住要求（仅适用于原申请人，不适用于寻求礼让录取的律师，通常对其提出单独的要求）
	法律学习开始阶段	终期考核	完全不在校	部分在校	完全在校	
美国律师协会建议	为期3年的大学在校学习；3年制（全日制）或2年制（全日制法学院学习）	—	不允许	至少在下一栏中推荐的法学院学习。无需事务所实习推荐信。	3年全日制学习；或通过更长时间的非全日制课程学习（课程时间与全日制学习时间等量）	
阿拉巴马州	95学期课时或144季度课时	—	不允许	无需事务所提供实习证明	经律师委员会批准的校外学习满4年，或者如果学校经A.B.A.协会批准的，则为3年	申请时的真实住所
阿拉斯加州	3年大学学习	—	不允许	不允许	A.B.A.认可的法学院毕业生	考试前30天
亚利桑那州	3年大学学习	—	不允许	不允许	A.B.A.认可的法学院毕业，但申请前至少在另一州执业的除外	
阿肯萨斯州	2年大学学习	—	不允许	不允许	经A.B.A.认可的法学院毕业	申请时的真实住所

续　表

	之前所需的最低通识教育尝量 / 法律学习开始阶段	终期考核	法律学习期间的确定和分配			居住要求（仅适用于原申请人，不适用于律师，通常礼让录取并提出单独的要求）
			完全不在校	部分在校	完全在校	
加利福尼亚州	2年认可的大学，或21岁学历并通过同等学历考试或获得经认证的法学院入学资格	—	具有4年加州律师事务所办公室工作经历，或类似经历。必须修满3456小时，并在修毕的法律课程后，必须参加并通过第一年的法律学生考试	4年。前一栏提到的任何学院学习与法学院学习的结合	3年：全日制及毕业于经认证的法学院，4年：在未经认证的法律学校就读，并必须在第一年的法律学习结束时参加并通过第一年的学生考试	无
科罗拉多州	在A.B.A.认可的法学院从事3年正规大学工作	—	不允许	不允许	毕业于经认证的3年制日校；或经认证的4年制夜校	于考试前1个月至入学前连续居住

续 表

	之前所需的最低通识教育量		法律学习期间的确定和分配			居住要求（仅适用于原申请人，不适用于寻求礼让录取出单提出申请的律师，通常对其提出单独的要求）
	法律学习开始阶段	终期考核	完全不在校	部分在校	完全在校	
康涅狄格州	大学学历（参考规则）	经认证的大学院或大学的学士学位	不允许	不允许	在国家律师资格审查委员会认可的一所法律院校学习并获得法学士学位	真实居住意图
特拉华州	在考试委员会批准的课程中获得大学学位，或在特拉华州大学提供的大学水平工作考试中获得学位	—	在特拉华州律师事务所实习至少3年，且该律师事务所在特拉华州至少存续10年以上	在法学院学习3年，并在特拉华州存续10年的律师事务所任职	3学年及毕业于A.B.A.认可的学院或牛津大学学院或英国剑桥大学法学院，外加6个月的见习工作	入学6个月。律师考试时的真实住所
美国哥伦比亚地区地方法院		—	不允许	不允许	毕业于A.B.A.批准的法学院（毕业时获得A.B.A.批准即可）	无

续表

之前所需的最低通识教育首量		法律学习期间的确定和分配			居住要求（仅适用于原申请人，不适用于寻求礼让录取的律师，通常对其提出单独的要求）
法律学习开始阶段	终期考核	完全不在校	部分在校	完全在校	
美国哥伦比亚特区上诉法院——（巡回法庭） 3年大专或同等学历	—	无需事务所提供实习证明	—	经上诉法院批准毕业，或修读3年全日制同等程度的兼职课程——不适用于华盛顿特区最高法院法官	无
佛罗里达州 3年制或同等学历	—	不允许	不允许	经A.B.A.批准或属于A.A.L.S.成员的法学院毕业生	无
佐治亚州 2年制	—	不允许	不允许	法学学士（LL.B.）或等学历，要求至少有3个学年的课堂出席	下一场考试前12个月需要进行认证。经A.B.A.认证的法学院毕业生在考试时属正式居民，在参加考试满足12个月的不需居住要求

续 表

	之前所需的最低通识教育量		法律学习期间的确定和分配			居住要求（仅适用于原申请人，不适用于寻求礼让录取的律师，通常对其提出单独的要求）
	法律学习开始阶段	终期考核	完全不在校	部分在校	完全在校	
夏威夷	3年制	—	不允许	不允许	经A.B.A.认证的法学院毕业生或获准在其他司运管辖区执业的律师，其虽不是经认证的法学院毕业生，但在申请前在该司法管辖区积极执业5或6年	入学前3个月
爱达华州	3年制	—	不允许	不允许	经A.B.A.认证的法学院毕业生	居民或有执业意向
伊利诺伊州	经认证院校公认的90学时	—	不允许	不允许	经A.B.A.认证的法学院毕业生	无
印第安纳州	—	—	不允许	不允许	经A.B.A.认证的法学院毕业生	入学前为居民或有执业意向
艾奥瓦州	3年制	—	不允许	不允许	在经认证的法学院学习3年，获得法学士或法学博士学位	申请时为正式居民

续 表

	之前所需的最低通识教育量		法律学习期间的确定和分配			居住要求（仅适用于原申请人，不适用于寻求礼让录取的律师，通常对其提出单独的要求）
	法律学习开始阶段	终期考核	完全不在校	部分在校	完全在校	
塔萨斯州	文学学士学位，理学学士学位或更高学位	—	不允许	不允许	申请人必须证明其学历及法律学位已在认证院校修读14个学期，其中在认证学院修读不少于6个学期，在认证的法学院修读6个学期，其余2个学期则视乎课程而定	州居民，及毕业于塔萨斯州的法律院校的非本州居民，可以参加毕业后的第一次考试
肯塔基州	适用 A.B.A. 规则	—	不允许	不允许	由 A.B.A. 或美国法学院协会批准院校授予的法学士学位	居民或有执业意向
路易斯安那州	3 年制	—	不允许	不允许	A.B.A. 认证的法学院校毕业生	无
缅因州	2 年制	—	不允许	完成 A.B.A. 批准的法学院毕业要求的2/3，并在缅因州的律师事务所实习1年	经 A.B.A. 认证的3年制法学日校；或经 A.B.A. 认证的4年制法学夜校	入学时无住所

走进法学院

246

第十三章 法律职业组织和执业准入

续表

	之前所需的最低通识教育量		法律学习期间的确定和分配			居住要求（仅适用于原申请人，不适用于律师礼让录取申请，通常对其提出单独的要求）
	法律学习开始阶段	终期考核	完全不在校	部分在校	完全在校	
马里兰州	注册大学的 90 学时；课程见当地规定	—	不允许	不允许	A. B. A. 认证的法学院校	申请和录取时的住所
马萨诸塞州	大学学位	—	不允许	不允许	3 年制全日制学校或 4 年制非全日制学校的毕业生	无
密歇根州	3 年制	—	不允许	不允许	3 年制全日制学校或 4 年制非全日制学校的毕业生	无，但申请人必须使委员会确信，他真诚地打算在该州执业或教授法律
明尼苏达州	适用 A. B. A. 规则	—	不允许	不允许	在 A. B. A. 认证的院校获得法学学士（L.L.B.）或同等学历	入学时须居留
密西西比州	2 年制	—	律师事务所实习 2 年。该项须经事先批准	未规定	A. B. A. 认证的院校或杰克逊法学院毕业生	申请时的真实居所

247

续 表

州	法律学习开始之前所需的最低通识教育量		法律学习期间的确定和分配			居住要求（仅适用于原申请人，不适用于寻求礼让录取的律师，通常对其提出单独的要求）
	法律学习开始阶段	终期考核	完全不在校	部分在校	完全在校	
密苏里州	3年制	—	不允许	不允许	法律学习开始后90天内注册，并在A.B.A.批准的学校获得法学学士学位	入学时须居留
蒙大拿州	3年制或同等学力	—	不允许	不允许	A.B.A.认证院校毕业生	填写申请书之日起6个月前，为真实居住的
内布拉斯加州	大学2年	—	不允许	不允许	A.B.A.认证法学院毕业生	必须是居民
内华达州	在经认证的学院学习3年课程（全日制3年），或2年课程学习（全日制4年）	—	不允许	不允许	A.B.A.认证法学院毕业生	在考试年度的3月1日前成为有效的居民，并在7月考试前保持有效
新罕布什尔州	3年大专	—	不允许	不允许	A.B.A.认证院校毕业生	入学时须居留

第十三章 法律职业组织和执业准入

续 表

州	之前所需的最低通识教育量		法律学习期间的确定和分配			居住要求(仅适用于原申请人,不适用于寻求礼让录取的律师,通常对其提出单独的要求)
	法律学习开始阶段	终期考核	完全不在校	部分在校	完全在校	
新泽西州	3年大专	—	不允许	下一栏所要求的法学院学习和修完一门批准的技能和方法课程,除非获得许可的见习9个月可以替代修习该课程	A.B.A.认证法学院毕业生	考试时定居或者声明有意在本州定居或维持在本州内主要事务所以从事法律业务
新墨西哥州	2年大专	—	不允许	不允许	A.B.A.认证法学院毕业生	90天
纽约	3年大专或同等学力	—	不允许	修读获批准的法学院一年级课程,因此加上法律实习合共4年	在获批准的法学院顺利完成3年全日制或4年夜校课程,并获得法学学士学位	6个月

续 表

	之前所需的最低通识教育量		法律学习期间的确定和分配			居住要求（仅适用于原申请人，不适用于寻求礼让录取的律师，通常对其提出单独的要求）
	法律学习开始阶段	终期考核	完全不在校	部分在校	完全在校	
北卡罗来纳州	完成学院或大学所在州要求的大学学士学位所需学习总量的3/4	—	不允许	不允许	获得北卡罗来纳州协会批准的法学院的法律学位；或者在笔试后60天内取得法学学位；或申请人已成功修毕北卡州律师公会所要求的第IX. Sec. 3 条所列课程。	6月15日考试
北达科他州	3年大专	—	不允许	不允许	获得A.B.A.认证院校的学位	入学时须居留
俄亥俄州	经认证学院的学位	—	不允许	不允许	获得A.B.A或俄亥俄州法学院联盟认证院校的法学士学位，并接受10小时的法律道德和职业责任课堂教学	入学时须居留

250

续　表

州	之前所需的最低通识教育量		法律学习期间的确定和分配			居住要求（仅适用于原申请人，不适用于律师礼让录取并让其提出单独的要求，通常对其提出单独的要求）
	法律学习开始阶段	终期考核	完全不在校	部分在校	完全在校	
俄克拉荷马州	学士学位，至少120学分	—	不允许	不允许	要求注册并获得A.B.A.或信誉审查委员会批准的学校毕业	参试时居留
俄勒冈州	2年大专	—	不允许	不允许	在最高法院完成正规课程批准的法学院正规课程，课程期限不得少于3年	居民或申请时以宣誓书的形式表达具有成为居民的真实意愿，但在被接纳前须向最高法院记官提交居民宣誓书
宾夕法尼亚州	经评审机构颁授的合格学位，而委员会认为该机构所颁授的学位与大学本科教育程度相当	—	不允许	不允许	获得A.B.A.认证院校的学位	入学时宣示在本州执业的意愿

续表

	之前所需的最低通识教育含量		法律学习期间的确定和分配			居住要求（仅适用于原申请人，不适用于寻求礼让录取对其提出单独的要求的律师，通常）
	法律学习开始阶段	终期考核	完全不在校	部分在校	完全在校	
波多黎各	学士学位	—	不允许	不允许	在本地区（P.R.内）内，须获得经高等教育委员会认证院校授予的法学学位；如果在本地区外（P.R.外），须获得A.B.A.认证院校授予的法学学位	申请前1年
罗得岛	—	—	不允许	不允许	经认证的法学院校毕业，外加3个月实习，或者加上6周的培训课程	入学前3个月
南卡罗来纳州	—	—	不允许	不允许	获得A.B.A.或南卡罗来纳州最高法院认证院校的学位	申请参加考试前3个月
南达科他州	3年大专	—	不允许	不允许	在A.B.A.认证院校进行3年全日制或4年非全日制学习并毕业	申请时居住。非居民必须提供成为公民意图的证明

续 表

	之前所需的最低通识教育量		法律学习期间的确定和分配			居住要求（仅适用于原申请人，不适用于寻求礼让录取的律师，通常对其提出申请独的要求）
	法律学习开始阶段	终期考核	完全不在校	部分在校	完全在校	
田纳西州	取得认证院校的学士学位	—	不允许	不允许	须经A.B.A.或法律审查委员会认证院校毕业	具有在州内居住和执业的善意意图。在州内建立住所和居住至少两个月后获得许可
得克萨斯州	90学时	—	不允许	36个月。需要注册	在获得认证后进行全日制27个月学习或非全日制36个月学习，并获取50个学时的学分	3个月
犹他州	3年大专	—	不允许	不允许	在当地法学院毕业并获得法学学士学位或同等学历，该学位要求在认可机构至少学习6年的专业和学术知识。	申请前3个月
佛蒙特州	3年大专	—	注册后4年	注册后4年。修满4年制法学院要求学分	在最高法院批准的法学院就读3年	法学院毕业生，申请人参加考试须或州外律师批准的法学或6个月，必须是美国公民，并居住6个月以上

续 表

	之前所需的最低通识教育量		法律学习期间的确定和分配			居住要求（仅适用于原申请人,不适用于寻求礼让录取的律师,通常对其提出单独的要求）
	法律学习开始阶段	终期考核	完全不在校	部分在校	完全在校	
弗吉尼亚州	3年大专	—	36个月的法律学习。需要注册	修满3年制法学院要求学分	A.B.A.或考试委员会批准的研究生院	考试前2到3个月
华盛顿	4年大专	—	法律事务所学习4年。需要注册	在法学院学习,但未授予学位,然后经董事会决定在律师事务所继续学习	经认证院校毕业	入学时为正式居民
西弗吉尼亚州	3年认证大专	—	不允许	不允许	取得经A.B.A.认证院校学位	1年
威斯康星州	3年大专	—	不允许	不允许	须从A.B.A.认证院校毕业	申请时为居民
怀俄明州	3年大专	—	不允许	在认证的法学院学习1年,在法律事务所学习2年	在认证的法学院就读3年	申请时具有6个月的真实居留权

254

法学院入学要求和律师资格要求[1]

（美国律师协会）

---

[1] 选自《法学院入学要求和律师资格要求》,《美国法律教育回顾》,1973年秋季,美国律师协会,1974。

第十四章　职业责任

一、法律伦理的重新思考[1]

如果一个人要在这个时代写一本关于律师良知的书,那么他可以从审视并试图调和每位律师身上存在的个人与职业之间的冲突开始。这种冲突并不是法律界独有的;它是医生、会计师、商人、牧师、官员、工会领袖、政客和工人面临的一个核心困境。在更广泛的意义上,这是一个两难困境,每个人都必须对不同的人做不同的事情,同时在某种意义上保持自我的真实性——父母、配偶、邻居、选民、俱乐部成员和朋友。然而,这一困境对专业人士来说尤其具有压迫感,因为他们的职业涉及其在执业过程中的高度自主性。这种自主性相应地减少了将职业行为归因于外部环境要求的自由。没有"我们"或"他们"(而不是"我")来为所做或将要做的事承担责任。在这方面,法律——特别是在咨询和

---

[1] 选自小杰弗里·C.哈泽德在《律师的良知》(The Conscience of a Lawyer)一书中的一篇评论,1974。

宣传的典型形式层面,以及医学——特别是以其诊断和外科操作的典型形式,是最苛刻的。医疗专业人员面临的选择是以技术和科学可能性为框架的,但法律专业人员的选择只能以权利和正义的抽象形式为框架。

在探索自己内心的这种冲突时,律师能从外部获得的指导十分有限。律师与客户关系的法律规则告诉律师,他是受托人。然而,这些规则的细节并没有告诉他更多,只是告诉他,受托人不应该从委托人那里偷东西,也不应该对他说谎,除非委托人没有准备好面对真相。法律规则也告诉他,他是法官,在某种意义上负有忠实于法律的义务。但这些规则并没有告诉他作为法庭官员或者忠于法律意味着什么,除了他不应该对法庭说谎或违反实在法。职业道德规则告诉他,在建议客户做什么的时候,他可能会进行道德上的考量,在触及道德底线时,他可能会拒绝继续为客户服务。但它们并没有告诉他道德的哪些方面是相关的,什么道德教育是最有价值的,如何进行自己的道德思考,以及他在这种思考中可以谋求什么样的伙伴关系来寻求建议和支持。它们不会告诉他如何处理这样一个事实:根据他决定做什么,同行们可能会认为他是滥好人,换言之或是唯利是图的坏蛋。

如果一名律师以正式的方式征求同事的意见,他们很可能会让他重新查阅法律和道德准则。这将使他想起外在的限制——他不能偷窃,也不能说谎。他的同事可能还会引用他的一个一般性的伦理命题,当然,这个命题不会决定一个具体的案例,或者几个一般性的命题,这些命题的帮助可能更小。正如我们告诉客户的,"一方面……另一方面……"如果他以一种非正式的方式寻求同事的建议,他可能会针对自己的正直标准、老练程度或勇气提出痛苦且可能令人尴尬的问题。如果他幸运的话,他可能会找到一位同事,对方能够理解他的困境,而不会因为他的痛苦对他做出评判,甚至愿意与他进行对话。

这样的对话并不多见。我参加过的那些口头演讲,最后都会以这样的问题结束:"好吧,你想成为什么样的人?"这个问题表明了真正潜在困难的本质,一个人作为专业人士所做的事情不可避免地成为他作为一个人的一部分。对于从业已久的专业人士来说,任何对这个问题的新答案都可能来得太晚。对于年轻的专业人士来说,专业自我和内在自我都还处于形成阶段,一个特定困境的解决只决定了一个非常复杂的联立方程的一个元素:我的社会参照群体在社区的哪个部门?我所在的道德参考组属于专业团体的哪一部分?如果我在这个问题上做这样或那样的选择,对我的职业地位会有多大的影响?我有足够的能力和良好的职业环境来承受任何严重的后果吗?那些夸夸其谈的人在面临艰难抉择时,真正会做些什么?我能为以我为生的家庭承担什么样的风险?我能否代表或多或少依赖我的专业人士承担哪些风险?他们会替我承担哪些风险?

不言而喻,没有人能替别人解出这种方程。与此同时,对其组成部分的讨论可能有所帮助,至少在一定程度上缓解了内在自我和职业自我之间经历冲突时所固有的孤立感。此外,它可以确立观点、态度和比例,从而缓和这种经验固有的扭曲倾向。如果这句话来自一个曾经是执业律师,现在是教师的人,这可能很有启发。

再者,如果你要写一本关于律师在这个时代的良知的书,你可以谈谈这个职业的工作条件,它使得调和职业理想和职业现实之间

第十四章 职业责任

的冲突变得如此困难。律师职业的传统道德规范主要涉及法庭辩护人的角色、法律顾问在独立交易中的作用以及吸引私人客户的适当性问题。这些规范源于并仍然主要面向职业的概念,即职业是一个独立的从业人员团体(即使是在公司组织中的从业人员),在基本稳定的规则框架下,根据具体案例和交易向个人提供服务。

这个职业的许多工作仍然符合这个概念,但是越来越多的工作不再符合。目前,约25%的律师为政府或私营企业工作,只有约1/3(低于1948年的61%)是个体执业律师。越来越多的律师与其他人(包括准专业人士)合作完成工作,他们关心的是实体法如何适用于不断变化的现实条件,包括修改法律以适应客户的需要。许多律师只有隐喻意义上的"客户":他们的服务是提供给组织和利益集团的,这些组织和利益集团的身份和行为能力是由法律赋予的。在该职业的显著因素中——就职业地位、公众影响和收入而言——以及在其年轻群体中,这些趋势尤其明显。律师必须成为组织的一分子,在组织环境中为组织服务,处理组织性而非个体性问题。

这种环境的变化对律师的自主性,当然还有自主意识产生了深刻而不可避免的影响。它带来了复杂的法律和道德责任新问题,仅仅以许多公共和私人律师以这样或那样的方式卷入水门事件的活动为象征。这些问题很少得到系统的探讨。例如,当咨询顾问为客户提供全职服务时,"根据咨询顾问的建议行事"的主张具有什么意义?为什么与作为交易组成部分的法律顾问之间的通信应被视为机密,如同与法律顾问事先不知道的交易有关的追溯通信一样?如果一名律师是为一个组织提供服务的,为什么其法律地位不同于其他为组织服务的人,例如为组织的不法行为承担责任或为组织的代表所做的陈述承担责任?

律师从提供无私的建议和主张转变为积极的参与者,在某种意义上使他成为自己专业服务的接受者。他在这方面有什么责任?例如:"刑事司法系统"的律师作为检察官的责任是什么?检察官有充分的理由相信,在警队中服务的法律工作者们在他们的逮捕报告中没完全真实的证据?如果他知道这个系统的制裁很可能是无效的,甚至仅仅是象征性的呢?如果他知道刑事判决中最重要的某一决定因素是系统中哪个法官决定的呢?

如果一个辩护律师知道他的几乎所有当事人都可能犯下至少与被指控罪名同样严重的罪行,那么他有什么责任?如果他的当事人认为他们可以逍遥法外,他们不仅会对法庭撒谎,还会对他撒谎呢?

如果一位法律顾问怀疑他的公司雇主或聘用者在规避法律,甚至在进行彻头彻尾的欺诈,却没有告诉他,他又有什么责任?谁知道他的客户的竞争对手们是否也如此行事呢?

一个受雇于某律师事务所或某律所的职员,如果怀疑他的合伙人参与了非法、越权或破坏公共利益的行为,他有什么责任?

这些都是痛苦的问题,每一个从事法律实务的人都会或多或少地感受到这些问题的痛苦。这意味着如果个人的偶然参与经历都是可怕的,更不用说作为职业生活的伴随物又当如何。问题不容易解决,但其就在面前,不容逃避。特别是对于一个曾经是律师而转行为教师的人而言,足可以据此进行一场富有成效的演说。

再强调一次,如果一个人在这个时代写一本关于律师良知的书,他可以谈论律师的人际交往方式对律师和法律程序本身的非专业认知这一事实的道德和心理影响。在执业过程中,律师必须与客户、公职人员、证人和其他信息提供者、交易的其他当事方以及其他律师打交道。这种参与的性质可能大不相同。就委托人而言,律师可以是专横的或"民主的",与委托人坦诚相待或保持距离,相对敌意或宽容地表达对他人的态度,尊重或轻视法律和法律程序。律师与对方当事人、律师、证人等的关系也可能存在类似的变化。

这些关系的质量影响着法律的现实价值,最终影响着法律在社会眼中的道德品质。要记录这方面的具体后果并不容易,因为这个问题确实没有得到太多的关注。然而,有一个很容易想到的例子。几年前,密苏里州的一项对律师客户的调查表明,从律师与委托人的关系中出发,客户们普遍对己方律师的正直充满信心,但对对方律师和司法系统本身的公正性却信心不足。很明显,委托人对其他律师和法院的印象主要是自己的律师传达的。另一个显而易见的例子是,在陪审员作为诉讼参与人的经历中,他们常常感到被忽视甚至被滥用;而证人,尤其是刑事案件中的控方证人,亦有同感。毫无疑问,"法律人"或多或少地把他们视为非人,这一事实解释了这种印象的很大一部分。委托人同样也经常感到受到制度的折磨;正如勒恩德·汉德[1]之名言"作为诉讼当事人,除了疾病和死亡以外,我对诉讼的恐惧几乎超越了其他任何东西",这句话肯定不只是在表明诉讼结果的不确定所引发的焦虑。

---

[1] 勒恩德·汉德(Billings Learned Hand, 1872—1961),美国法官、法学家,担任美国联邦法官长达40多年,被誉为"法律的缔造者",代表作《自由的精神》。——译者注

尽管律师的人际关系很重要,但他们几乎完全忽视了律师人际关系所带来的问题(除了偶尔受到一些特殊对待,如家庭关系中的法律咨询)。人际关系风格在法律职业中被简单地视为个人特质或个性的问题,尽管来自业外人士对律师的批评表明,神经质的风格可能是我们这个职业的整体性问题。在法学院,人们对人际关系同样漠不关心,尽管其"强硬"风格很可能源自苏格拉底教学法的例子。无论如何,作为律师履行其专业职责的一个方面,这一主题值得仔细探讨……

(小杰弗里·C.哈泽德[Geoffrey C. Hazard, Jr.])

二、《美国律师协会职业责任法典》[1]

规则1
律师应当尽力维护法律职业的正直品质和专业资格

执业纪律规则

DR 1-101 维护法律职业正直品质和专业资格

(A) 律师在申请律师资格时做出实质性虚假陈述,或者故意不披

---

[1] 编者按:1974年修订的《职业责任法典》是美国律师协会推荐的法律伦理规范。法律职业由州一级管理,而不是国家一级管理。美国律师协会(The A.B.A.)是一个自愿组织,而不是政府的管理机构。因此,《职业责任法典》只是一个指南,除非它是在某一个州被采用来规制该州的律师协会。大多数州和哥伦比亚特区在某些情况下都采用了该准则,并进行了修订。该法典由3个相关部分组成:总则、执业纪律规则和道德考量。道德考量详细阐述和解释了执业纪律规则。

露与申请律师资格有关的重要事实的,应当受到纪律处分。

(B) 执业律师不得推荐其明知在品格、教育或其他方面不符合律师职业要求的人申请进入律师行业。

DR 1–102 不当行为

(A) 律师不能做出下列行为:

(1) 违反《执业纪律规则》;

(2) 通过他人行为规避《执业纪律规则》;

(3) 从事道德败坏的违法行为;

(4) 从事涉及不诚实、欺诈、欺骗或虚假陈述的行为;

(5) 从事有损司法的行为;

(6) 从事其他不利于其从事法律工作的行为。

DR 1–103 向当局披露信息

(A) 律师如知悉存在 DR 1–102 规定的违规行为,应向法庭或其他有权调查或采取行动的机构报告。

(B) 律师如掌握关于其他律师或法官的非特权性信息或证据的,应在有权对律师或法官的行为进行调查或采取行动的法庭或其他当局的恰当要求下充分披露此类信息或证据。法庭或其他有权调查的机构或根据律师或法官的行为采取行动。

规则 2
律师应当履行律师行业应有职责

执业纪律规则

DR 2 101 般宣传

(A) 律师不得准备、使准备、使用、参与任何形式的公开传播,其中包括旨在吸引非专业客户的专业自荐声明;在此,"公共传播"包括但不限于通过电视、广播、电影、报纸、杂志或书籍进行的传播。

(B) 律师不得通过报纸或杂志广告,广播或电视公告,在城市或电话目录登出广告,或其他的商业宣传手段,宣传自己,或其合伙人,或受雇律师,或任何隶属于他或其事务所的其他律师,也不得授权或允许其他人代表其这样做。但是,由 DR 2-103(D)(1)至(5)中列举的任何办事处或组织推荐、支付或提供法律服务的律师,可以授权、允许或协助该组织使用不以姓名识别任何律师的商业宣传手段来描述其法律服务或法律服务福利的提供情况或性质。本规则并不禁止有限度和有尊严地识别律师和姓名:

(1) 在政治广告中,与其职业地位与政治竞选事务或者政治问题有关的;

(2) 在公开通知中,律师的姓名和职业是法律要求或授权的,或与吸引潜在客户以外的目的有合理关联的;

(3) 担任董事或者高级管理人员的善意的企业、公民、专业组织或者政治组织的日常报告和公告;

(4) 在其起草的法律文件中;

(5) 法律教科书、专著和其他法律出版物及其中的郑重声明;

(6) 在 DR 2-103(D)(1)至(5)中列举的任何办事处或组织的私人通信中,以及 DR 2-102(A)(6)允许的履历信息,以回应该办事处或组织的成员或受益人的查询。

(C) 律师不得因预期新闻项目的专业性宣传,作为回报而向新闻、广播、电视或其他传播媒介的代表赔偿或给予任何有价值的东西。

第十四章 职业责任

DR 2–102 专业通知、信笺抬头、办公室和法律指南

（A）律师或律师行不得使用职业名片、职业公告卡、办公标志、信笺抬头、电话号码簿、法律指南、法律目录清单或类似的专业告示或设备，但下列各项如采取郑重形式，则可予以使用：

（1）律师职业名片，用以识别律师姓名，并提供其地址、电话号码、律师事务所的名称，以及根据 DR 2–105 所准许的任何资料。律师事务所的职业名片还可以注明该所成员和律师的姓名。此类卡片可用于识别身份，但不得在期刊、杂志、报纸或其他媒体上发布。

（2）职业公告卡，用以简要说明律师或者律师事务所的新的或变更的协会或者地址、事务所名称变更或者与事务所业务相关的类似事项，可以邮寄给律师、委托人、原委托人、个人朋友、亲属。除为确认律师身份或解释律师关系的变更而有合理必要外，不得陈述个人履历资料，但可以陈述律师最近的前次职位。该卡可以给出继任律师事务所的名称和日期。除非 DR 2–105 允许，否则不得说明执业性质。

（3）在办公场所的门上或者办公场所附近以及在建筑物名录上标明律师事务所的标志。除非 DR 2–105 允许，否则该标志不得说明执业性质。

（4）律师的信笺抬头，用以识别姓名及律师身份，并提供他的地址、电话号码、其所在律师事务所、合伙人及根据 DR 2–105 准许提供的任何资料。律师事务所的信笺抬头也可以注明成员和合伙人的姓名，以及与已故和退休成员有关的姓名和日期。如果一名律师与另一个

律师或律师事务所(合伙人或合伙人除外)保持长期关系,则可以在信笺抬头上注明为"法律顾问"。律师或律师事务所也可被指定为"总法律顾问",或在委托人的信笺上以类似的专业参考的形式被指定为"首席法律顾问",前提是该律师或律师事务所在代表该委托人方面投入了大量的专业时间。律师事务所的信笺抬头可以连续地写明前任律师事务所的名称和日期。

(5) 律师或律师事务所的办公室在电话簿的字母和分类部分的列表,该列表列出了律师或律师事务所所在的地理区域或办公区域,或其主要委托人所在的区域,以及律师或律师事务所所在城市的城市名录,但该列表可能只提供律师或律师事务所的名称、律师身份、地址和电话号码。清单不得采用独特的格式或者文字。律师事务所的名称可以与其成员和合伙人的名称分开。分类章节中的列表不应属于"律师"(attorneys)或"法律人"(lawyers)以外的标题或分类,但有 DR 2-105 中提及的执业类型作为附加标题或分类的除外。

(6) 在信誉良好的法律指南或法律目录中,提供简要的传记和其他信息数据。如果法律指南或目录的管理或内容可能误导或有损于公众或专业人士,则该指南或目录的声誉不佳。如果一份法律指南被美国律师协会认定符合其规则和标准,则该指南最终被确定为信誉良好。公布的数据只能包括以下内容:名称,包括律师事务所名称和专业合伙人姓名;地址和电话号码;律师或律师事务所集中从事的一个或多个法律领域;限制在一个或多个法律领域的执业声明;律师或律师事务所专门从事某一特定法律领域或法律实务的声明,但须依据 DR 2 – 105(A)(4)条的授权;出生日期及地点;州和联邦法院执业准入日期和地点;就读的学校,包括毕业日期、学位和其他学术特征;公职人员或准公职人员;服兵役;荣誉职位;法律著作权;法律教学职位;律师协会的会员资格、办公室、委员会分配和分会会员资格;法律兄弟会和法律学会的会员资格和办事处;技术和专业许可;科学、技术和专业协会成员;外语能力;介绍人的姓名、地址,并经介绍人同意,常驻客户名单。

(B) 私人执业律师不得以商号执业,或以该商号执业的一名或多于一名律师的身份有误导性的名称执业,或以律师行内一名或多于一名律师以外的其他名称执业的律师行名称执业,但专业法团或专业协会的名称可包括在"P. C."或"P. A."或表明组织性质的类似符号中,如果其他方面合法,一家律师事务所可以使用或继续使用包括其名称是律师事务所或前身律师事务所的一个或多个已故或退休成员的名称或连续继承的名称。律师担任司法、立法、公共行政或者行政职务的,在其不作为律师事务所成员经常从事法律业务的重要期间,不得将其姓名保留在律师事务所的名称中,不得在律师事务所的专业公告中使用,其间,其他律师不得在律师事务所名称或者律师事务所的专业公告中使用其姓名。

(C) 律师不得自称与一名或多名其他律师有合伙关系,除非其具备真实的合伙关系。

(D) 在不同司法管辖区取得执业资格的律师之间不得建立或继

续合伙关系,除非在律师事务所信笺抬头以及其他许可清单中列出的律师事务所的所有成员和合伙人的名单中明确对那些未获准从事所有司法管辖区业务的律师事务所的成员和合伙人的管辖范围;但是,在每个司法管辖区可以使用相同的律师事务所名称。

(E) 同时从事法律执业及其他专业或业务的律师,不得在其信笺抬头、事务所招牌或职业名片上如此表示,亦不得在任何与其他专业或业务有关的刊物上表明其律师身份。

(F) 本文件所载任何规定均不得禁止律师使用或允许使用与其姓名有关的由其取得的表明其接受法律训练的学位或头衔。

DR 2–103 法律就业推荐

(A) 律师不得向未就聘请律师征求其意见的非律师推荐其本人、其合伙人或受聘律师以私人执业身份受聘。

(B) 除 DR 2–103(C)项所准许外,律师不得补偿或给予任何有价值的东西予任何人或组织,以推荐或确保其被委托人雇用,或作为因推荐而被委托人雇用的报酬。

(C) 律师不得要求任何个人或组织以私人执业者的身份推荐或促进使用其服务,或其合伙人或合伙人的服务,或与他或他的事务所有关联的任何其他律师的服务,但以下情况除外:

(1) 他可向律师转介服务处请求转介,而转介服务是由该协会所在地理区域的大律师公会代表营办、赞助或批准的,并可在该处支付其费用。

(2) 在下列情况下,他可与 DR 2–103(D)(1)至(5)段所列任何办事处或组织的法律服务活动合作:

(a) 向其做出建议的人是该办事处或组织的成员或受益人。

(b) 该律师仍可自由地代表其委托人行使其独立的专业判断,而不受该组织或任何与该组织有关人士的指示或规制。

(D) 律师不得明知而协助向他人提供或支付法律服务的个人或组织,以私人执业方式推广其服务或其合伙人、受聘律师或与其或其事务所的其他任何相关律师的服务,但在 DR 2-101(B)中许可的情形除外。但是,这并不禁止律师、其合伙人、受聘律师或任何其他与他或他的事务所有关联的律师,作为私人执业律师受雇于或受薪于与下列促进使用他或他的合伙人、受聘律师或与其或其事务所的其他任何相关律师的服务的办公室或组织之一或与之合作,代表委托人行使独立的专业判断,不受任何组织或者其他人干涉、控制的:

(1) 法律援助机构或者公设辩护机构:

(a) 由正式认可的法学院经营或赞助。

(b) 由善意的非营利社区组织经营或赞助。

(c) 由政府机构经营或赞助。

(d) 由某一律师协会经营、赞助或批准,且该协会为其所在地理区域的总律师协会。

(2) 军事法律援助机构。

(3) 由所在地理区域的总律师协会代表经营、赞助或者批准的律师转介服务。

(4) 代表所在地理区域的全体律师的律师协会或者经该律

师协会经营、赞助、批准的组织。

（5）向其成员或者受益人提供援助或者支付法律服务费用的其他组织，应当具备下列条件：

（a）关于合格法律援助组织以外的其他组织：

（ⅰ）这类组织不是以营利为目的，其主要目的不包括建议、提供、援助或支付法律服务。

（ⅱ）所述服务必须只是附带的，并且必须与该组织的主要目的合理地有关。

（ⅲ）该等机构或其上级机构或附属机构不从该律师提供的法律服务中获取利润或商业利益。

（ⅳ）接受法律服务的成员或受益人，而不是接受法律服务的组织，被确认为该律师的委托人。

（ⅴ）本组织的任何成员或受益人可自由选择律师，但如果这种独立选择是由委托人做出的，若该组织习惯上通过其预先选择的律师提供法律服务，则该组织应立即向该成员或受益人偿还由该组织选择的律师提供的上述服务将使该组织付出的公平合理的费用。

（ⅵ）该类组织遵守所有适用的法律、法院规则和管理其业务的其他法律要件。

（ⅶ）律师、其合伙人、受聘律师或与其事务所相关联的任何其他律师，不得出于向其或其事务所提供全部或部分财务或其他利益的目的而发起该组织。

（ⅷ）本组织章程、章程细则、与律师的协议、福利及申购费用明细表及任何修订或变更,均在自生效之日起60天内与对本州律师纪律具有最终管辖权的法院或其他机关一并提交,并在每个会计年度结束后60天内提交一份财务报表,显示其法律服务活动,所取得的收入、已付或已产生的开支及福利,均以主管机关所订明的格式存档。

(ⅸ)但是,为保障和维护宪法保障的权利而组织的任何非营利性组织应免除第(ⅴ)和(ⅷ)项的规定。

(b)关于合格的法律援助组织[未在DR 2‐102(D)(1)至(4)中提及]:

(ⅰ)该组织的主要目的可以是营利的或非营利的,其主要目的包括建议、提供、援助或支付法律服务。

(ⅱ)接受法律服务的成员或受益人,而不是接受法律服务的组织,被确认为该律师的委托人。

(ⅲ)该类组织遵守所有适用的法律、法院规则和管辖其业务的其他法律要件。

(ⅳ)律师、其合伙人、受聘律师或与其事务所相关联的任何其他律师,不得出于向其或其事务所提供全部或部分财务或其他利益的目的而发起该组织。

(E)律师在知道或应当知道寻求其服务的人是因违反了本《执业纪律规则》时,不得接受雇用。

DR 2‐104 法律服务需求建议

(A) 任何律师如主动向非专业人士提供未经请求的建议,建议其应寻求律师意见或采取法律行动,除下列情形外,不得接受因该建议而产生的聘用:

(1) 律师可以接受其亲密的朋友、亲属、以前的委托人的聘用(如果咨询意见与以前的工作有关),也可以接受律师有理由认定为委托人之人士的聘用。

(2) 律师参加旨在教育非专业人员认识法律问题、明智选择律师或者利用现有法律服务的活动,如果这些活动是由有资格的法律援助组织进行或赞助的,律师可以接受这种活动所产生的雇用关系。

(3) 由 DR 2‐103(D)(1)至(5)中列举的任何一间办事处或组织推荐、提供或支付费用的律师,可在其中规定的范围和条件下,代表其成员或受益人。目前由 DR 2‐103(D)(5)(a)中定义的法律援助组织推荐、提供或支付法律服务的律师,如法律援助组织的成员或受益人已成为该法律援助组织计划下的客户,不得在该机构计划提供的福利未涵盖的任何事项中接受该法律援助组织成员或受益人以私人执业律师身份的雇用。

(4) 在不影响律师接受雇用的权利的情况下,律师只要不强调自己的专业经验或名誉,亦不承诺提供独家意见,即可就法律问题公开发言或发表文章。

(5) 在集体诉讼中,当事人的权利或辩护权的取得,有赖于他人的共同诉讼的,律师可以接受但不得向为取得共同诉讼目的订立合同的人寻求受雇。

DR 2-105 执业限制

(A) 律师除根据 DR 2-102(A)(6) 或以下规定许可外,不得公开自称为专家或限制其执业:

(1) 在美国专利局(United States Patent Office)执业的律师可以在他的信笺抬头和办公室签名上使用"专利""专利代理人"或"专利律师"等名称,或上述名称的任何组合。从事商标业务的律师可以在其信笺抬头和办公标识上使用"商标""商标代理人"或"商标律师"或上述术语的任何组合;从事海事执业的律师可以在其信笺抬头和办公标识上使用"海事""海事代理人"或"海事律师"或上述术语的任何组合。

(2) 律师可以根据其接受转介的法律领域,将其姓名列入律师转介服务办事处。

(3) 律师担任某一法律或法律事务部门其他律师的顾问或助理的,可以向其他律师发布并在法律期刊上发表有尊严的公告,不得以日历年 1 次以上的频率发给律师,但可以定期在法律刊物上发表。

(4) 根据州法律对律师的专门业务具有管辖权的机关认证为某一特定法律领域或法律实务专家的律师,可以自称为专家,但必须按照该机关规定的规则。

DR 2-106 法律服务费

(A) 律师不得订立协议约定佣金或收取非法或明显过高的费用。

(B) 费用显然过高,在审查事实后,一般审慎的律师会明确坚信该费用超过合理的费用。在确定费用是否合理时,应当考虑以下因素:

(1) 所需的时间和劳动,所涉及问题的新颖性和难度,以及正确履行法律服务所需的技能。

(2) 如委托人明显觉得接受某项雇用会妨碍律师另作雇用的可能性。

(3) 在当地习惯收取的类似法律服务费用。

(4) 涉案金额和取得的结果。

(5) 因委托人或者情况造成的时间限制。

(6) 与委托人的业务关系的性质和期限。

(7) 律师或者律师执业的经验、名誉和能力。

(8) 费用是固定的还是不固定的。

(C) 律师不得为在刑事案件中代表被告人订立佣金或收取额外费用的协议。

DR 2-107 律师费用划分

(A) 律师不得与非其律师事务所合伙人或该事务所其他受聘律师分摊法律服务费,除非:

(1) 委托人在充分披露将进行费用分摊后,同意聘请另一名律师。

(2) 按所提供的服务和各自承担的责任比例进行划分。

(3) 律师为委托人提供的法律服务,其费用总额不超过合理报酬。

(B) 本《执业纪律规则》并不禁止根据离职或退休协议向前合伙人或受聘律师支付薪酬。

DR 2-108 限制律师执业的协议

(A) 除非作为支付退休福利的条件,否则律师不得成为或参与与另一律师订立的合伙或雇用协议的一方,该协议限制律师在该协议所建立的关系终止后从事法律工作的权利。

(B) 律师在解决争议或诉讼时,不得订立限制其执业权利的协议。

DR 2–109 接受聘用

(A) 如果律师知道或明显知道某人存在以下意图,则不能接受聘用:

(1) 以骚扰、恶意伤害他人为目的,提起法律诉讼、进行辩护、主张诉讼立场或者采取其他措施的。

(2) 在诉讼中提出不符合现行法律规定的主张或者辩护,但能够有善意的理由支持扩充、修改或者撤销现行法律的除外。

DR 2–110 离职

(A) 一般情况下。

(1) 法庭规则规定应当准予退出工作的,未经法庭许可,律师不得在该法庭进行的诉讼中退出工作。

(2) 在任何情况下,律师在采取合理措施以避免对其委托人的权利造成可预见的损害之前,不得退出其受雇工作,这些措施包括给予委托人妥善通知、留出时间聘请其他律师、向委托人交付其有权获得的所有文件和财产、遵守适用的法律和规则。

(3) 退职的律师须迅速退还任何未使用的预付费用。

(B) 强制退出。

代表当事人出庭的律师,在法庭规则规定的情况下,经法庭许可,应当退出工作;在其他事项上代表当事人的律师,如有以下情况,须离职:

(1) 明知或者明显知道委托人提起诉讼、进行辩护、主张诉讼立场，或者为他采取其他措施，只是为了骚扰、恶意伤害他人的。

(2) 明知或者明显继续执业将导致违反纪律的。

(3) 精神、身体状况不佳，难以有效执业的。

(4) 委托人解除聘用的。

(C) 允许退出。

如DR 2-110(B)不适用，律师不得请求在法庭审理的待决事项上退出案件，也不得以其他事由退出，除非此类请求或退出是因为：

(1) 他的委托人：

(a) 坚持提出不符合现行法律规定的主张或抗辩，并不能以善意的理由支持对现行法律的扩充、修改或撤销。

(b) 个人谋求从事非法行为。

(c) 坚持要求律师从事违法或违反《执业纪律规则》禁止性行为的。

(d) 由于其他行为导致律师无法有效地从事其工作。

(e) 在未经法庭审理的案件中，坚持认为律师的行为违反律师的判断和建议，但不受《执业纪律规则》禁止的行为。

(f) 故意不支付费用或不履行就费用与律师达成的协议或承担的义务。

(2) 继续受雇很可能导致违反《执业纪律规则》。

(3) 无法与协同律师合作，并表明委托人的最大利益可能通过回避得到满足。

(4) 精神、身体状况不佳,难以有效从业的。

(5) 委托人任意擅自宣布终止其受雇关系的。

(6) 律师在法庭审理的诉讼程序中善意地认为,法庭会发现存在其他退出的正当理由。

规则 3
律师应当协助防止非法执业

执业纪律规则

DR 3–101 协助非法执业

(A) 律师不得协助非律师从事未经授权的法律业务。

(B) 律师不得在该司法管辖区从事违反该司法管辖区的专业规则的法律工作。

DR 3–102 与非律师分配律师费

(A) 律师或律师事务所不得与非律师分配律师费,但下列情况除外:

(1) 律师与其律师事务所、合伙人或者合伙人之间的协议,可以约定在其死亡后的合理期间内,向其遗产或者指定的一人或者数人支付款项。

(2) 律师承担完成已故律师未完成的法律事务的,可以按照与已故律师提供服务相对应的费用总额的比例,向已故律师的遗产支付费用(报酬)。

(3) 律师或律师事务所可将非律师雇员纳入退休计划,即使该计划全部或部分基于分红协议。

DR 3–103 与非律师合伙

(A) 如果合伙的任何活动包括执业活动,则律师不得与非律师合伙。

规则 4
律师应当保守当事人的信托和秘密

执业纪律规则

DR 4-101 当事人信托和秘密保护

（A）"信托"（confidence）是指在适用法律下受律师—当事人特权保护的信息，而"秘密"（secret）是指在职业关系中获得的、当事人要求不受侵犯或披露会令当事人尴尬或可能有害于当事人的其他信息。

（B）除非根据 DR 4-101（C）准许，否则律师不得故意：

（1）泄露当事人的秘密。

（2）利用当事人的秘密，使当事人处于不利地位。

（3）为自己或第三人的利益使用当事人的秘密，但当事人在充分披露后同意的除外。

（C）律师可披露：

（1）经当事人或者受影响的当事人同意，但应当在向其充分披露秘密事项之后。

（2）纪律规则许可或者法律、法院裁定准许的秘密。

（3）当事人的犯罪意图和为防止犯罪所需的必要信息。

（4）为确定、收取费用或者为自己、员工、同事辩护，指控其有违法行为所必需的秘密事项。

（D）律师应采取合理的谨慎措施，防止其雇员、受聘律师和其他使用其服务的人士披露或使用其当事人的机密，但律师可通过雇员披露 DR 4-101（C）所允许的信息。

规则 5
律师应代表其当事人做出独立的专业判断

执业纪律规则

DR 5-101 在律师的利益可能影响其独立的专业判断时应拒绝聘用

（A）除非在全面披露后获得当事人同意,否则律师代表当事人行使专业判断存在或可能存在受到其本人的财务、业务、财产或个人利益的影响时,不得接受聘用。

（B）律师知道或明显知道他或他所在律师事务所的律师应被传召为证人,则不得在拟进行的诉讼或未决诉讼中接受聘用,但符合以下情形时,可接受聘用,并且该律师或其所在律师事务所的律师可作证：

（1）证人证言只与无争议事项有关的。

（2）如果证词只涉及形式问题,且没有理由相信会提出与证词相反的实质性证据。

（3）证人证言只涉及律师或者律师事务所在本案中为当事人提供的法律服务的性质和价值的。

（4）就任何事宜而言,如该律师或其律师事务所在该个案中具有独特价值,因拒绝会对其当事人造成重大困难。

DR 5-102 律师成为证人时应撤出作为代理律师的诉讼

（A）如律师在从事拟进行或未决的诉讼工作后,知悉或明显知道其或其律师事务所的律师应被传唤为其当事人方之证人,则应退出审判的进行,而其律师事务所（如有）亦不得继续在审判中担任代理,除 DR 5-101（B）（1）至（4）项所列举的情况下该律师可继续担任代理律师,同时该律师或其律师事务所的律师可进行作证。

(B)如律师在从事拟进行或未决的诉讼工作后,知悉或明显知道其或其律师事务所的律师应被传唤为非其当事人之证人,他可继续作证,直至明显他的证词对其当事人不利或可能不利。

DR 5–103 禁止谋取争讼利益

(A)律师不得在其为当事人进行的诉讼事由或诉讼标的中取得所有权权益,但他可以:

(1)取得法定留置权以保证其费用或开支。

(2)在民事案件中,就合理的胜诉分成与当事人订立合同。

(B)律师在为其当事人代理与拟进行或未决诉讼有关的案件时,不得预先或保证向当事人提供经济援助,但律师可以预先或保证诉讼费用,包括诉讼费用、调查费用、体格检查费用、取证和出示证据的费用,但其当事人最终仍须对这些费用承担责任。

DR 5–104 限制与当事人的商业交易

(A)律师如与当事人有其他利害关系,而该当事人期望律师在该项交易中行使其专业判断,以保护该当事人,则不得与其订立业务交易,除非该当事人在充分披露后已同意。

(B)律师在完成其受雇事项的所有内容之前,不得与当事人或准当事人订立任何协议,使其就其受雇或拟受雇事项取得出版权益。

DR 5–105 因另一当事人的利益可能损害律师的独立职业判断而拒绝接受或继续聘用

(A)律师如代表当事人行使独立的专业判断时存在或可能存在因受雇而受到不利影响或可能涉及其代理业务存在利益冲突,则应拒绝接受聘请,但 DR 5–105(C)项所准许的情况除外。

(B) 如果一名律师代表一名当事人行使其独立的专业判断将受到或可能受到他代表的另一名当事人的不利影响,或可能涉及其代理业务存在利益冲突,则该律师不得继续多次受雇,但 DR 5‑105(C) 允许的范围除外。

(C) 在 DR 5‑105(A) 及(B) 所述的情况下,如律师明显能充分代表每名当事人的利益,且在充分披露多个代表行为对其行使独立专业判断的可能影响后,如各当事人均同意,则其可同时代表多个当事人。

(D) 如律师根据纪律规则须拒绝委托或撤回委托,则其任何合伙人或受聘律师,或与他或他的律师事务所有联系的任何其他律师,均不得接受或继续该项委托。

DR 5‑106 对多个当事人近似主张的处理

(A) 代理两个或两个以上当事人的律师,不得就多个当事人的主张或其他人针对某个当事人的主张做出或参与做出合并和解,除非各个当事人在得知拟议的和解以及其所涉及的所有主张的存在和性质、和解的总额以及每个人参与和解的情况下表示同意和解。

DR 5‑107 避免受到非当事人之影响

(A) 除非在充分披露后获得当事人同意,否则律师不得:
  (1) 收取当事人以外的其他法律服务报酬。
  (2) 从当事人以外的其他人处收取与其当事人之代理或聘用相关的任何有价物品。

(B) 律师在为他人提供法律服务时,不得受为其提供建议、雇用或支付报酬的人的指导或控制,做出影响该法律服务的专业判断。

（C）律师不得与以营利为目的而成立的从事法律业务的专业法人或社团相合作或以此形式执业,但下列情况除外：
（1）非律师拥有其中的任何权益,但律师遗产的受托代表可在合理管理期间内持有该律师的股票或权益。
（2）非律师是该公司的董事或者高级管理人员。
（3）非律师有权指导或者控制律师的职业判断。

规则 6
律师应称职地代表当事人

执业纪律规则

DR 6-101 未能胜任

（A）律师不得：
（1）在缺乏有能力的律师的协助下,处理明知或应当知道自己没有能力处理的法律事务。
（2）处理法律事务时,未做与本案相适应的准备。
（3）玩忽职守。

DR 6-102 对当事人的责任限制

（A）律师不得试图免除或限制其对其当事人就其个人不当行为所负的责任。

规则 7
律师应当在法定范围内积极为其当事人代理

执业纪律规则

DR 7-101 积极代表当事人

（A）律师不得故意：

(1) 不经法律和《纪律准则》所允许的合理方式以实现当事人合法诉求,但 DR 7－101(B)规定的情况除外。但是,律师的下列行为并不违反本规定,即同意对方律师提出的不损害其当事人权利的合理要求,及时履行一切专业承诺,避免使用攻击性策略,或礼貌地对待所有参与法律程序的人。

(2) 未能履行与当事人签订的专业服务雇用合同,但当事人可根据 DR 2－110、DR 5－102 和 DR 5 105 的规定撤销。

(3) 在业务关系中对当事人存在偏见或造成其损害的,但 DR 7－102(B)规定除外。

(B) 律师在代表当事人时,可以:

(1) 在允许的情况下,行使其专业判断,放弃或未能维护其当事人的权利或地位。

(2) 拒绝协助或参与其认为非法的行为,即使有观点支持有关行为合法。

DR 7－102 在法律范围内代表其当事人

(A) 律师在代表其当事人时,不得:

(1) 在知道或该等行为明显会对他人造成骚扰或恶意伤害时,仍代表其当事人提起诉讼、提出诉讼主张、进行辩护、拖延审判或采取其他行动。

(2) 明知无正当现行法律根据而提出主张或抗辩,除非该主张或抗辩具有对现行法的扩充、修订或撤销的善意抗辩的支持。

(3) 隐瞒或者明知法律规定应当披露的内容而不披露。

(4）明知而使用伪造的证词或虚假证据。

(5）故意做出虚假的法律或事实陈述。

(6）明知或证据明显是虚假的,而参与制造或保全该虚假证据。

(7）明知当事人的行为违法或者欺诈的,为其提供法律顾问或者协助。

(8）故意从事其他违法行为或者违反《执业纪律规则》的行为。

(B）律师接获的资料若能清楚地证明:

(1）其当事人在陈述过程中对某人或法庭实施了欺诈行为,应立即要求该当事人予以纠正,如果该当事人拒绝或不能纠正,律师应向受影响的人或法庭披露欺诈行为,除非该信息作为特权通信而受到保护。

(2）当事人以外的人对法庭实施欺诈的,应当及时向法庭揭露。

DR 7－103 履行公诉人或其他政府律师的职责

(A）公诉人或其他政府律师在知道或没有明显正当理由而支持指控时,不得提出或使人提出刑事指控。

(B）公诉人或其他政府律师在刑事诉讼中应及时向被告人的辩护人或无辩护人的被告人披露其所掌握的有可能否定被告人罪行、减轻犯罪程度或减轻处罚的证据的存在。

DR 7－104 利益对立方沟通

(A）律师在代表其当事人的过程中,不得:

(1）就代理事宜与另一方进行沟通,或使另一方就该代理事宜与他所知的代表该另一方的律师或法律授权的另一方律师进行沟通。

(2) 向没有代理律师的人提供建议(但提供担保建议除外),如果该人的利益存在或可能存在与其当事人的利益冲突时。

DR 7‑105 威胁提出刑事诉讼

(A) 律师不得仅仅为了在民事争议中获得利益而提出、参与提出或威胁提出刑事指控。

DR 7‑106 庭审行为

(A) 律师不得无视或建议其当事人无视法庭常设规则或在诉讼过程中做出的法庭裁决,但其可以善意地采取适当措施,以检验该规则或裁决的有效性。

(B) 律师向法庭提出事项时,应披露:

(1) 他所知对其当事人立场有直接不利影响且对方律师并未披露的诉讼管辖权。

(2) 除特殊情况或者无关联情况外,其当事人和聘用者的身份。

(C) 律师以其专业身份出庭时,不得:

(1) 陈述或暗示任何没有合理依据显示与该案有关或不具有可采纳证据支撑的事项。

(2) 询问无合理根据显示与本案有关且意图贬低证人或者其他人士的问题。

(3) 表明本人对所争议的事实知情,但以证人身份作证的除外。

(4) 对诉讼的公正性、证人的可信性、民事诉讼人的有责性或者被告人的有罪或者无罪,提出个人的意见;但在对证据进行分析的基础上,可以就本案所述事项的立场或者结论提出异议。

(5)就其不遵守当地律师业或特别法庭既存礼俗或惯例的行为,而未及时向对方律师解释其意图。

(6)做出有损法庭尊严或失礼的行为。

(7)故意或习惯性地违反任何既定的程序规则或证据规则。

DR 7-107 审判公开

(A)参与刑事案件调查或与刑事案件调查有关的律师不得做出或参与做出庭外陈述,即理性人期望通过公开传播的方式获取该陈述,且不应只有陈述而不加说明:

(1)公开记载的资料。

(2)正在调查中。

(3)调查的一般范围,包括对犯罪行为的描述,以及在法律允许的情况下调查被害人的身份。

(4)协助逮捕嫌疑人的请求或者协助处理其他事项的请求和必要情况。

(5)向公众发出危险警告。

(B)与刑事案件的起诉或辩护有关的律师或律师事务所,自提出控诉、提供资料或提交诉讼状、发出逮捕令或逮捕之日起,直至审判开始或未经审判的处理为止,不得做出或参与做出庭外陈述,该一般理性人期望通过公开传播方式获取的庭外陈述涉及以下内容:

(1)被告人的品格、名誉或者犯罪前科(包括逮捕、控告或者其他罪名指控)。

(2)对被控或者轻微犯罪认罪的可能性。

(3) 被告人所做供述、承认或陈述的存在或内容,或被告人拒绝或没有做出陈述的情况。

(4) 任何检验或测试的表现或结果,或被控人拒绝或没有接受检验或测试。

(5) 准证人的身份、证言或者可信性。

(6) 关于被告人有罪或者无罪、证据或者案情的意见。

(C) DR 7‑107(B)并不排除律师在此期间主张:

(1) 被告人的姓名、年龄、居住地、职业和家庭状况。

(2) 如被告人尚未被逮捕,则提供任何必要的资料协助逮捕或警告公众该人员可能造成的任何危险。

(3) 请求协助证据取得。

(4) 被害人身份。

(5) 逮捕、抵抗、追捕和使用武器的事实、时间和地点。

(6) 调查和逮捕人员或机构的身份以及调查期限。

(7) 扣押时,对所扣押的物证做出说明,但供述、供认或者陈述除外。

(8) 指控的性质、内容或文字。

(9) 对本案法院公开记录的询问或者查阅。

(10) 司法程序中各环节的进度或结果。

(11) 被告否认对其提出的指控。

(D) 在选择陪审团或审判刑事案件期间,与刑事案件的起诉或辩护有关的律师或律师事务所不得做出或参与做出庭外陈述,该一般理性人期望通过公共传播方式获取的庭外陈述涉及庭审、当事人、法庭争议事项或其他可能干扰公平审判的相关事项,但他可以引用或不加评论地引用法院公开的案件记录。

(E) 在未对刑事案件进行审结或终止的情况下,与刑事案件的起诉或辩护有关的律师或律师事务所不得做出或参与做出庭外陈述,该一般理性人期望通过公共传播方式获取的庭外陈述有可能影响判决的执行。

(F) DR 7-107 的上述规定也适用于职业惩戒程序和少年纪律程序,这些程序与适用于此类程序的其他法律相关并且一致。

(G) 与民事诉讼有关的律师或律师事务所不得在其调查或诉讼期间做出或参与做出庭外陈述,但引用或提及公共记录的情况除外,该普通公众期望通过公开传播方式获取的庭外陈述涉及以下内容:

(1) 涉及事件或诉辩交易的证据。

(2) 当事人、证人或准证人的品格、可信度或犯罪记录。

(3) 任何检验、检测的表现或结果;拒绝或者未能接受的检验、检测。

(4) 其意见作为当事人的主张或抗辩的实质依据,除法律或行政法规规定外。

(5) 任何其他合理可能干扰诉讼的事项。

(H) 在行政诉讼未决期间,与其有关的律师或律师事务所除引用或参考公开记录外,不得做出或参与做出声明,该一般理性人期望通过公开传播方式获取的声明在正式诉讼程序之外做出并涉及以下内容:

(1) 涉及事件或诉辩交易的证据。

(2) 当事人、证人或准证人的品格、可信度或犯罪记录。

(3) 任何检验、检测的表现或结果;拒绝或者未能接受的检验、检测。

(4) 对利害关系人的主张、抗辩或者立场的倾向性意见。

(5) 其他可能妨碍公平听证的事项。

(I) DR 7‑107 的上述规定并不妨碍律师对公开指控其不当行为做出回应或参与立法、行政或其他调查机构的诉讼。

(J) 律师应采取合理的谨慎措施,防止其雇员和同事发表违反 DR 7‑107 禁止性规定的庭外陈述。

DR 7‑108 联络或调查陪审员

(A) 在案件审理前,与该案件有关的律师不得与任何他知道是本案陪审团成员的人联络或安排他人与之联络。

(B) 审理案件期间:

(1) 与该案有关的律师不得与陪审团的任何成员联络或促使他人与任何成员联络。

(2) 与该案无关的律师不得与涉及此案的陪审员沟通或促使他人与之联络。

(C) DR 7‑108(A)和(B)并未禁止律师在正式诉讼过程中与候选陪审员或陪审员沟通。

(D) 在陪审团解除对与该律师有关的案件的进一步考虑后,该律师不得向该陪审团的任何成员提出问题或做出评论,而该等问题或评论的目的只在于骚扰或使陪审员难堪,或影响其在日后的陪审团服务中的行动。

(E) 律师不得以经济支持或其他方式,进行或安排他人对候选陪审员或陪审员寻衅滋事或骚扰调查。

(F) DR 7‑108 对律师施加的所有限制也适用于与候选陪审员

或陪审员家庭成员的联络或调查。

（G）律师应立即向法院披露其所知的候选陪审员或陪审员或其他人对候选陪审员或陪审员或其家庭成员的不当行为。

DR 7‑109 与证人联系

（A）律师不得隐瞒他或他的当事人有法律义务披露或出示的任何证据。

（B）律师不得建议或促使人隐瞒身份或离开法庭的管辖范围，以使他不能作为法庭的证人。

（C）律师不得根据证人的证词内容或案件的结果向其支付、主动支付或默许支付赔偿金。但律师可以提前、保证或默认支付：

（1）证人出席或者作证合理支出的费用。

（2）对证人因出席或者作证而耽误时间的合理补偿。

（3）专家证人专业服务的合理费用。

DR 7‑110 与公职人员的联系

（A）除《司法行为守则》第5条第C(4)款准许外，律师不得将任何有价值的物品给予或借予法官、公职人员或法庭雇员，但律师可根据《司法行为守则》第7条第B(2)款向司法职位候选人的竞选基金捐款。

（B）在对抗性诉讼中，律师不得就诉讼的是非曲直与正在进行诉讼的法官或官员进行沟通，或使他人进行沟通，但下列情况除外：

（1）在案件的正式诉讼过程中。

（2）将书面副本及时送交对方代理律师或对方当事人（如其没有代理律师）。

(3) 经对方代理律师或对方当事人(如其没有代理律师)的口头通知。
(4) 依法或依据《司法行为守则》第 3 条 A(4)款规定的其他情形。

规则 8
律师应当协助完善法律制度

执业纪律规则

DR 8－101 作为公职人员之行为

(A) 担任公职的律师不得：
    (1) 在明知或明显不符合公众利益的情况下,利用其公众地位为自己或为当事人在立法事宜上取得或企图取得特别利益。
    (2) 利用公众地位影响或者企图影响法庭,为自己或者当事人谋取利益。
    (3) 当律师知道或明显该项要约是为了影响他作为公职人员的行为时,接受他人提供的任何有价物。

DR 8－102 关于法官和其他裁判人员的陈述

(A) 律师不得故意就选举或任命司法人员的候选人资格做出虚假事实陈述。

(B) 律师不得故意对法官或其他裁判人员做出诬告。

DR 8－103 司法机关律师候选人

(A) 作为司法机关候选人的律师应遵守《司法行为守则》第 7 条的适用规定。

规则 9
律师应避免出现职业不当行为

执业纪律规则

DR 9 - 101 避免出现不当行为

（A）律师不得在他以司法身份行事的事项上接受私人雇用。

（B）律师在担任公职人员期间，如在某事项上负有重大责任，则不得接受私人雇用。

（C）律师不得声明或暗示其能够不当地或以不相干的理由对任何法庭、立法机关或公职人员施加影响。

DR 9 - 102 当事人资产留存

（A）当事人支付给律师或律师事务所的所有资金，除预支成本和费用外，应存入律师事务所所在州的一个或多个可识别银行账户，律师或律师事务所的资金不得存入该银行或律师事务所，但下列情况除外：

   （1）可以存入合理足以支付银行手续费的资金。

   （2）属于当事人的部分资金，现在或者将来属于律师事务所的部分资金，均必须存入当事人的账户；但是，属于律师事务所的部分，可以在到期时支取，但当事人对律师事务所收取款项的权利有争议的情况除外，在争议最终解决前，不得支取。

（B）律师应当：

   （1）自收到资金、证券时及时通知当事人。

   （2）当事人的证券、财产在收到后，应当及时识别、标记，并尽快放入保管箱或者其他保管场所。

(3) 保存律师保管的委托人的全部资金、有价证券和其他财产的完整记录,并向委托人提供相应的账目。
(4) 根据当事人的请求,及时向其支付或者交付其有权收取的为律师所占有的资金、有价证券或者其他财产。

定义

正如《律师职业责任法典》之《执业纪律规则》所使用:

(1) "利益冲突"("Differing interest")包括对律师对委托人的判断或忠诚产生不利影响的每一项利益,无论是相互冲突、不一致、多样化还是其他利益。

(2) "律师事务所"("Law firm")包括专业法人团体。

(3) "人"("Person")包括公司、协会、信托、合伙企业以及任何其他组织或法人实体。

(4) "专业法人公司"("Professional legal corporation")是指法律授权从事法律实施以获取利润的公司或法人团体。

(5) "州"("State")包括哥伦比亚特区、波多黎各和其他联邦领土和属地。

(6) "法庭"("Tribunal")包括所有法院和所有其他裁决机构。

(7) "代表本协会所在地理区域总律师协会"("A Bar association representative of the general bar of the geographical area in which the association exists")是一个律师协会,其成员资格对任何在该地理区域具有良好信誉的律师开放,且至少存在三百名或相当于在该区域内执业的20%的律师具备会员资格。在DR 2-105(A)(1)或(4)中提到的专家律师协会是"一般性律师协会"的代表,即使其不符合上述定义。

(8) "合格的法律援助组织"("Qualified legal assistance organization")

是 DR 2－103(D)(1)至(4)中所述的组织,或根据运营的计划向其成员或受益人建议、提供、呈现或支付法律服务,由保险公司或其他组织管理或资助的计划规定成员或受益人可从提供计划的地理区域的一般律师中选择律师作为其法律顾问。

(9)"在提供计划的地理区域的一般律师代表"("Lawyers representative of the general bar of the geographical area in which the plan is offered")是指具有良好信誉的律师,其人数不少于三百名或该地理区域执业律师的20%,以较多者为准。

拓展阅读推荐[1]

1. Bedford, Sybille. *The Faces of Justice ; a Traveller's Report.* New York, Simon and Schuster. 1961. 一位敏锐的英国小说家兼记者描述了英国、德国、奥地利、瑞士和法国的法院。她对每一个或简单或复杂的案件都进行了叙述,并阐释了追求司法公正这一共同目标的不同方式。
2. Blumberg, A. S. *The Scales of Justice.* Chicago, Aldine Publishing Co. 1970. 这本书中的文章最初出现在《Trans-Action》杂志上。
3. Chester, Giraud. *The Ninth Juror.* New York, Random House. 1970. 作者在赫西·博耶尔(Hersey Boyer)和小约翰·洛克(John Locker, Jr.)被控谋杀伊曼纽尔·罗森瓦塞尔(Emanuel Rosenwasser)一案中担任陪审员的经历。审判于 1967 年 12 月在纽约市刑事法院进行。
4. Cozzens, James G. *The Just and the Unjust.* New York, Harcourt Brace and Jovanovich Inc. , 1942. 一部以小镇上的一场审判为中心的小说。
5. Frankfurter, Felix. *Of Law and Men, 1939 – 1956.* Edited by

---

[1] 选自斯坦福大学法学院公报(Stanferd Law School Bulletin)。

Philip Elman. New York, Harcourt Brace and Jovanovich Inc., 1956.

6. Freund, Paul A. *The Supreme Court of the United States: Its Business, Purposes and Performance.* New York, Meridian, 1961.
7. Fuller, Lon L. *Anatomy of the Law.* New York, Praeger, 1968.
8. Hazard, Geoffrey C., Jr., ed. *Law in a Changing America.* Englewood Cliffs, New Jersey, Spectrum, 1968.
9. Levi, Edward H. *An Introduction to Legal Reasoning.* Chicago, Phoenix, 1949. 法律推理的性质及其在普通法、宪法学和成文法案件中的应用。
10. Lewis, Anthony. *Gideon's Trumpet.* New York, Random House, 1964.
11. Llewellyn, Karl N. *The Bramble Bush: On Our Law and Its Study.* New York, Oceana, 1951 (not in paperback). 法学院和法学研究的优秀导论。
12. Mayer, Martin. *The Lawyers.* New York, Dell, 1968.
13. McCloskey, Robert G., *The American Supreme Court.* Chicago, University of Chicago Press, 1960.
14. Miller, Perry, ed. *The Legal Mind in American: From Independence to the Civil War.* New York, Anchor Books, 1962.
15. Peck, David W. *Decision at Law.* New York, Cornerstone Library, 1961. 本书旨在通过对一些具有里程碑意义的案件中法律的实际发展进行观察,让初学法律的人了解法律。